Apologie der Illuminaten.

Johan Adam Weishaupt

Scriptorium

Michel de Molay

Apologie

der

Illuminaten.

Ἀπολογητέον δὴ, ὦ
ἄνδρες Ἀθηναῖοι, καὶ ἐπιχειρητέον
ὑμῶν ἐξελέσθαι τὴν διαβολὴν, ἣν
ὑμεῖς ἐν πολλῷ χρόνῳ ἔχετε, ταύτην
ἐν οὑτωσὶν ὀλίγῳ χρόνῳ. βουλοίμην
μὲν οὖν ἂν τοῦτο οὕτω γενέσθαι, εἴ τι
ἄμεινον καὶ ὑμῖν καὶ ἐμοὶ, καὶ πλέον τί
με ποιῆσαι ἀπολογούμενον.

Plato in Apologia Socratis.

Frankfurth und Leipzig,
in der Grattenauerifchen Buchhandlung
1786.

© 2017 Michel de Molay

Originalausgabe:
Apologie der Illuminaten, Frankfurt/Leipzig 1786

Autor:
Johann Adam Weishaupt

Herausgeber:
Michel de Molay, Magdeburg

Herstellung und Verlag:
BoD – Books on Demand, Norderstedt

ISBN: 978-3-74-481853-7

Apologie
der
Illuminaten.

„Verteidigen muss ich mich also, meine Athener, und versuchen, die Anschuldigung, die sich in so langer Zeit bei euch festgesetzt hat, in so kurzer Zeit auszuräumen. Ich wollte, dass mir dieses gelänge, wenn es sowohl für euch als auch für mich gut ist, und dass ich mit meiner Verteidigung Erfolg habe.“

Platon in der Apologie des Sokrates.

Frankfurt und Leipzig,
in der Grattenauerischen Buchhandlung
1786.

„Die Sache selbst scheint es zu fordern, dass, weil wir zum zweiten Male auf die Erwähnung eines Mannes gekommen sind, der noch öfter zu nennen ist, ich Einiges über dessen Leben und Bestrebungen, und welch ein Schicksal er gehabt, nachhole."

Tacitus in den Historien IV. 5.

„Sein Geist verwegen, geheim sich selbst haltend trat er gegen andere als Anschwärzer auf; vereint war in ihm Schmeichelei und Hochmut; äußerlich ruhige Bescheidenheit, in seinem Innern Begier."

Tacitus in den Annalen IV. 1.

Den Nachrichten des Apollonios zu Folge hatten die Pythagoräer schon lange vorher den allgemeinen Hass dadurch auf sich gezogen, **dass sie so genau unter sich verbunden waren, und sich so sehr von ihren Mitbürgern unterschieden.** Diese Unzufriedenheit wurde nicht wenig vermehrt, als nach der Zerstörung von Sybaris vorzüglich auf ihr Anstiften die eroberten Ländereien nicht nach dem Wunsch des Pöbels ausgeteilt wurden. **So bald nun die Feinde der Pythagoräer merkten, wie sehr diese an Liebe bei dem großen Haufen verloren hatten, taten sie, um das Volk noch mehr zu erhitzen, den Vorschlag,** der in solchen kleinen Staaten, als die griechischen überhaupt und auch der von Kroton war, immer mit dem größten Beifall aufgenommen wurde, dass alle öffentlichen Ämter und Würden einem jeden Mitbürger der Verdienst besäße, offen stehen, und alle Magistratspersonen einer gewissen Zahl von Männern, die durch das Loos erwählt wurden, Rechenschaft geben sollten. Diesem aufrührerischen Entwurf, den man in allen Freistaaten zu einer gewissen Zeit machte und durchsetzte, der in allen eine Zeitlang fürchterliche Spaltungen, bürgerliche Kriege und Niederlagen bald der Vornehmen und bald des Pöbels hervorbrachte, und endlich auch allen, nach der Ausrottung der edelsten und größten Männer und Familien, Knechtschaft und Untergang zuzog – diesem verderblichen Entwurf widersetzten sich die Pythagoräer aus allen Kräften, richteten aber dabei nichts weiter aus, als dass sie ihre Gegenpartei verstärkten und die Wut des Pöbels noch mehr gegen sich reizten. – Zwei Anführer **Kylon**[1] **und Ninon, die durch niederträchtige Verleumdungen die Väter des Vaterlandes aus dem Weg zu räumen und zugleich durchkriechende Schmeicheleien sich selbst zu Führern des Volks zu erheben suchten,** klagten die Pythagoräer öffentlich an. Dieser letztere stellte sich, als ob er in alle ihre Geheimnisse eingeweiht wäre, und ließ ein untergeschobenes Buch (man erinnere sich dabei an die in der ersten Warnung boshafter Weise erdichteten und zweien Illuminaten untergeschobenen Briefe) ablesen, dessen Inhalt tyrannische und oligarchische Gesinnungen, ausschließenden Eifer für das Wohl der Gesellschaft, Verschwörung wider das Volk und Verachtung aller derer, die nicht zum Bund gehörten, (man vergleiche damit die drei merkwürdigen Geständnisse, von denen in balden die Rede sein soll) enthielt und empfahl. Er warf es den Krotoniaten als etwas ihrer Unwürdiges und Entehrendes vor, dass sie sich von dreihundert Männern beherrschen ließen, die sie tausendmal so viel am Traentfluss überwunden hätten; er ermahnte sie endlich, den Verrätern fernerhin kein Gehör zu geben, die es auf alle Weise zu hindern gesucht hätten, dass sie sich zur Behauptung ihrer Freiheit nicht einmal hätten versammeln und beratschlagen sollen. Durch diese Reden wurde der Pöbel so sehr erbittert, dass er einige Tage nachher zusammenlief, um die Pythagoräer zu ermorden. Allein diese merkten die Gefahr, und flohen entweder in heilige Schutzörter oder auch außer die Stadt[2] Nach der Entweichung selbst wurde ihre Sache untersucht und von Schiedsrichtern aus Tarent, Kaulonia und Metapont (die sich aber nach den Archiven in Kroton bestechen ließen) dahin entschieden, dass sie, die Pythagoräer, samt ihren Familien, und denen die mit der neuen Verfassung unzufrieden waren, auf ewig verwiesen sein sollten. Erst nach vielen Jahren und nach dem Tod der Hauptanführer, unter welchen Ninon entsetzliche Grausamkeiten ausübte, sahen die Krotoniaten das Unrecht ein, was sie den Pythagoreern getan hatten; die griechischen Städte wurden nach dem Polybius durch ganz Großgriechenland mit Mord und Aufruhr angefüllt, weil sie ihre größten Männer in einer ebenso plötzlichen als traurigen Revolution verloren hatten. Alle griechischen Völker schickten Abgesandte nach Italien, um die entstandenen Unruhen und Uneinigkeiten beizulegen; die zerrütteten Städte selbst bedienten sich des Rats und des Beistandes der Achäer, sie nahmen ihre Verfassung und Gesetze an, und söhnten sich durch Vermittlung der Achäischen Gesandten mit den Verwiesenen, deren ungefähr noch sechzig übrig waren, unter gewissen Bedingungen aus, die von beiden Seiten beschworen und zum ewigen Andenken in Delphi aufbewahrt wurden.

Als die Feinde des Sokrates den Entschluss gefasst, diesen Lehrer der Tugend und diesen untadelhaftesten aller Menschen aus dem Weg zu räumen, damit er sie nicht fernerhin beschäme und verdunkle: so klagten sie ihn gerade um solcher bösen Künste und Taten willen an, wider welche sein ganzes Leben zeugte, die er beständig bestritten, und um derentwillen er den größten Hass auf sich geladen hatte. – Die entfernteste Veranlassung zu seiner Anklage und Verurteilung war ein Possenspiel des Aristophanes, (Babo schrieb stattdessen ein Gemälde aus dem menschlichen Leben,) die Wolken genannt. In demselben stellte er den Sokrates nicht nur als einen armseligen, schmutzigen und ekelhaften Grillenfänger und Grübler lächerlich und verächtlich vor, sondern er schilderte ihn auch als einen gefährlichen Sophisten, der die Götter des Volks leugne, und hingegen neue Gottheiten, den Äther, die Notwendigkeit und die Wolken einführe, der endlich die Kunst lehre, welche die Sophisten zu besitzen vorgaben, eine jede gute oder starke Sache schwach, und eine schwache Sache stark zu machen. – So weit aber auch der Beifall, den seine Arbeit fand, unter seiner Erwartung mag gewesen sein, so ist doch dieses gewiss, dass sie nachtheilige Eindrücke in den Gemütern der Athenienser zurückließ, die den Söhnen von ihren Vätern und den jüngeren von den älteren mitgeteilt wurden. Diese Argwohne wurden durch die geheimen Verleumdungen derjenigen unterhalten und gestärkt, welche Sokrates zu ihrer Beschämung geprüft hatte, um sich von der Wahrheit des Gottesspruchs zu überzeugen, wodurch er für den weisesten der Griechen erklärt worden war. Diese vom Sokrates entlarvte und von allem glänzenden Schein falscher Weisheit entkleideten Männer rächten sich an ihrem Widersacher dadurch, dass sie die Ohren der Athenienser mit den falschen Gerüchten anfüllten, dass Sokrates aller der Verbrechen schuldig sei, die Aristophanes ihm aufgebürdet hatte. – Anytos verklagte ihn auf Anstiften der Demagogen und anderer, die sich mit öffentlichen Geschäften abgaben, Melitos im Namen der Dichter und Lyko im Namen der Sophisten, **als einen verderblichen Bürger, der die Jugend verderbe, der die Götter, welche die Stadt anbetete, leugne,** neue Gottheiten einführe, und durch diese Verbrechen den Tod verdiene. Diese grundlose Anklage brachten sie nicht vor den Areopag, der vormals Beschuldigungen der Gottlosigkeit und andere Beleidigungen der väterlichen Religion untersucht hatte, sondern vor eines der zahlreichsten Volksgerichte, und höchst wahrscheinlich vor das angesehenste unter allen, nämlich die Heliaia, die aus fünfhundert Personen bestand[3]. Die Gründe, womit sie ihre Beschuldigungen zu beweisen suchten, waren so elend, (ganz in Utschneiderischer Manier, wie aus der Vergleichung von beiden erhellt,) dass sie nur allein von solchen Sykophanten und vor solchen Richtern vorgetragen werden konnten. Sie warfen ihm vor, **dass er der Jugend Verachtung gegen die eingeführte Staatsverfassung eingeflößt habe, indem er gesagt, dass es lächerlich sei, die Vorsteher der Stadt durch das Loos zu wählen, da doch niemand auf diese Art Maurerleute oder Baumeister oder andere Künstler wähle.** Sie schrien, **dass er den Kritias und Alcibiades gezogen, wovon der** eine der grausamste unter allen Tyrannen und der andere der zügelloseste und gewalttätigste unter allen Bürgern gewesen sei. Ja! dass er den Söhnen der Athenienser Geringschätzung der Väter, wie des Vaterlandes gelehrt, indem er ihnen versprochen, sie weiser als ihre Väter zu machen, und zugleich hinzugesetzt habe, dass die Unweisern von den Weisern gefesselt zu werden verdienten, wie man verrückte Eltern, wenn sie ihren Verstand verloren hätten, selbst nach den Gesetzen binden könne. Er habe seinen Anhängern gewalttätige und tyrannische Gesinnungen beigebracht, weil er mit dem Hesiodus gesagt hätte, dass keine Art von Arbeit und Unternehmung, aber wohl Trägheit und Untätigkeit Schande bringe[4]. Er habe sie endlich aufgemuntert, arme und gemeine Bürger zu misshandeln, weil er stets die die homerischen Verse im Mund gehabt, in welchen Ulysses den Thersites durch Worte und Taten zum Stillschweigen bringe. Alle diese Beschuldigungen bekräftigten sie mit falschen Zeugen, die man, wie falsche Ankläger, um einige Drachmen erkaufen konnte.[a]

Als Cossutianus dem Nero den edelsten der damaligen sehr ausgearteten Römer den Paetus Thrasea samt allen Stoikern verdächtig machen und sie dadurch unterdrücken wollte, sprach er im öffentlichen Senat in folgenden Ausdrücken:

„Dies schon seihe eine Spaltung und Teilung die zum offenbaren bürgerlichen Krieg ausbrechen würde, wenn mehrere dasselbe wagten. Wie man vordem vom Gaius Cäsar und Marcus Cato sprach: so bist nun du, Nero und Thrasea, der einzige Gegenstand des Gesprächs in einer Stadt, die sich so sehr nach Unruhen sehnt. Er hat

---

[a] Siehe Meiners Geschichte von dem Ursprung und Verfall etc. II. Band.

auch wirklich schon seine Anhänger oder vielmehr seine Knechte oder Schergen: diese tun es ihm zwar noch nicht in der Strenge und Hartnäckigkeit seiner Meinungen gleich; aber ihr Betragen und ihre Gebärden sind ganz die seinigen. Sie scheinen düster und streng, um dir Ausschweifungen vorzuwerfen. Ihm allein sind dein Wohlergehen, deine Geschicklichkeit eine gleichgültige Sache; er verachtet jeden deiner glücklichen Erfolge. Er glaubt eben so wenig an die Gottheit der Poppaea, als er die Verordnungen des Augustus und Cäsars beschworen. Er verachtet alle Religion, und untergräbt die Gesetze. Die täglichen Nachrichten des römischen Volks werden nun in den Provinzen so wohl, als bei dem Kriegsheer weit fleißiger gelesen, bloß um zu wissen, was Thrasea unterlassen habe. Wenn das, was Thrasea unternimmt, sein Institut, so vortrefflich ist: so lasst uns entweder ebenfalls zu seiner Fahne schwören, oder sorgen, dass die, die so sehr nach Neuerungen gelüftet, ihr Haupt und ihren Anführer verlieren. Diese Sekte hat schon Tuberonen und Favonier hervorgebracht; Namen, die schon der ältern Republik verhasst waren. Sie nehmen die Freiheit zum Vorwand, um die Staatsverfassung zu Grund zu richten, um selbst die Freiheit zu vernichten, wenn sie vorerst diese vernichtet haben. Wozu hast du den Cassius aus dem Weg geräumt, wenn du leiden willst, dass die Nachahmer des Brutus um sich greifen?"[b]

So sprach Cossutianus mit mehr Nachdruck und Beredsamkeit, als reiner Absicht und Wahrheit, gegen eine Schule, welcher Rom so viele und seine größten Männer zu verdanken hatte, welche die Bewunderung der neuern[5] nicht minder, als der ältern Zeiten erhalten haben; und Cossutianus hat gesiegt, weil es wenig bedarf, um den

---

[b] Tacitus in den Annalen XVI. 22.

Argwohn und das Misstrauen der Menschen gegen die unschuldigste Anstalt zu erwecken.

Als die Christen durch ihre Vermehrung die Eifersucht der Juden und Heiden in Bewegung brachten; als manche ihrer besten und unschuldigsten Grundsätze und Gebräuche aufgefangen und verraten wurden: so legte man diesen einen widrigen Sinn bei; es taten sich Utschneider derselbigen Zeiten hervor, welche diese einzelnen Bruchstücke sammelten, sie nach ihren Absichten und Missverstand ordneten, und daraus folgerten, was nicht gefolgert werden sollte. Diese beschuldigten sie, wie man aus den Apologien des Justinus, Athenagoras und andrer Kirchenväter ersieht, geheimer Anschläge auf den Staat, der Gottesverleugnung, der Blutschande und jeder Unzucht in ihren geheimen Zusammenkünften, des Kindermords, und des Genusses vom Fleisch der Menschen und der ermordeten Kinder. Sie folgerten dies aus der Simplizität ihres Gottesdienstes, aus der Verleumdung und Lüge von dem weltlichen Reich Christi, aus der unter ihnen so gewöhnlichen Benennung von Schwester und Bruder, aus den Agapen und dem missverstandenen Genuss von dem Leib des Herrn. Und die Christen wurden verfolgt; die bittersten Schicksale waren von dieser Zeit an ihr beschiedener Anteil.

Als die Freimaurerei das erste Mahl bekannt wurde, so konnte man in der Barbarei derselbigen Zeiten nicht begreifen, wie es möglich sei, sich insgeheim zu vereinigen, ohne einen Staat zu verraten, gefährliche Anschläge zu hegen, mit dem Teufel einen Bund zu schließen, die Religion zu verläugnen, oder Sodomiterei und alle Arten von Unzucht zu treiben. Auch hier fanden sich ähnliche verleumderische Ungeheuer, die ihren Verleumdungen den nötigen Anstrich der Wahrheit gaben, und die Freimaurerei wurde verfolgt.

Zu der Zeit, als in der Nachbarschaft das Licht aufging, und die Reformation mit dem Klerus begann; als die Jesuiten ihre Schulen und mit ihnen ihre Macht verloren; als jeder auf den Platz bedacht war, den er sich unter der künftigen Regierung durch wahres Verdienst oder Verleumdung erwerben könnte: hatten sich die Illuminaten in Bayern auf den Grad vermehrt und in Ansehen gesetzt, dass sich ihre Mitwerber, die Maurer von andern Systemen, samt den Rosenkreuzern und andern, einen sehr schwachen Zuwachs versprechen konnten: Zu eben dieser Zeit fanden sich in ihrem Mittel Iskariots, welche die damalige Gärung und Verwirrung benützten; es fanden sich Kylons, die sich durch sie gedemütiget sahen. Diese Iskariots und Kylons aus dem Ende dieses Jahrhunderts heißen **Utschneider, Renner, Grünberger und Cosandey;** sie stoppeln ganz nach dem Muster ihrer würdigen, seit Jahrhunderten von aller Welt verabscheuten Vorgänger, eine Anklage zusammen, übergeben diese in geheim, erbitten sich Verborgenheit und beschwören sie, um so sicherer zu betrügen. Die Anklage findet Glauben, die Illuminaten werden verurteilt, und kennen weder Kläger noch Verbrechen. Ein glückliches Ungefähr führt ihnen eine dieser Anklagen in die Hände; sie wissen nun, woran sie sind; sie erscheint durch sie im Druck mit gründlichen Anmerkungen begleitet; sie fordern ihre Gegner zum Beweis; und stattdessen, was erscheint? – **Drei merkwürdige Bekenntnisse** auf einmal. – Und der Herausgeber ist Herr Utschneider – der Kylon seiner Zeit. – Es ist der Mühe wert, diese Bekenntnisse zu beleuchten; aber zuvor will ich die Triebfedern erforschen, die den Mann zu dieser sonderbaren Entschließung bewogen. Ich wende mich an ihn selbst.

Es ist also nunmehr eine durch ihr eigenes Geständnis erwiesene unleugbare Sache, Herr Utschneider, dass

Sie der Urheber dieser schändlichen Verfolgung sind! Sie scheuen sich nicht, öffentlich eine Schrift und Anklage bekannt zu machen, die Sie am 9. September des vorigen Jahrs so geheim übergeben haben, dass man nur sehr kurz vor ihrer Bekanntmachung einige Spuren und Winke darüber erhalten. Was wollen Sie damit? Soll ich sie nach Ihrem Zweck beurteilen, den Sie zur Zeit der Überreichung hatten, so war damals nichts weniger Ihre Absicht, als dass diese Anklage dereinst öffentlich erscheinen sollte. Sie übergaben sie in geheim, um der Rachgierde der Gesellschaft zu entgehen; denn Ihre eigene Angabe enthält davon sichtbare Beweise, indem Sie darin von einem

Meuchelmord sprechen, welchen die Illuminaten auf Sie oder einen andern ihrer Gesellen attentiert. Sind Sie nun von dieser ungegründeten Furcht so ganz zurückgekommen, wie aus Ihrer Unverschämtheit erscheint, oder suchten Sie bloß die Regierung umso leichter zur Geheimhaltung ihrer Aussage zu bereden, und dadurch den gerichtlichen Beweis und der Konfrontation mit den angeblichen Schuldigen auszuweichen? – Genug, Sie erscheinen nun mutig im offenen Felde; und ich lese in Ihrer Seele folgende Veranlassung dazu.

Sie sahen auf einmal, wider alle ihre Erwartung, die Anzeige Ihres ehrlosen Cosandey im öffentlichen Druck; Sie sahen sie sogar auf das gründlichste und einleuchtendste widerlegt; Sie ersahen auch aus den **Schreiben an Sie,** dass man sogar von Ihrer Anzeige, von dem Inhalt derselben Nachricht habe. Nun stunden Sie in Sorgen, auch diese möchte öffentlich erscheinen; dadurch wurde Ihnen sodann die Gelegenheit benommen, Ihren Mut und Entschlossenheit, mit der Sie Ihre Gegner schrecken wollten, zu zeigen. Sie sahen ein, fühlten es vielleicht, wie sehr sich nun auf einmal die Meinungen Ihres durch Sie hintergangenen Anhangs änderten; und nun führte Sie die Verlegenheit, in welcher Sie sich befanden, samt Ihrer Unverschämtheit, die Ihnen so eigen ist, auf den Gedanken, gezwungener Weise selbst zu tun, was Sie vorhersahen, dass Ihre Gegner tun würden, wenn Sie nicht zuvorkämen: Sie entschlossen sich, Ihre schon offene Verborgenheit aufzugeben, und Ihre ganze Schande der Welt vorzulegen, mehr zu bekennen, als man wusste; alles in der Absicht, um das letzte Wort zu behalten, um den Eindruck von den Schriften Ihrer Gegner durch eine unerwartete Effronterie zu vermindern, um die leichtgläubige Welt glauben zu machen, als ob der von den Illuminaten veranstaltete Abdruck der Cosandeyischen Anzeige eine Ihnen selbst willkommene, erwünschte Erscheinung wäre, als ob die Illuminaten sich mit den wichtigsten Stücken (die Sie gar nicht in Händen hatten) nicht an das Licht getrauten, und die übrigen ungleich entscheidendern Bekenntnisse hätten unterdrücken wollen. Sie wollten die Welt glauben machen, dass Sie durch diese Erscheinung so wenig betroffen seien, dass Sie vielmehr nun auch namentlich auftreten und nun alles ins Angesicht behaupten, was Sie vorher aus wichtigen Ursachen (Furcht vor dem Beweise und Poltronnerie) diese ganze Zeit so weislich verbargen. Diesen frechen Schritt konnten Sie auch umso leichter wagen, als es bei dem durch Sie in ganz Bayern verbreiteten Panischen Schrecken gar nicht zu vermuten war, dass jemand von der Gesellschaft namentlich auftreten, es mit Ihnen aufnehmen und die ordentlichen Beweise Ihrer Kalumnien verlangen würde. Selbst auch auf diesen Fall glaubten Sie sich durch Ihre mächtigen Unterstützungen so gedeckt, dass es Ihnen ein leichtes sein würde, gerichtlichen Untersuchungen auszuweichen, und durch Ihre Schleichwege die Sache so einzuleiten, dass die Richter so gewählt würden, wie sie zu Ihren unehrlichen Absichten erforderlich sind.

Da Sie aber Ihre sogenannten Klugheitsregeln nur von feigen Memmen, von dem Tross und Auswurf der Menschen, von sich selbst und andern Ihres gleichen, von dem, was auf Ihre machiavellische Gedenkungsart Eindruck machen würde, abgezogen haben: so haben Sie sich in Ihrer Rechnung gewaltig betrogen. Sie werden finden, dass die menschliche Natur noch nicht so tief gefallen sei, dass es nicht unter der ungeheuern Menge von eigennützigen Selbstlingen, von Heuchlern und Speichelleckern, Betrügern und Verrätern, doch noch einen und den andern edlen Menschen gebe, der schon vieles um der Tugend willen aufgeopfert, der sich verpflichtet hält, ihr nötigen Falls noch größere Opfer zu bringen, um den Glauben an sie zu erhalten, um Heuchler und Bösewichter zu entlarven, um dadurch allen, die künftig Lust hätten, ein gleiches zu versuchen, diese Lust zu benehmen. Sie werden finden, dass das Verderbnis unsrer Zeiten nicht so groß sei, dass nicht wenigstens einige die Pflicht lebhaft fühlen, wenn es sein muss, auf Unkosten ihrer Ehre, Freiheit und Lebens, für die Rechte der Menschen, die Sie verkennen, da Sie nicht einsehen, dass Sie morgen selbst treffen kann, was sie heut andern bereiten, das Wort zu führen, allen Sturm auf sich zu ziehen, und sie dadurch vor fernern Bedrückungen auch nur in etwas zu sichern. Solche Menschen, solche unerschrockene Bekenner der Wahrheit nennen sodann Leute von Ihrem Schrot und Korn, denen zu viel daran liegt, dass diese Gedenkungsart nicht allgemeiner werde, die zu furchtsam sind, ein gleiches zu unternehmen, Empörer und gefährliche Menschen, die kein Staat dulden kann, Schwärmer, die sich das Leben rauben, oder Narren, und wenn's gut geht, moralische weltunkundige Don Quijotes, die man bemitleiden oder belachen soll, weil sie nicht wie Sie, Herr Hofkammerrat! heucheln, lügen, verleumden, und das Ganze ihrem Privatvorteil zum Opfer bringen. Menschen, Herr

Utschneider! von dieser Art sind Ihnen helle Chimären, sie sind über Ihren Begriff, der alles Gute verkennt und nur mit Verrätereien vertraut ist. Dies macht, dass Sie den zu erfahrenden möglichen Widerstand nicht gehörig in Anschlag gebracht und alle mögliche Fälle vorhergesehen haben. Ich glaube es Ihnen **ohne Eidschwur,** dass Sie in ähnlichen Fällen nicht so zu Werk gehen würden; ich weiß, dass Sie unter den übrigen Menschen unzählbare Gefährten haben, die Ihnen aus vollem Hals Beifall geben; aber ich weiß auch, dass man zwar Gefahren nicht mutwillig und frevelhaft herausfordern, aber auch nicht scheuen soll, wo sie wirklich vorhanden sind, und wo Mut und Entschlossenheit für den Wert der Tugend und für Menschenrechte entscheiden. Ich weiß, dass keine Gefahr so groß sein könne, die einen ehr- und tugendliebenden Mann berechtigen könnte, aus Zaghaftigkeit zum Verräter an der guten Sache zu werden. Ich weiß endlich, dass eine allwaltende Vorsicht dafür gesorgt hat, dass es zu keiner Zeit auch bei dem allergrößten Verderbnis der Menschen an eifrigen und standhaften Bekennern der Wahrheit und der Tugend ermangle. – Sehen Sie, Herr Utschneider, ein solches Vertrauen, eine solche Festigkeit hat kein Bösewicht, kein Gottesleugner, kein Epikureer, keiner von den allen, wozu Sie die Illuminaten machen wollten. Sie sind Wirkungen hoher, zur Natur gewordener Grundsätze, und beweisen gegen Ihre Anklage, sie beweisen, dass Sie ein Verleumder sind.

Ich gehe weiter, um diese Behauptung näher zu entwickeln.

Sie übergaben also wirklich am 9ten September vorigen Jahrs in die Hände Seiner Durchlaucht eine **geheime** und von Ihnen **beschworne** Anzeige? Von dem rechtlichen Wert einer solchen geheimen, obgleich beschwornen Anzeige werde ich unten ein mehrers sprechen. Hier bemerke ich indessen, dass Sie von dem Inhalt Ihrer Klage gewiss sein mussten, weil Sie solche beschworen haben. Sie haben in dieser Anzeige das Gefährliche eines Systems, das Sie nach Ihrem eigenen Geständnis in der Zweibrücker und Bayreuther Zeitung aus eigner Erfahrung gar nicht kennen, geschildert, dargetan, beschworen. Zwar suchten Sie sich in diesen Blättern das Ansehen einer vorzüglichen Glaubwürdigkeit dadurch zu verschaffen, dass Sie sich auf Akten beriefen, die Sie gelesen: nun erscheint aber, dass Sie selbst der Verfasser dieser Akten sind, dass Sie sich also dort auf sich selbst berufen, und einen unbedingten Beifall gefordert haben, **weil Sie es sagen.** Nachdem aber dermalen Ihr eigenes Bekenntnis im Druck erschienen ist, so kann diese Ausflucht nicht weiter statthaben. Sie müssen das Publikum von der Wahrheit dieser Ihrer beschwornen Anzeige auf eine nähere, befriedigendere Art überführen. – Sagen Sie also, woher wissen Sie, dass Sie die Wahrheit beschworen haben, in einer Sache, die Sie aus eigner Wissenschaft gar nicht kennen? – Sie scheinen in großer Verlegenheit: ich eile Sie davon zu befreien, und die Quelle namhaft zu machen, aus der Sie geschöpft haben.

Grünberger und Cosandey sind Ihre Quellen: diese waren wirkliche Illuminaten, Sie berufen sich auch wirklich in Ihrer Aussage auf diese Beide. – Aber warum klagen sodann diese beide nicht? Warum drängen sie sich vor diesen Augenzeugen an die Spitze? Ich glaube, die Ursache sei folgende: 1) Bey Ihnen ist es Rache, Sie hielten sich für beleidigt, wie ich unten beweisen werde. Die beiden andern, die ganz von Ihnen abhängen, weil sie durch Sie sind, was sie sind, sind bloß niederträchtige Werkzeuge Ihrer Rache. 2) Liegt die Ursache in Ihrem unruhigen, zudringlichen, intrigenvollen hitzigen und übereilten Wesen und Temperament. 3) Wenn Sie klagen, so können bei dieser Klage Cosandey und Grünberger die Stelle von Zeugen vertreten und der Angabe mehr Glaubwürdigkeit verschaffen. Dies wäre im entgegengesetzten Fall ganz hinweg gefallen, und dieser Wohltat wollten Sie sich nicht berauben. Ich glaube, der Sache auf den Grund gesehen zu haben – – Von diesem Cosandey und Grünberger ließen Sie sich die Einrichtung der weitern Grade, soweit sie solche kannten, erzählen. Aus diesen schon an sich ungetreuen Erzählungen hoben Sie einzelne Sätze aus, die im Zusammenhang selbst einen ganz andern Sinn haben; diese Stellen zerrten und drehten Sie so lang herum, folgerten so lang daraus, bis Sie auf den glücklichen Einfall gerieten, sich alle Illuminaten und besonders ihre Obern, als einen wahren Katilinarischen Auswurf vorzustellen; und nun öffnete sich Ihrer Konsequenzenmacherei und Ihrem Verleumdungsgeist ein ungeheures Feld, zu beweisen, was diese Leute alles tun könnten und würden, wenn sie Ihre Gedenkungsart, Herrschsucht und Intrigengeist hätten, wenn alle Illuminaten Utschneider wären. Aus diesen Folgerungen stoppelten Sie mit Beihilfe Ihrer würdigen Mitgesellen ein Bekenntnis zusammen, und übergaben es **in geheim** zu höchsten Händen, um durch eine geheime Anzeige der Rachgierde der Illuminaten zu entgehen, die Ihrem Vorgeben nach schon wirklich einen Meuchelmord auf Sie attentiert hatten. Aber Ihre wahre und eigentliche Absicht Ihrer so sehr verlangten Verborgenheit war, die Gerichtshöfe, die gerichtliche Form, und die Schwierigkeiten des Beweises in einer nie zu beweisenden Sache gänzlich zu umgehen. Sie sahen ein, dass bei einer ordentlichen öffentlichen Klage die Gegenpartei einen großen Teil Ihrer Gegenbeweise aus den Verhältnissen hernehmen würde, in welchen beide Teile gegeneinanderstehen; dass sie die Triebfedern angeben würde, die Sie zu diesem Schritt verleitet haben, die krummen Wege die Sie eingeschlagen, die Mittel und Personen, deren Sie sich bedienen, die Unterstützungen, deren Sie genießen, die Kanäle, durch welche Sie Ihre Kalumnien an den Hof gebracht haben. Die veranlassen den Ursachen Ihres Hasses gegen die Illuminaten würden sodann entwickelt und geprüft; Sie selbst würden aus sich, aus Ihren Reden, Taten, und andern mündlichen und schriftlichen Äußerungen widerlegt, letztere sogar zu Ihrer größten Beschämung vorgelegt. Alle Menschen, deren Ehre Sie gekränkt, deren Glücksumstände Sie so sehr beeinträchtigt haben, würden sich an Sie halten, Beweise, und, im Fall das Ihnen solche misslingen, Genugtuung und Ersatz ihres Schadens von Ihnen verlangen. – Dem allen glaubten Sie durch die Verborgenheit ihrer Angabe zu entgehen. Sie waren so gut überzeugt, als ich es bin, dass Sie keine Rache der Mitglieder, wohl aber jene der Gesetze und das rächende Schwerdt der Gerechtigkeit zu befürchten haben. – Nun treten Sie freilich namentlich auf; aber ich will es Ihnen nicht zumuten, mir die Bangigkeit einzugestehen, die Sie dabei fühlen. Sie sehen sich aus Ihrem Schlupfwinkel hervorgerissen, ans Licht gebracht; Ihre durch Sie so schändlich hintergangenen Freunde fangen an, Ihre Wahrhaftigkeit zu bezweifeln; Sie gehen Ihnen selbst zu Leibe; sie fordern, da der Fall dringend und immer verdächtiger wird, dass Sie sich verteidigen sollen; Sie laufen Gefahr, selbst von ihren vorigen Freunden zur Rettung ihrer durch Sie kompromittierten Ehre als ein Verleumder dargestellt, und Ihren Gegnern Preis gegeben zu werden. Nun machen Sie also aus der Not eine Tugend, spielen und affektieren den Großmütigen und Entschlossenen, und bekennen vor der ganzen Welt, was Sie vorher nur unter Ihren Vertrauten bekannt haben. – Ihre Bekenntnisse, diese Kinder der finstersten Nacht, erscheinen im Druck. Sie wollen damit schrecken, und finden keinen Gegner, der das Feld räumt. Darum schildern Sie aber auch die Illuminaten als verwegne, alles zu unternehmen fähige Leute, die sich am Ende, wenn's misslingt, um der Strafe zu entgehen, selbst das Leben entziehen.

Aber einen Umstand kann ich mir noch nicht hinlänglich erklären. Sie übergaben diese Schrift am 9ten September, und nach dieser Zeit wurden keine weitern Verhöre der Mitglieder vorgenommen. Diese waren kurz vorher geschlossen. Wozu sollte also diese beschworne Anzeige sein, von welcher kein weiterer rechtlicher Gebrauch gemacht worden, von welcher man keine weitern Folgen bemerkt? Ehe ich zur Untersuchung Ihrer Anklage schreite, will ich es versuchen, wie dieser Umstand zu erklären ist, so gut ich es vermag. Mit den Warnungen wurde der Anfang dieser nämlichen Beschuldigungen gemacht; Sie ließen diese warnenden Blätter zu dem Ende in die Welt fliegen, und auf alle Art verbreiten, damit die Sache lauter werden, in Gesellschaften zur Sprache kommen sollte, damit Sie, der als ein Mitglied der Gesellschaft samt den Ihrigen bekannt war, darüber befragt und zur Rede gestellt werden, damit Sie, der Sie Urheber von allem waren, nun als Zeuge in einer minder gehässigen und verdächtigen Gestalt erscheinen und auftreten könnten. Auf die von Ihnen durch diesen Weg abgegebenen Versicherungen verloren diese Warnungen den Anschein eines Pasquills; die Regierung fand nun die Sache glaubbarer und ernsthafter, umso mehr, als durch Ihre Veranstaltung von allen Seiten Lärm wurde. Man schritt zu dem ersten bedenklichen Auftritt, zu wirklichen Inquisitionen, obwohl unter einem ganz andern Vorwand; man nahm Papiere ab; Sie entwarfen 26. Punkte, nach welchen sämtliche Offiziere sich erklären sollten; Sie gaben alle möglichen Ratschläge, um der Sache auf den Grund zu kommen, und keine einzige Ihrer Angaben fand sich bestätigt. Der Regierung musste die Sache verdächtig werden; sie sah, dass solche auffallende Scenen im In- und Auslande

Aufsehen erregten; sie fing an, Misstrauen in ihre Aussagen zu setzen; wollte sich rechtfertigen wegen ihrer getroffenen Verfügungen; sah, dass es ihr an Gründen fehlte; und nun vermute ich, habe man Sie vorgerufen, Ihnen ernsthaften Vortrag gemacht, Sie befragt, ob Sie auf Ihrer Aussage beharren, sich getrauen, solche zu beschwören, und da Sie diesen Vortrag nicht abwenden konnten, ohne sich selbst als einen Verleumder darzustellen, habe man Ihnen zur Beruhigung, Sicherheit und Rechtfertigung der Regierung aufgetragen, Ihre Anklage schriftlich zu verfassen, zu hinterlegen, und mit einem Eid zu bestätigen. – Es kann sein, dass ich mich irre, und ich wünsche bessere Belehrung; aber außerdem ist es mir ganz unerklärbar, warum Sie diese Anklage so spät und nach der Verurteilung aller Mitglieder, nach ganz vollendetem Prozess übergaben. Ich bin auch noch umso geneigter, dieses zu glauben, weil es ein Mittel ist, die Regierung in etwas zu entschuldigen, und zu beweisen, dass man von ihrer Seite nicht gänzlich alles Gefühl und Achtung für Gerechtigkeit bei Seite gesetzt; weil es zeigt, dass die Regierung der hintergangene Teil und Sie der Betrüger sind.

Sie mögen aber dieses Bekenntnis früh oder spät, aus dieser oder einer andern Ursache und Veranlassung übergeben haben, so bleibt doch so viel gewiss: Diese Klage geschah in geheim; sie war in ihrem ersten Entstehen Ihr Werk; sie blieb geheim bis an das Ende; die Beklagten wurden verurteilt und kannten weder Kläger noch Schuld. Und Sie, Herr Utschneider, sind also in allem Fall ein heimlicher und hinterlistiger Ankläger: und ein solcher ist, nach dem einstimmigen Urteil aller Völker und Zeiten, ein schlechter und verabscheuungswürdiger Mensch, eine wahre Pest eines jeden gesitteten Staats, das Gift jeder menschlichen Gesellschaft, ein Schandfleck und

Auswurf jeder Regierung, eine Schande aller Gerechtigkeit, ein Spürhund und Werkzeug des Despotismus. Wenn Sie meinen Worten nicht trauen, wenn Sie glauben, dass mich mein Eifer zu weit führe: so lesen Sie in der Note, was Schriftsteller, die nach Ihrem Vorgeben Ihre Lieblingsschriftsteller sind, Montesquieu und Tacitus davon urteilen. Lesen Sie (und erröten Sie dabei, wenn Sie können,) was letzterer, von dieser Gattung Menschen, die er *genus hominum infame* nennt, in so vielen Stellen so musterhaft schreibt[6].

In einem solchen Staat, in welchem dieser Rest von Menschen eine günstige Aufnahme findet, ist früh oder spät aller Schatten von bürgerlicher Freiheit und Sicherheit verloren. Gegen sie, gegen ihre grenzenlose Verleumdung schützt kein Alter, kein Stand, kein Geschlecht. Alles Verdienst, jede Tugend wird zum Verbrechen, führt zum Untergang und Tod. Der beste Fürst, wenn er in solche Hände fällt, sich diesem Auswurf von Leuten anvertraut, wird, ohne es zu wissen, zum Ball, mit dem sie spielen; er wird von ihnen umgeben, belagert, eingeschlossen, verkauft und zu den gewalttätigsten Schritten gebracht[7]. Alle Gerichtshöfe stehen still, Gerechtigkeit ist ein bloßer Name, und Gesetze werden zur Last, werden zur Unterdrückung der Unschuld gemissbraucht. Diese Seuche, wenn es einmal nur einem einzigen gelingt, greift so sehr um sich, dass sie allgemein wird, sich bis auf die höchsten Stände eines Staats verbreitet. Meineid und Treulosigkeit werden sodann zur allgemeinen Sitte, treten an die Stelle des Verdiensts, und bahnen ausschließender Weise den Weg zu Ämtern und Würden. Alle Offenheit, Freude und Munterkeit verschwindet aus der menschlichen Gesellschaft; allgemeines Misstrauen, Furcht, kriechende Gefälligkeit und Niederträchtigkeit bemächtiget sich aller Menschen. Selbst die engsten Bande der Natur werden aufgelöst und getrennt. Wände haben Ohren und sogar leblose Dinge werden verdächtig. Hier, in einem solchen Staat, kann ich sagen, wird nach und nach der Sammelplatz aller schlechten Menschen, hier ist Ihr Reich. Sie drängen sich von allen Seiten und Ländern herbei, sie schwingen sich auf die höchsten Bedienungen des Staats, besetzen alle übrigen Stellen mit ihres gleichen, und reißen auf diese Art alle Gewalt an sich, alles muss sich ihnen unterwerfen, alles zittert vor ihrem Einfluss. Nun werden nicht Taten allein, sogar Reden, die man sagen könnte, Gebärden, Blicke, Stillschweigen, und die Furcht selbst zum Verbrechen, wie sich Tacitus ausdrückt: *Id ipsum paventes, quod timuissent.* Freunde verkennen ihre Freunde, Richter die Gesetze, und Eltern verläugnen ihre Kinder, um nicht in ähnliche Schicksale verwickelt zu werden. Sei so gerecht als du sein kannst, das Muster von Sittlichkeit, rede oder schweige, handle oder sei untätig, frohne dabei diesen Abenteurern nicht: und du wirst ihrer Rache und ihren Fallstricken nie entgehen; du wirst umso früher fallen, je vortrefflicher du bist[8]. Es wird nie an scheinbarem Vorwand fehlen, jeden den sie hassen, der Verbrechen gegen Staat oder Religion, die in diesen Zeiten, und unter diesen Händen die ausgebreitetste und willkürlichste Bedeutung haben, zu beschuldigen, und dadurch seinen Untergang zu befördern. „Die Rachsucht", sagt Sterne in seinem Tristram,[c] „wird aus einem giftigen Winkel ein ehrenrühriges Märchen gegen dich richten, welches weder Unschuld des Herzens, noch Unsträflichkeit des Wandels abwehren wird. – Die Glückseligkeit deines Hauses wird erschüttert, – dein guter Leumund, worauf sie ruht, allenthalben verwundet, – deine Redlichkeit in Zweifel gezogen,

---

[c] Tristram Shandy 1 Teil 12. Kapitel

– deine Taten belogen, – dein Witz vergessen, – deine Gelehrsamkeit mit Füssen getreten, und um dir den letzten Auftritt deines Trauerspiels vor die Augen zu bringen, **Grausamkeit** und **Feigheit,** zwei Zwillings-Ruffiane, die als Mietlinge der Bosheit im Finstern schleichen, werden zugleich deine Schwachheiten und Irrtümer bestürmen. – Der Beste von uns, mein teuerster Kumpe, gibt hier Blößen. – **Und glaube – glaube mir, Yorik, wenn es einmal, eine besondere Lust zu büßen, beschlossen ist, dass ein hilfloses, unschuldiges Tier geopfert werden soll: so ist es leicht, in jedem grünen Gebüsche, wohin es sich verirrt hat, genug trockenes Reisholz zum Feuer zu finden, worauf es verbrannt werde.“** – Und wer findet dieses so leicht, als Menschen mit so viel Gewalt, mit so vielem bösen Willen, deren ganzes Leben ein ewiger, unaufhörlicher Krieg gegen Rechtschaffenheit und Tugend ist. Die Note[9] mag den Leser davon überzeugen, wie sich Verleumder und geheime Angeber der ältern Zeiten dazu angeschickt, um in jedem unbescholtenen Mann einen Verbrecher zu finden: mir liegt es ob, meine Leser zu überführen, dass Utschneider in dieser Kunst ein Mann sei, dem es nur an großen Gelegenheiten fehlt, um einen Pallas und Tigellinus zu übertreffen. Die Vergleichung wird entscheiden.

Tritt dieser Tigellinus unserer Zeiten öffentlich und namentlich gegen die Gesellschaft der Illuminaten auf: so hat er sie wegen Zeitverlust, Geldverlust, Predigen wider den Patriotismus etc. verlassen. Klagt er sie insgeheim an: so richtet er sich ganz nach dem Mann, den er vor sich hat, um sie ihm auf seine Art gehässig zu machen. Spricht er mit Patrioten, so verraten die Illuminaten das Land, arbeiten zu Gunsten des Österreichischen Hofs, und unterstützen und befördern den Ländertausch. Hat er es mit Devoten und der Geistlichkeit zu tun: so sind sie Leute von den zügellosesten Sitten, Atheisten, Naturalisten, Materialisten, Epikureer, die alle Religion untergraben, oder Neuerungen einführen wollen. Will er den Landesherrn und das regierende Haus gegen die Illuminaten erbittern: so haben sich solche verlauten lassen, dass in 20. Jahren kein Wittelsbacher mehr sein werde. Ist die Regierung oder einzelne Personen in öffentlichen Schriften angegriffen, so sind die Illuminaten die Verfasser davon. Klagt ein Vater über die Ausschweifungen seines Sohns, so hat er bemerkt, dass er mit den Illuminaten starken Umgang pflege. Hat jemand einen Prozess verloren, so sind ihre meisten Stimmen in allen Kollegien die Ursache davon. Klagt jemand über die Verfügungen der Regierung, so haben die Illuminaten die Hände darin. Wird jemand nicht nach Wunsch befördert, so reißen die Illuminaten alle Ämter an sich. Stößt er endlich auf Leute, die weniger leichtgläubig sind, und diese Klagen für übertrieben ansehen, so ist der Illuminatismus nichts weiter als eine Kabale oder Geldschneiderei. Setzt man ihm entgegen, dass sich in der Gesellschaft Leute von Stand, Einsicht und Tugend befinden, so sind diese die Betrogene, die man im Finstern erhält, um andere damit anzulocken. Bezeugt jemand, dass er im Orden nichts übles gefunden, dass alles auf Wissenschaft und Tugend hinausgehe, so weiß er, dass es geheime Lehren gebe, die nicht allen, sondern nur den Vertrautesten geoffenbart werden, und zu diesem Ende sei ihre lange und genaue Prüfung. Lehren die Illuminaten die Verachtung des Todes: so sind sie ihm verwegene Menschen, Selbstmörder; sie brauchen solche entschlossene Leute, um den Fürstenmord und andere Verbrechen ohne Scheu und ungestraft auszuüben. Sie nehmen junge Leute auf, weil diese am leichtesten zu verführen sind; Ärzte und Apotheker, um zu vergiften; Postoffizianten, um die Briefe zu erbrechen; Professoren, um ihre Irrlehren und Gift zu verbreiten; Geistliche, um die Irreligion unter das Volk zu bringen; Archivvorsteher, um die Archive zu plündern; Justizräte, um die Gerechtigkeit in ihrer Gewalt zu haben. Sie beobachten die Menschen, sind also Spionen, und sie sammeln Urkunden, um die Länder zu verraten.[10]

Auf diese Art ist keine Anstalt der Illuminaten, so gut und unschuldig sie auch sein mag, welcher der Ränke und Gift atmende Geist eines politischen Kannengießers nicht sogleich die gehässigste Wendung zu geben weiß; in den einfachsten und plansten Dingen sieht er Meuterei, Hoch- und Staatsverrat. Man sollte glauben, durch zu frühe Anstrengung seiner Kräfte zu politischen Geschäften, durch ein zu anhaltendes Studium seiner Lieblingsautoren, eines Montesquieu und Tacitus, von dem unten die Rede sein wird, seihe ihm diese Idee zur *Idea fixa* geworden, und der Kopf auf dem Grad verrückt, dass er auf die selbige Art aller Orten Hochverrat findet, wie der Argiver des Horaz Komödien sahe, wo keine aufgeführt wurden[d]. Er gleicht aber den Verleumdern und Anklägern der ältern Zeiten, nicht allein in der Bosheit der Anklage, in der Kunst die unschuldigsten Sachen zu verdrehen; er gleicht ihnen auch in den Wirkungen, die er hervorbringt, in den Inquisitionen, die er veranlasst, in der Unterdrückung und Sklaverei, die er über eine ganze Nation verbreitet.

Seine Taten, die durch ihn hervorgebrachten Folgen und Wirkungen, werden das Urteil meiner Leser näher bestimmen.

---

[d] fuit haud ignobilis Argis,
Qui se credebat miros audire tragoedos,
In vacuo laetus sessor plausorque theatro.
Horat.

Er machte mit Beiziehung Grünbergers und Cosandeys damit den Anfang, dass er eine Liste in geheim herumgehen ließ, in welcher er die Gegenstände seiner Verleumdung und die Opfer bezeichnet hatte, die er sich zur Sättigung seiner Wut auserlesen. Mehr als 60 waren darunter, die niemals an einer Ordensverbindung Teil hatten, und manche ausgelassen, deren er schonen wollte.

Als Weishaupt nach Regensburg kam, um sich dort auf einige Zeit mit seiner Familie niederzulassen, so sah man dieses als einen Trotz gegen die Regierung an, man wusste gewiss, dass er die alten Ordenskonnexionen unterhalte. Der Magistrat des Orts wurde ersucht, ihn aus der Stadt zu schaffen; und als dieses nicht gelang, so bewirkte man, wie es sicher verlauten will, *Lettres de Cachet*, ihn insgeheim aufzuheben, sobald er den Bayerischen Boden betreten würde. Allen seinen Freunden wurde bei Kassationsstrafe verboten, mit ihm einen Briefwechsel zu unterhalten.

Als Weishaupt nach seiner Ankunft in Regensburg von einigen seiner vorigen Freunde, dem Baron von Frauenberg, dem Stadtoberrichter Fischer, dem Schulinspektor Drexl und dem Oberleutnant von Kaltner einen Besuch erhielt, so wollte man gewiss wissen, dass sie in Regensburg Loge gehalten, und auf dem Rückweg in einem Gasthaus an einem Fasttag Fleisch gegessen. Die Sache wurde in München angezeigt; sie verfielen sämtlich in eine Inquisition, die sich damit endigte, dass Kaltner in eine andere Garnison versetzt, Drexl und Fischer ihrer Ämter entsetzt, und letzterer mit seiner ganzen Familie brotlos gemacht, Baron Frauenberg im Gegenteil von der Universität zu Ingolstadt verwiesen und seiner Pension als kurfürstlicher Edelknab verlustig wurde.

Als Baron von Frauenberg die Universität verließ, und von 15. Akademikern zu Pferd begleitet wurde: so wurden sämtliche Begleiter auf ausdrücklichen kurfürstlichen Befehl relegiert; denn man vermutete nichts gewisser, als dass sie schon bereits von dem Gift der Illuminaten angesteckt wären.

Als diese Begleitung vor dem Haus des Oberstadtpfarrer und Professor **Wibmers** vorbeiritt, dieser ans Fenster kam, und die Vorbeireitenden grüßte, so wurde er durch einen eignen kurfürstlichen Befehl darüber zur Verantwortung gezogen.

Als der Münchner Stadtrat von **Delling** das Unglück seines Freundes, des Stadtoberrichter Fischers bedauerte: so wurde dies angezeigt, Delling zur Verantwortung gerufen, seines Amts entsetzt, kassiert, und vorher drei Tage hindurch eingesperrt.

Allen Verurteilten wurde unter der schärfsten Ahndung verboten, Gegenvorstellungen zu machen, und Seine Kurfürstliche Durchlaucht weiter zu beunruhigen.

Als der Professor Juris **Krenner** zur Ader ließ, und abends von zwei vormaligen Illuminaten Besuch erhielt: so wollte man wissen, dass sie Loge gehalten, und sie verfielen darüber in eine Inquisition, kraft welcher Lizentiat **Duschl** seiner Korrepetitorstelle entsetzt und von der Universität verwiesen wurde.

Als der Priester **Lanz** auf seiner Durchreise nach Schlesien, in Regensburg an Weishaupts Seite vom Blitz erschlagen wurde; so sah man dieses als ein Strafgericht Gottes an; man suchte sich seiner Papiere zu bemächtigen, die, außer dem bekannten Denkzettel, gar nichts von der geringsten Bedeutung enthielten; man fertigte eine eigene Kommission nach seinem Wohnort **Erdting** ab, um seine übrigen Schriften zu erhalten; man gab vor, er wäre ein

Ordensbischof, und als Ordensspion und Werber nach Schlesien gegangen.

Als während der Verfolgung noch ein Mitglied zuweilen das andere besuchte, um sich aufzurichten und einander in ihren Leiden zu stärken; so wurde dies als eine heimliche Fortdauer des Ordens angegeben.

Als Graf **Savioli** und Marchese **Costanza** vor ihrer Abreise auf einem Freisingichen Dorf zwischen München und Freisingen mit einigen ihrer Freunde sich zu einem Abschiedsmahl einfanden: so wurde dies schon am Morgen verraten, sogleich eine Estafette an den Fürstbischof von Freisingen mit dem Gesuch abgeordert, sie sämtlich zu arretieren; und an die Freisingische Grenze wurde ein Kommando geschickt, um sie von dort aus gefänglich zu übernehmen.

Als der Baron von **Meggenhofen** einen seiner Freunde an den jungen Baron von **Leyden** empfohlen, so wurde dessen Brief aufgefangen, und nach München an die Inquisition geschickt. Er selbst verfiel in eine Untersuchung, und wurde zum bessern Unterricht im katholischen Glauben auf ein Monat in ein Franziskaner Kloster geschickt.

Als der Kanonikus **Hertel** als Schatzmeister des Ordens angegeben wurde: so wurde er angehalten, Rechnung abzulegen, und die vorgeblichen Schätze des Ordens zu überantworten. Als er keines von beiden konnte: so wurde ihm der Genuss seiner Einkünfte, die dermalen bei Ermanglung Bischöflicher Konfirmation sein Eigentum sind, bis auf heutigen Tag gesperrt und vorenthalten.

Und nun, lieber Leser! will ich deine Geduld nicht weiter ermüden; las mich über diese Scenen, die nur einige von den hunderten sind, den Schleyer werfen. Du selbst magst urteilen und entscheiden, ob ich zu viel sage, wenn ich behaupte, dass die Wirkungen, welche Utschneider durch seine Delationen hervorgebracht, jenen der ältern oben angeführten Zeiten durchaus ähnlich seien.

Und Sie, Herr Utschneider! Sie klagen die Illuminaten an, dass sie alle Stellen mit den Ihrigen besetzt, alle Gewalt an sich gerissen, die Justiz gekränkt, allgemeines Misstrauen erweckt, Eltern gegen ihre Kinder, den Fürsten gegen seine Untertanen, jeden Freund gegen seinen Freund aufgebracht und verdächtig gemacht? Was haben Sie getan? Was tun Sie nun noch wirklich? Wenn die Illuminaten je eine Gewalt gehabt, wo haben sie solche auf diesen Grad gemissbraucht? Wer ist der Unglückliche, der es durch sie ist? Wen haben diese seines Amts entsetzt, mit ganzen Familien ins Elend gebracht? Gegen wen haben diese, Machtsprüche und *lettres de Cachet* bewirkt? Wen haben sie außer Lands vertrieben, und mit grenzenloser Bosheit in seiner neuen Heimat beunruhigt? Reden Sie, führen Sie ein einziges Factum an. Sie haben diesen panischen Schrecken unter einer Nation verbreitet, die ihn vorher so wenig kannte. Zwar wollten schon unter der unvergesslichen Regierung Maximilians des Dritten ähnliche Ungeheuer ein gleiches versuchen, und übergaben zu diesem Ende in geheim ein Verzeichnis aller im Land befindlichen Freigeister. Der edle Fürst fand, dass man ihm seine besten Untertanen verdächtig machen, und ihn gegen sie aufbringen wollte. Er fasste den großmütigen Entschluss, und tat, was in ähnlichen Fällen allen Regenten zum Muster dienen kann: er verurteilte dieses infame Blatt – zum Feuer. – Sie mögen immerhin siegen, Herr Utschneider! Sie mögen noch immer große und übergroße Unterstützungen genießen: aber ich rate Ihnen, übernehmen Sie sich nicht. Mit einem Mal ändert sich oft die Lage; Kein Sejanus, Pallas, oder Tigellinus hat seine schändliche

Laufbahn glücklich vollendet. Fürsten können leicht, und oft sehr lang hintergangen werden: aber früh oder spät öffnen sich ihre Augen, und ihre Rache wird umso schrecklicher, je länger und schändlicher sie gemissbraucht worden. Rechnen Sie doch nicht auf den Beifall, auf die Achtung und Ehre, die man Ihnen bezeigt; sie ist keine Frucht einer innern Überzeugung, sie ist das Kind der Furcht und des Schreckens, den Sie allenthalben verbreiten. Es ist keiner von allen, die Sie zu ehren scheinen, der Sie nicht innerlich verabscheut. Man liebt den Verrat, aber niemals den Verräter. Diese Gunstbezeugungen gehen und kommen mit der Furcht, mit der Mine des Regenten, mit dem Vorteil, den man hofft, mit dem Einfluss, den man hat. Will ein Fürst sich den Zeitvertreib machen, so kann er sehen und erfahren, wie alle diese Menschen, die sich ihrer Klugheit und Weisheit so sehr rühmen, auf ihre Welterfahrung sich so viel zu guttun, in einem einzigen Tag zehnerlei Gestalten annehmen, zehnmal lachen und ebenso oft weinen, hoffen und fürchten, lieben und hassen, einander achten und verachten, sich erheben oder kriechen, ihre Pflicht erfüllen oder verläugnen, alles nach dem Ton, nach der Mine, die er annimmt. Er wird finden, dass er Maschinen und keine Untertanen habe; dass sie sind, was er will, was er ihnen erlaubt. Er kann aber auch daraus schließen, wenn er klug ist, wie wenig er Ursache habe, sich bei einer solchen knechtischen, heuchlerischen, abgedrungenen Verehrung zu gefallen. Wer meinen Stand, meinen Reichtum, mein Geld, meine Tafel liebt, der liebt sich und nicht mich; von dem kann ich nicht hoffen, dass er mein Freund sein würde, wenn mich das alles verließe. Und wem kann eine solche Ehre gefallen, die nicht mir, sondern dem Schein widerfährt, der mich umgibt? Der größte Teil der Menschen ist ein elendes, schwaches, äußerst wandelbares, wenig selbstdenkendes, eitles, von Vorurteilen, Eigennutz, Furcht und

Hoffnung immer gepeinigtes, abhängiges Geschlecht. Wer die Macht hat, bemächtigt sich sehr leicht ihres Herzens und Kopfs. Das wissen und sehen und fühlen sie; und darum ist diese Macht das Ziel ihrer Wünsche, das höchste Gut, so sie kennen. Nach diesem Zweck richten sich ihre Mittel, ihre Freuden und ihre Leiden, ihre Begriffe von Elend und Glück. Dieser Zweck, diese Liebe zur Macht, schaut aus allen Handlungen hervor; Demut, und Eifer für Gott und Religion, sind nur gar zu häufig die Maske davon[11]. Nur eine Ehre ist wahr, diese gründet sich auf innerlichen Wert. Sie ist selten, und darum weniger gesucht. Sie würde häufiger sein, wenn jeder sich so sehr bestrebte, der erste in der Zukunft, als der erste auf Erden zu sein. Dies tröstet den Mann von Verdienst in der Verachtung die ihm widerfährt; denn warum sollte ihn Verirrung der andern betrüben? Er behält seinen Wert, wenn es gleich an Kennern gebricht; und ein reiferes Menschengeschlecht wird ihn sicher dereinst erkennen, so wie auch kein Laster, kein Verbrechen den Tadel und dem Abscheu der Nachwelt entgeht. Die Tugend kann unterliegen: aber sie kann sich mit den Worten des **Cremutius Cordus** trösten: Einem jeden wäget doch die Nachwelt seine Ehre zu; und nicht wird es, wenn mich Verdammung trifft, an Solchen fehlen, die nicht nur des Cassius uns Brutus, sondern auch meiner gedenken. *Tacitus Annalen IV, 35.* Auch Sokrates munterte sich durch ähnliche Gründe auf. **Wenn ich widerrechtlich,** sagt er beim Xenophon, **zum Tod verurteilt werde, so fällt die Schande nicht auf mich, sondern auf meine Richter und Mörder. Mir kann es keine Schande bringen, dass andere das, was Recht ist, nicht einsehen, oder nicht einsehen wollen. Erfahrung und Geschichte haben mich gelehrt, dass diejenigen, die Unrecht tun, und die so Unrecht leiden, nicht einerlei Namen bei der Nachwelt erhalten. Und ich bin fest überzeugt, dass es Menschen geben werde, die sich**

nach meinem Tod um mich bekümmern, und ganz anders über mich, als über meine Mörder urteilen werden. In der Fülle seiner Macht war Seianus bewundert, geehrt, und nun erregt sein Name Abscheu und Verachtung! Was schützt ihn nun diese Macht? wozu nützen seine Ränke, seine Verstellung, die Unterdrückung der öffentlichen Stimme, die Vernichtung aller Edlen?[12] Diesem rächenden Gericht der Nachwelt kann kein Bösewicht entgehen, und diese Stimme wird sich nur umso lauter erheben, je stärker und gewaltiger der Druck ist. Auch Sie, Herr Utschneider! haben ein gleiches zu erwarten, wenn Sie anderst, wie ich zweifle, der gerechten Züchtigung ihrer Zeitgenossen entgehen.

Ich wende mich nun zu ihrer Anklage selbst. Jedes dieser Geständnisse zu widerlegen, finde ich unnötig, weil Ihre Innzichten so ziemlich gleichlautend und sichtbar unter einander verabredet sind. Zum Teil sind sie auch schon widerlegt, und eine neue Widerlegung würde also unnötige Wiederholungen veranlassen. Eben so wenig werde ich mich auf Ihre persönlichen Ausfälle einlassen; das mögen jene tun, die sie betreffen. Aber der Schluss Ihres Bekenntnisses ist zu merkwürdig, als dass ich ihn übergehen könnte. Er gibt mir Gelegenheit, alles zu sagen, was ich nötig habe, und Sie in einer Gestalt zu zeigen, in welcher Sie sicherlich sich selbst nicht gefallen[13]. Hier sind Ihre eignen Worte mit meinen Anmerkungen begleitet.

„Durch diese Lehren sowohl, als ihre Taten, Handlungen und Aufmunterungen, Verrätereien zu begehen, ganz überzeugt, wie schädlich so eine Sekte sei, traten der Hofkammerrat Utschneider, dann der Priester Dillis aus."

Bey dieser Äußerung bemerke ich folgendes:

1) Sie sind nach Ihrem eigenen Geständnis der erste, welcher die Gesellschaft verlassen, Dieser Umstand mag unbedeutend scheinen, aber er wirft viel Licht auf die Sache. Denn wenn von diesem Ihren Austritt an sich alle Verfolgungen herschreiben, so sind Sie der Urheber davon. Sie haben alle Vermutungen gegen sich, dass alle widrige Auftritte durch Sie veranlasst wurden, wenn ich erweisen kann, dass Sie die Gesellschaft aus Rachgierde verlassen; diese Vermutung wird dadurch bestärkt, dass Sie der Angeber sind, wie Sie selbst gestehen.

2) Sie haben die Gesellschaft schon zu Ende des Jahrs 1783 verlassen, und erst im Jahr 1785 den 9ten September Ihre Denunziation übergeben.

3) Und nun kommt alles auf die Ursachen an, aus welchen Sie die Gesellschaft verlassen. Sind die hier vorgegebnen unwahr, wie ich offenbar beweisen werde: so muss ich andere angeben können, die wahrer sind: Ich habe also zwei Stücke zu untersuchen: 1) welche waren die Ursachen Ihres Austritts? 2) welchen Glauben verdienen jene, die Sie hier angeben?

Im Monat Juni des 1783. Jahrs kamen Sie nach Ingolstadt, um dort zu promovieren. Sie frequentierten noch die dortigen Minerval-Versammlungen; lasen selbst einen Aufsatz ab; gingen vorzüglich mit Ordensmitgliedern um; bewarben sich um die Freundschaft und Bekanntschaft des damaligen Professor Weishaupts, und sprachen von neuen Graden, die Sie nächster Tagen erhalten würden. – Zu dieser Zeit dachten Sie also noch nicht daran, den Orden zu verlassen: aber bald nach Ihrer Rückkehr nach München, im Monat August desselbigen Jahrs, traten Sie wirklich aus. Die wahre Ursache muss also in einer Begebenheit liegen, die sich in dieser Mittelzeit ereignet.

Hier ist sie.

Ihre Lehrer in München, die Menschen, unter welchen Sie gelebt, hatten Ihnen ebenfalls den unangenehmen Dienst erwiesen, durch welchen so gewöhnlich die Kinder vornehmer und mächtiger Personen, denen man sich dadurch gefällig zu machen sucht, im Grund verdorben werden: sie hatten Sie zu früh und zu übermäßig gelobt. So kamen Sie nach Ingolstadt zu dem damaligen Professor Weishaupt, voll von sich selbst, mit dem Stolz eines Schülers, dem seine Mitschüler, die er, auf was immer für eine Art, übertroffen, die Welt sind, nach welcher er alle übrigen Menschen beurteilt, und so lang unter sich sieht, bis endlich eine widrige, gegenteilige Erfahrung ihm das Gegenteil lehrt. Sie verbanden damit eine grenzenlose Großsprecherei und Selbstgenügsamkeit. Mit dieser präsentierten Sie sich dem Professor Weishaupt, an den sie besonders empfohlen waren, – und sie fiel ihm außerordentlich auf. – Nichts war Ihnen unbekannt. – Tacitus und Montesquieu, zwei sehr schwere Schriftsteller, die vielen Weltgebrauch voraussetzen, um sie gehörig zu verstehen, waren, nach Ihrem Vorgeben, schon von Kindesbeinen an Ihre tägliche Lektüre. Sie sprachen von nichts als Korrespondenzen an große Herren und Gelehrte, von einer Menge von Briefen, die Sie täglich von solchen erhielten. Bei angestellten nähern Prüfungen fand es sich, dass Sie von dem allen gar nichts verstanden, dass alle Ihre politische Räsonnements nur nachgebetete alltägliche Phrasen, leere Worte waren, deren Sinn Sie nicht begriffen. Nun hätte ein solches Betragen im Grunde Mitleiden und Verachtung verdient; aber gegen ein Ordens Mitglied, das so sehr empfohlen war, war es zweifache Pflicht, Ihre Heilung zu versuchen. Weishaupt gab Ihnen also den wohlmeinenden Rat, sich bescheidner zu äußern, den Ton herabzustimmen, und sich selbst weniger zuzutrauen. Er belehrte Sie, wie sehr Ihr erster Eindruck wider Sie seihe; wie sehr Sie sich durch solche große Erwartungen, die Sie zwar durch Ihre Großsprechereien erweckten, aber gar nicht erfüllten, für die Zukunft schadeten; wie Sie auf diesem Weg Ihren Zweck gar nicht, wohl aber das Gegenteil erhielten. Er stellte Ihnen vor, wie lächerlich es in dem Mund eines jungen weltunkundigen Menschen klinge, über so wichtige Gegenstände, die das Resultat einer lebenslangen Erfahrung sind, eine so entscheidende Sprache zu führen. Er zeigte Ihnen, wie viele der fähigsten Köpfe durch unzeitiges Lob verdorben, und in den Fortschritten zu einer weitern und reellern Kenntnis gehindert worden; wie Ihre Sätze und Meinungen in Ihrem Kopf ungeordnet und ohne allen Zusammenhang, hie und da aufgefangene, unverdauete, missverstandene Grundsätze seien, die Sie sich entweder falsch oder ohne allen Beweis dächten. Vorzüglich belehrte er Sie über die Schädlichkeit der Politik, ehe und bevor in den Gemütern junger Leute ein tiefer Grund zur Moral gelegt worden. Er gab Ihnen den Rat, sich auf diese vor allen andern zu legen. Sie aber befolgten diesen Rat und Unterricht so wenig, dass Sie vielmehr einige Tage darauf ohne alle Anfrage sich in ein *Collegium privatissimum* eindrangen, das er den beiden Grafen von Preysing über Feders praktische Philosophie los. Er sowohl, als die Grafen, konnten sich über Ihre Unverschämtheit, die so sehr von Ihrem eigenmächtigen Wesen und von der geringen Schonung zeigte, die Sie jedem andern beweisen, nicht genug verwundern. Weishaupt ließ Ihnen diesen Unfug bedeuten, sah, dass Sie schon zu verdorben waren, als dass er sich von seiner Mühe einen guten Erfolg versprechen konnte, und verbat sich also geradezu Ihre weitern Besuche, schrieb dabei nach München, dass er an Ihnen das nicht, was man ihm empfohlen, wohl aber einen aufgeblasenen und bis zur Blindheit von sich selbst eingenommen, eigenmächtigen Menschen finde. Die Sache kam im Orden selbst zur Sprache; **Costanza** machte in seinem Eifer Ihrem Freund

Grünberger einen etwas hitzigen Vorwurf, der diesen außerordentlich beleidigte, weil er sich auf Ihre Erziehung in den letztern Jahren, als das Werk seiner Hände, sehr viel zu guttat und folglich der Tadel auf ihn selbst fiel. Sie selbst wurden darüber zur Rede gestellt, und endlich die Sache wieder dahin vermittelt, dass **Weishaupt,** nachdem Sie selbst zweimal an ihn geschrieben, Ihren Fehler gestanden, bereuet, und alle Besserung versprochen, Ihnen wieder freien Zutritt gab und volles Vertrauen schenkte. Er stellte Ihnen sogar den Herrn von **Delling,** dem Sie sich zu Tisch aufgedrungen hatten, zum Oberaufseher, der Sie in Ihren Reden und Äußerungen beobachten und ihm hinterbringen sollte, in wie fern Sie Ihrem Versprechen getreu blieben[14]. Sie selbst besuchten ihn nachmals öfters, erhielten von ihm in allem wohlmeinenden Unterricht. Sie äußerten gegen ihn die freundschaftlichsten Gesinnungen, schienen ihn zu ehren und zu lieben. Aber der Erfolg hat bewiesen, dass es bloße Heuchelei war, dass Sie ihn nur schonten, weil Sie ihn zu Ihrem bevorstehenden Examen aus den Rechten noch nötig hatten; und dass Sie damals schon jene schwarze Anschläge ausgekocht, die Sie nach Ihrer Rückkunft in München, nachdem Sie mit Grünberger und Cosandey über den Plan Ihrer künftigen Operationen zu Rat gegangen, zur Ausführung gebracht haben. Von dieser Zeit an schreiben sich Ihre feindseligen Gesinnungen gegen einen Orden her, zu dessen Besten Sie kurz vorher so sehr eingenommen waren, dass Sie und Grünberger ihm Ihren eigenen Vetter, den Herzoglichen Zahlmeister von Andre zugeführt, und durch diesen der Frau Herzogin Durchlaucht, ohne unser Andringen, aus eignem Trieb beredet haben, die Lehrstühle der von ihr errichteten Akademie bloß allein mit Ordensgliedern zu besetzen.

Nun wenn Sie ein wahrhafter Mann sind, können Sie dies leugnen? Können Sie sagen, dass Weishaupt während Ihres mit ihm gepflogenen Umgangs Sie gemissbraucht, zu Verrätereien aufgemuntert oder etwas zugemutet habe, was gegen Sittlichkeit oder höhere Pflicht war? Können Sie leugnen, dass er Sie vielmehr zu allem Guten ermuntert, und bei sehr entscheidenden Gelegenheiten, wo Sie seiner damals nötig hatten, für Sie väterlich gesorgt habe? – Und wie haben Sie ihm solches in der Zukunft vergolten?

Wir wiesen nunmehro die wahre Ursache. Ich wende mich zu den Ihrigen und untersuche ihren Wert. Hier finde ich, dass

1) die von Ihnen vorgegebenen Ursachen schon aus dem Grund verdächtig sind, weil Sie die einzige wahre gänzlich mit Stillschweigen übergehen;

2) weil Sie diese Ursachen Ihres Austritts nicht zu beweisen im Stand sind;

3) weil Sie sich selbst allen Glauben und Schein der Wahrheit benommen haben, indem Sie zu einer andern Zeit unter andern Umständen ganz verschiedene Ursachen Ihres Austritts angegeben.

Hier ist von lezterm der Beweis.

In dem Jahr 1784 erschien die verleumderische erste Warnung. Da die Beschuldigungen in Ihrem Bekenntnis mit jenen in diesem völlig einerlei sind, da sogar in beiden eine gewisse Stelle, die sogenannten Fragen, die zur Schilderung der Mitglieder sollen entworfen werden, dort schon mit den nämlichen Worten, wie in Ihrem Bekenntnis vom Jahr 1785 angeführt werden, und sich beide mit der Frage endigen, **liebt er Mordgeschichten?** so ist es eine unleugbare Sache, dass die erste Warnung durch

Ihr Mitwirken an das Licht getreten, dass Sie und Grünberger die Materialien dazu geliefert. Ich bitte den Leser, diesen Umstand wohl zu überlegen, denn er gibt großen Aufschluss in dem ganzen Gang der Sachen. – In der ersten Warnung wurde der Verleumdungsgeist so weit getrieben, dass man sich erlaubte, **falsche Briefe auf Rechnung andrer hineindrucken zu lassen,** um dadurch verdächtig zu machen. – Bey dieser so sonderbaren Erscheinung sahen die Mitglieder der Loge sich genötigt, ihre Verleumder in öffentlichen Zeitungen zum Beweis aufzufordern, und sie widrigenfalls, wie sie es verdienten, als hinterlistige Ehrenräuber zu erklären. Sie, Herr Utschneider! samt Ihren Gehülfen fanden sich dadurch betroffen, und gaben unter dem Datum des 27. Dezembers 1784 mit Ihrer eigenen Namensunterschrift eine **nötige Beilage** heraus. In dieser versichern Sie, dass man Sie fälschlich für den Urheber der ersten Warnung (die aber doch durch Ihr Anstiften erschien) halte. Sie waren also gegen die Gesellschaft aufgebracht; man konnte erwarten, Sie würden als beleidigter Teil frei von der Brust sprechen, und nichts vorenthalten, was Ihren Gegenteil herabsetzen kann. Sie gaben dort die Ursachen Ihres Austritts an, um sich wegen dieses Schritts vor dem Publikum zu rechtfertigen. Diese aber sind in dieser Schrift keine andere, als **Zeitverlust, Geldverlust, beständiges Predigen wider den Patriotismus, weil er in Egoismus ausarte, Kosmopolitismus, und gründliche Überzeugung, dass keine geheime Gesellschaft, in was immer für einem Staat gut sein könne.** Und kurz zuvor in der Warnung und dann später im Jahr 1785 im Monat April, also 3. Monate später, beschuldigen Cosandey und Renner zu Freisingen, und den 9. September desselbigen Jahrs, Sie selbst zu München in einer NB. **geheimen** Anzeige die Mitglieder des Ordens, **der Irreligion, der Sittenverderbnis, der Staatsverräte-**

rei, der Giftmischerei, und eines attentierten Meuchelmords. Nun vereinigen Sie mir das, wenn Sie können. Warum in geheim eine andere Sprache, andere Verbrechen, als vor den Augen des Publikums, wo Sie namentlich erscheinen? Waren diese Verbrechen Ihnen noch nicht bekannt, als Sie Ihre nötige Beilage schrieben? Oder machten sich die Illuminaten erst nach Ihrem Austritt dieser Verbrechen schuldig? – Wenn Sie dies behaupten, so ist es offenbare und durch Sie selbst erweisliche Lüge. Diese nämlichen Verbrechen stehen schon in der durch Sie bewirkten, und vor Ihrer Belage im Druck erschienenen ersten Warnung, mit den selbigen Worten. Und was statt aller übrigen Beweise ist, Sie selbst, Herr Utschneider! sagen in diesem Bekenntnis, dass Sie wegen dieser Verbrechen ausgetreten seien. Sie existierten also schon zur Zeit Ihres Austritts im Jahr 1783. Wie konnten Sie also solche in Ihrer nötigen Beilage zu Ende des 1784. Jahrs gänzlich umgehen? Wenn dies nicht verdächtig ist, wenn dies Ihre Behauptung und ganze Anzeige nicht schon allein ohne weitern Beleg zur infamsten Kalumnie herabwürdigt, Ihnen allen Glauben entzieht: so bitte ich, mich zu belehren, was eigentlich eine legale Anzeige, was im Gegenteil eine Kalumnie sei. – Und eine solche Anzeige haben Sie beschworen? – Der Leser urteile, was Sie sind, was Sie verdienen.

Nicht genug, dass Sie verschiedene Ursachen Ihres Austritts bei verschiedenen Gelegenheiten angegeben, dass Sie eine falsche Anzeige gemacht; Sie suchten auch noch überdies auf alle mögliche Art zu verhindern, dass die Illuminaten niemals zur Verteidigung gelassen wurden, damit das Falsche Ihrer Anzeige, durch eine nähere Untersuchung nicht zu Ihrer Beschämung aufgedeckt, und Sie zu dem Beweis ihrer Innzichten genötigt würden.

– Hier ist aber mahl der Beweis von dieser meiner Behauptung.

Den 1. März des Jahrs 1785 waren Seine Kurfürstliche Durchlaucht vollkommen geneigt, die Illuminaten zur Verteidigung zu lassen. Sie beschieden zu diesem Ende auf den folgenden Tag den Grafen von Seeau zu einer förmlichen Audienz. Dies wurde kundbar und verraten. Gleich den andern Morgen fuhren Seine Durchlaucht die Frau Herzogin nach Hof, und unterhielten sich mit Seiner Durchlaucht dem Kurfürsten beinahe eine Stunde; und um 1. Uhr nachmittags wurde das von diesem nämlichen Tag datierte Edikt gegen die Freimaurer in der ganzen Stadt durch den Trompetenschall verrufen. Um 4. Uhr desselbigen Tags erschien der Graf zur Audienz, in der Absicht die Bittschrift der Gesellschaft zu überreichen. Aber Se. Durchlaucht schlugen es ab, und verboten demselben, darüber ferner zu sprechen. – Nun frage ich, wie kamen Seine Durchlaucht, die Frau Herzogin, diese so edle und großmütige Fürstin dazu, diese Veränderung zu bewirken? Wer die Größe der Gnade kennt, die Sie, Herr Utschneider! von ihr genießen, der schließt mit großer Zuversicht, dass Sie solche schändlich hintergangen haben; dass diese Veränderung eine Frucht Ihrer falschen Vorspieglungen, ein Werk Ihrer saubern Kunst und Politik sei; denn wer außer Ihnen lief dabei Gefahr, als ein Verleumder dargestellt zu werden. Und wem lag also mehr daran, als Ihnen, den schon halb geöffneten Verteidigungsweg zu verschließen?

So viel auf Ihre erste Äußerung. –

Ich ziehe zur Erleichterung des Lesers, und zur bessern Übersicht, meine Bemerkungen und Folgerungen in wenige Sätze zusammen.

1) Sie widersprechen sich in der Angabe von den Ursachen Ihres Austritts.

2) Sie geben falsche Ursachen Ihres Austritts an.

3) Die wahre Ursache Ihres Austritts ist Rache.

4) Sie verhindern alle Verteidigung.

Welchen Glauben verdient nun Ihre ganze, obgleich beschworne, Anzeige?

„Einige Wochen darauf Professor Grünberger, Cosandey, Renner und Zaupser.“

Erlauben Sie einige Fragen und Zweifel:

1) Warum treten Grünberger und Cosandey, die vom Illuminatensystem mehr wussten als Sie, die wirkliche Illuminaten, Obere der Illuminaten waren, die eigene Kolonien angelegt hatten, später aus, als Sie, mein Herr? Warum sehen diese Männer, von welchen ganz allein Sie Ihre Nachrichten über die Illuminaten erhalten haben, das Gefährliche des Illuminatensystems erst ein, nachdem Sie, Herr Utschneider, Ihre Demütigung in Ingolstadt erfahren?

2) Warum treten **diese ganz allein, außer diesen kein andrer** aus der Gesellschaft? – Ich muss dem Leser diese Zweifel benehmen. Sämtliche Ausgetretene sind Professoren der Marianischen Akademie. Der Leser erinnert sich, dass Utschneider durch sein Vorwort diese Akademie mit Ordensmitgliedern besetzt hat, zu einer Zeit, als er an den Verrätereien der Illuminaten noch Teil nahm; und der Leser wird auch einsehen, dass ein Mann, wie Utschneider, der zu Ämtern befördern kann, noch weit leichter schaden und nehmen könne. Diese beiden Data beweisen neuerdings den Urheber der ganzen Kabale, den Geist, mit dem er dabei zu Werk ging, seine Rache, die aus allem hervorleuchtet. Die Eleven dieser Akademie erzählen noch überdies, dass Utschneider mit Schimpfreden

so lang in diese Männer gedrungen habe, bis sie seinem Beispiel gefolgt sind. Der Leser bemerke also genau: **Utschneider ist nach seinem eigenen Geständnis der erste, der austritt. – Alle, die ihm folgen, sind Professoren der Marianischen Akademie, die von ihm abhängen. – Diese erhalten erst die Überzeugung von der Schändlichkeit des Instituts nach Utschneiders Demütigung in Ingolstadt – und dieser Utschneider kennt dieses Institut aus eigner Erfahrung gar nicht – sondern durch eben diese, die ihm folgen – dieser Utschneider kabaliert in geheim mit denen, die ihm folgen, und schmiedet eine erste Warnung, in welcher falsche Briefe erdichtet werden – und diese erste Warnung sieht seiner geheimen Anzeige vom Jahr 1785 so ähnlich, als ob sie von einander abgeschrieben wären!** – Und nun urteile jeder. Liegt hier nicht eine Kabale zum Grund? und wo ist diese Kabale zu Hause? wer ist die Triebfeder davon?

3) Diese samt und sonders treten wegen **Aufmunterung zu Verrätereien nebst noch andern Verbrechen** aus, die sie in der Gesellschaft gefunden. – Aber warum hat sich denn sodann in allen Untersuchungen gar nichts, nicht das geringste davon bestätigt? warum bezeugen alle vor Gericht gerufene Mitglieder an verschiedenen Orten so einstimmig das Gegenteil? warum wird in keinem einzigen Verdammungsurteil dieser Verbrechen einige Meldung getan? warum werden alle Mitglieder samt und sonders aus ganz andern, und meistenteils kindischen und lächerlichen Ursachen verurteilt? – Was sich in der Inquisition von den Münchner Ordensmitgliedern auf selbe von allen Utschneiderischen Innzichten bestätigt, mag der Leser aus der zweiten Beilage ersehen, und sodann urteilen. – Wie kommt es also, Herr Utschneider! dass Sie und die von Ihnen abhängigen Professoren der Marianischen

Akademie ganz allein, außer ihnen niemand, kein Mitglied, selbst keine Obrigkeit und Richter von diesen vorgeblichen Verbrechen, die Ihren Austritt bestimmt, einige Nachricht haben oder davon wissen? Wie kommt's, dass die Inquisition niemand darüber zur Rede gestellt? Wie kommt es endlich, dass dessen ungeachtet so viele ihrer Ehre, ihres Unterhalts, nicht von dem ordentlichen Richter, nach einer gesetzmäßigen Untersuchung, sondern durch bloße Machtsprüche beraubt worden?

4) So viel Herrn Professor Zaupser insbesondere anbetrifft, so ist es eine leicht zu erweisende Sache, dass Sie ihn wider seinen Willen in diese Ihre Kabale mit verflochten: denn Sie gestehen ja selbst in Ihrer nötigen Beilage, dass Sie in seiner Abwesenheit auf seinen Namen gesündigt, und seine Einwilligung vermutet. Der Grund von dieser präsumtiven Einwilligung war aber kein andrer, als dieser: Zaupser, ein Professor der marianischen Akademie, auf welche Sie so großen Einfluss haben, würde, aus Furcht, seine Professur zu verlieren, es niemals wagen, Ihnen zu widersprechen, oder seine Missbilligung darüber zu äußern. Dass Herr Professor Zaupser aus dem Orden getreten, und das zurzeit wo Sie ihn verlassen, hat seine ausgemachte Richtigkeit, und eine seiner Bewegursachen liegt also am Tage. Dieser Mann, der schon vorhero zum Märtyrer geworden, und so widrige Schicksale erfahren, hatte gewiss mehrere, gegründetere Ursachen, sich zurück zu ziehen, um nicht neue Misshandlungen zu erfahren, und in neue Stürme, die er herbeikommen sah, verflochten zu werden. Man muss die Verhältnisse kennen, in denen er lebt, und dann kann jeder finden, dass sein Austritt, seine Ursachen, mit den Ihrigen in keine Vergleichung können gebracht werden. Ich würde ihn sogar selbst zum Zeugen gegen Sie aufrufen, wenn ich ihn nicht

eben dadurch sehr unangenehmen Kollisionen aussetzen würde.

„Obschon sie uns versicherten, Seine Kurfürstliche Durchlaucht, unser gnädigster Herr, wäre ein Mitglied ihres Ordens, und uns hiermit auf die schändlichste Art täuschten."

1) Diese ganze Stelle ist *ab invidia* genommen, um den Landesfürsten gegen Leute aufzubringen, die seinen Namen missbrauchen, um ihren vorgeblichen schändlichen Absichten dadurch ein Gewicht und Ansehen der Unschuld zu geben; und insofern ist die Wendung boshaft, die Sie hier nehmen, ganz nach dem Geschmack und der Manier älterer und neuerer Verleumder.

2) Sie mögen vielleicht von einem und dem andern Mitglied gehört haben, Se. Durchlaucht seien selbst Freimaurer, und nun drehen Sie, nach ihrer ihnen so gewöhnlichen Art, diese Rede so lang, bis sie einen falschen gehässigen Sinn erhält.

3) Lassen Sie aber auch wahr sein, dass dies jemand gesagt, so wäre es nichts weiter, als eine elende Aufschneiderei eines einzigen, die vielleicht nicht aus bösen, vielleicht aus guten Absichten geschah; Sie mögen sich sodann an den Mann halten, der Sie hintergangen. Aber Sie fehlen, und übertreiben die Sache, wenn Sie die Rede eines einzelnen, einer ganzen Gesellschaft zur Last legen. Im Grund, wenn die Sache genauer untersucht wird, und aufs Höchste kommt, was an allen Ihren Klagen reelles ist: so sind es vielleicht einzelne unvorsichtige Reden einzelner Mitglieder, deren vielleicht jeder Nichtilluminat schuldig ist, wenn man ihn bei aller Gelegenheit belauschen wollte; die Sie aufgefangen, Gift daraus gesaugt, wider seinen Sinn Folgerungen gemacht, zusammengestellt, und vom Einzelnen auf das Ganze geschlossen haben. Aber um des Himmels willen, wenn's so weit kommt, dass

Reden zum Verbrechen werden, Reden, die so viel schwankendes, der Missdeutung unterworfenes an sich haben[15], bei welchen oft der Ton der Stimme, der Accent, der auf diese oder jene Silbe gelegt wird, den ganzen Sinn verändert, ein Wort hinzugetan oder ausgelassen, etwas ganz anderes ausdrückt; wenn Worte, die etwas so vorübergehendes sind, die oft im Scherz, in Betrunkenheit, im Eifer und in der Hitze vorgebracht werden, ein *Corpus delicti* ausmachen, Ursachen der Verdammung werden sollen: so hat wahrlich die Beschränkung aller bürgerlichen Freiheit den höchsten Grad erreicht; da muss wahrlich an Taten selbst ein Mangel sein; da muss man es sich zum Zweck gemacht haben, jeden den man will auf die Schlachtbank zu liefern. Da geht alle Offenheit verloren; und die Sprache, dieses so wohltätige, zu unsrer Vervollkommnung so wesentliche Mittel, ward uns zur Qual, zu unserm Unglück gegeben; da stocken alle Gedanken, da verstummen alle Menschen. Nun fehlt nichts, um den Gräuel zu vollenden, als dass man auch noch vollends Menschen der Gedanken wegen beschuldige, und diese untersuche. Wenn das die Verbrechen der Illuminaten sind, so kann warlich jeder von ihnen mit dem Cremutius Cordus beim Tacitus sagen: *Verba mea P. C. arguuntur; adeo factorum innocens sum.* – Sie klagen also die Reden der Illuminaten an? Diese sind ihre Verbrechen? Lassen Sie immerhin diesem oder jenem eine und die andere unvorsichtige Rede entfallen: was wollen Sie damit? Warum klagen Sie nicht vielmehr die Schuldigen selbst an? warum die Sache? warum alle Mitglieder ohne Ausnahme? War dies gar niemals auch Ihr Fall? Wissen Sie nicht, dass unter den Illuminaten Männer von Einsicht, Tugend und Charakter sind, die eine ganz andere Sprache führen, die solche Übereilungen und Ausbrüche eines unzeitigen Eifers im hohen Grad missbilligen? Warum führen Sie nicht lieber die Äußerungen dieser an? Warum vermischen Sie

die Unschuldigen mit den Schuldigen? Warum treffen die
widrige Schicksale diese Würdigsten allein? – Noch einmal: es soll wahr sein, die Illuminaten, einige derselben,
sollen wirklich unvorsichtiger Reden können beschuldi-
get werden: wer ist davon ganz rein? Sind Sie es? – Wenn
Sie sich dieses Zeugnis im vollen Ernst geben können, so
werfen Sie den Stein nicht auf diese allein, – werfen Sie
ihn auf das ganze menschliche Geschlecht: Sie ganz allein,
Herr Utschneider, sind dazu berechtigt. – Sind Sie es nicht,
und Sie wagen es, Reden anzuklagen und zum Verbrechen
zu machen: so passt mit einigen Abänderungen auf Sie,
was unten in der Note[16] steht.

**„Wir sahen ein, dass ein weiser Regent, der sein
eigenes Bestes kennt, und für das Beste seiner Untertanen väterlich sorgt, so eine Sekte, die sich unter dem
Namen von Freimaurerei fast in alle Länder ein-
schleicht, nie mahlen gedulden könne."**

Sie erwecken Mitleiden, wenn Sie von der Freimaurerei sprechen; so wenig wissen Sie davon, von ihrer Geschichte, von ihrer Entstehung, ihren verschiedenen
Zweigen, von ihren Verhältnissen, von ihrer innern Verfassung. Dabei werfen Sie sich doch beständig zum Richter auf, geben sich das Ansehen des Allwissenden, schmeicheln allen andern Verbindungen, wenn Sie es nötig haben, um sie gegen die Illuminaten aufzuhetzen, um die
veranlassten Auftritte dadurch zu mildern, weil sie, Ihrem
Vorgeben nach, nicht geheime Gesellschaften und Freimaurerei überhaupt, sondern nur einen Teil betroffen,
der seinen Gräuel, wie Sie sagen, unter diese Hülle fälschlich verborgen. Ich sage es Ihnen aber ohne allen Scheu:
Sie sind in diesem Fache ein erbärmlicher Ignorant. Wären Sie weniger Ignorant in einer Sache, die Sie so gut zu
wissen glauben: so müssten Sie wissen, dass in jeder Freimaurerei, folglich auch im System der Illuminaten, 3

Grade seien, welche die sogenannten blauen Logen ausmachen, welche allein ursprünglich, alt, und allen Systemen gemeinschaftlich seien; dass niemand, in was immer
für einem System, die Entstehung, den Ursprung und die
wahre Erklärung der dabei vorkommenden Hieroglyphen
mit Gewissheit erklären könne; dass daher jeder Forscher
sich befugt gehalten, diesen Hieroglyphen denjenigen
Sinn und Erklärung zu geben, die ihm die zweckmäßigste
geschienen; dass jede dieser Erklärungsarten ihre Anhänger gefunden, und dass aus dieser Quelle die so verschiedenen Zweige und Systeme der Freimaurerei entstanden.
Sie würden sodann einsehen, dass einige dieser Systeme
die französische Maurerei mit der ungeheuern Menge von
Graden, das System der strickten Observanz oder das
Tempelherrensystem, die Rosenkreuzer, Zinnendorfer,
und am Ende die Illuminaten seien; dass alle diese, ohne
Ausnahme, von der Freimaurerei und ihren drei ersten
Graden ausgehen, sie zur Hülle nehmen, und erst auf
diese ihre weitere Einrichtung gründen; dass also ihr Ein-
wurf und Beschwerde, die Sie den Illuminaten entgegen
stellen, als ob sie ihre Anhänger betrogen und vielen ihrer
Mitglieder sogar den Namen eines Illuminaten verborgen
hätten, ebenso lächerlich ist, als wenn man es der strickten Observanz zum Verbrechen anrechnen wollte, dass
man ihren Mitgliedern nicht schon in dem ersten Grad die
Eröffnung vom Tempelherrensystem gemacht. Und nun
werden Sie einsehen, dass bei dieser allgemeinen Ungewissheit über die Entstehung der Freimaurerei, über den
Sinn ihrer Hieroglyphen, die Illuminaten eben so viel
Recht hatten, als jedes andere System, diese Hieroglyphen
nach ihrer Art zu erklären, weil auf der ganzen weiten
Erde kein Mensch ist, der sich durch eine beurkundete Fi-
liation, als den wahren und eigentlichen Obern der Freimaurerei beweisen und darstellen kann. Niemand von allen Systemen hat noch bisher historisch erwiesen, dass er

den wahren eigentlichen Sinn getroffen. Kein System kann die Auslegung des andern so tadeln und widerlegen, dass aller Zweifel darüber gänzlich verschwinde. Wenn es geschieht, so wirft sich allezeit die Partei zum Richter auf, macht auf ein Monopolium und den Zepter in der Maurerei Anspruch, und will andere verschreien, um alle Herrschaft an sich zu reißen. Nur allein dasjenige System hat die meiste Vermutung der Wahrheit für sich, welches diesen allgemeinen Zweifel mehr zum Guten als Bösen benützt, und daher unter den vielen möglichen, diejenige Erklärung gibt, welche die vernünftigste ist, welche den törichten Erwartungen und Wünschen der Menschen am wenigsten schmeichelt, welche vielmehr dahin geht, durch diesen Weg neue Reize und Bewegungsgründe zur Sittlichkeit zu geben, und natürliche sowohl als bürgerliche Pflichten auf diese Art zu verstärken. Hätten Sie das überdacht, Herr Utschneider, Sie hätten unmöglich den Illuminaten eine Einrichtung zum Verbrechen anrechnen können, die so unschuldig, in der Natur der Sache gegründet, und allen Systemen gemein ist. Um über die Freimaurerei zu urteilen, sollte man alle ihre so verschiedenen Zweige aus eigner Erfahrung kennen; und Sie kennen keinen einzigen. Und selbst alsdann fällt das Urteil meistens mit Parteilichkeit aus, weil man sich selten so verleugnen kann, dass nicht Vorliebe für das eine oder das andere System entstehe. Sie hätten also in allem Betracht besser geschwiegen; aber Sie wollten verleumden, und andere Systeme der Freimaurerei gegen die Illuminaten erbittern. Oder sagen Sie, gibt es auch eine allein seligmachende Freimaurerei? und wo kann man sie finden? wo ist der Richter der den Wert davon mit Zuverlässigkeit entscheidet? Die Freimaurerei hat noch keinen Westfälischen Frieden, und keinen *Annum normalem;* ihre innerlichen Kriege machen sie nötig; aber noch ist keine Partei so herrschend, dass sie die übrigen verdrängen oder unterdrücken könnte. Solange dies nicht geschieht, das eine oder das andere, so sind die Illuminaten nicht weniger Freimaurer, sind es mit dem selbigen Recht, wie jedes der andern und ältern Systeme.

Oder soll vielleicht Ihr Tadel das Geheime der Illuminaten treffen, so fällt dieser Tadel nicht auf die Illuminaten allein, er trifft jede geheime Verbindung ohne Ausnahme. Sie aber beweisen durch diese Anklage, wie wenig Sie über diesen Gegenstand erfahren, wie gering und schwach Ihre Kenntnisse in Leitung und Erforschung der Menschen seien. Es ist wahr, man sollte glauben, die Menge der besten und auserlesensten Schriftsteller mache alle übrige Anstalt zum Guten überflüssig und entbehrlich: aber untersuchen Sie die Sache näher, und sagen Sie sodann: Welchen Vorteil für die Welt, für die Sittlichkeit, kann der beste Schriftsteller erwarten? wie viel hat die Moralität bei diesem Überfluss der besten Schriften gewonnen? wie viele lesen, um sich an den vorgetragenen Lehren zu erbauen, sie in eigene Grundsätze zu verwandeln? bei wie vielen entstehen wirkliche Entschlüsse, das Gelesene in Ausübung zu bringen? bei wie vielen werden diese Entschlüsse in Handlungen sichtbar? – Kalter Beifall ist das höchste, was ein Schriftsteller erwarten kann. Und dann vollends Tadel- und Rezensiersucht, die durch Flecken und Mängel, die sie aufdeckt, den größten Eindruck für das Gute schwächt; Streitsucht und Widersprechungsgeist, die das Gute zweifelhaft machen, und Eitelkeit, die liest, um gelesen zu haben, die nur aushebt, womit sie in Gesellschaften glänzen kann; diese sind beinahe die einzigen Triebfedern unsrer Leser. Selbst von diesen, wie viele lesen ganz, ohne Zerstreuung, mit gehöriger Vorbereitung? wie viele lesen zweimal, um in den innern und wahren Sinn einzudringen? Auf diese Art bildet unsre

Lektüre Tadler oder Schwätzer! Dieser Eindruck ist zu vorübergehend, er befriedigt nichts weiter als die Langeweile, den Vorwitz, die Eitelkeit. Das Innre des Geists bleibt ungebessert. – Aber geheimer Unterricht dringt tiefer in die Seele. Ein Unterricht, **dessen** eigentlicher Urheber unbekannt, vorgetragen **von Männern,** welchen wir unsre ganze Achtung und Vertrauen geschenkt, **an einem Ort,** von welchem alle Zerstreuung entfernt ist, **zu einer Zeit,** wo wir das Bedürfnis darnach fühlen, das man unmerklich in uns erweckt: ein Unterricht, der uns gegeben wird, nachdem **man vorher alles sorgfältig entfernt,** was eine günstige Wirkung erschweren könnte, **ganz nach unserm dermaligen Fassungsvermögen** eingerichtet, vorgetragen, **im Mittel gleichgestimmter,** von uns verehrter Menschen, **in einer feierlichen Stille,** dargestellt **als Mittel,** um an das Ziel unserer eifrigsten Wünsche zu gelangen, und eben darum **zum Geschäft, zur eigenen Lebensangelegenheit** gemacht, durch häufige zweckmäßige Übungen beständig erneuert, und noch vollends **uns allein, aus bloßem Vertrauen, Liebe und Wohlwollen mitgeteilt,** allen übrigen verborgen und unbekannt – wenn ein solcher Unterricht, ein solcher esoterischer Vortrag, nicht unendlich allen öffentlichen übertrifft; wenn dieser nicht das beste Mittel ist, nützlichen Wahrheiten Interesse, Neuheit, samt dem nötigen Reiz, zu geben, und den so nötigen Grad von Aufmerksamkeit und Forschungsgeist zu veranlassen, den Willen zu bestimmen, und gute Handlungen hervorzubringen: so kenne ich keine Menschen; ihre Natur ist mir ein Rätsel, und meine Erfahrungen sind falsch. Es mag sein, dass ich mich irre; aber ich glaube, es würde eine Wohltat für die Menschheit sein, wenn Gelehrte sich doch einmal in etwas vereinigen und ihre Eitelkeit entsagen könnten, wenn sie anfingen, sich aneinander zu schließen und ihre wissenschaftlichen Entdeckungen mehr esoterisch zu behandeln. Sie erhielten dadurch eine Macht und einen Einfluss auf die übrige Welt, die nur einem Utschneider und seines gleichen gefährlich scheinen könnte. Aber trösten Sie sich, Herr Utschneider, diese Gefahr ist nicht so nahe; Gelehrte sind zum Streit geschaffen, und sie vereinigen sich nicht. – Vielleicht bei einem reifern Menschenalter kommt noch die Zeit, wo der wissenschaftliche Geist der Sittlichkeit zu Hülfe kommt, wo höhere Kenntnis zur Belohnung der Tugend gebraucht wird, um empfängliche Menschen zum Guten zu bestimmen. Und wenn dies einer von den Zwecken des Illuminatismus gewesen wäre, so war vielleicht dieser Gedanke zu früh, aber kein Verbrechen, um Ehre und Unterhalt zu verlieren. Oder man sage mir, warum jene Menschen allein, die ihre Gewalt am wenigsten missbrauchen, deren Einfluss der reelste von allen ist, weil er sich auf Wohltun und Überlegenheit des Geistes gründet, keine Ansprüche auf Macht machen sollen? welches Gesetz sie verhindere, sich einander zu nähern, und durch diesen Weg zu verstärken? Es gehört mit unter die Kunstgriffe der Bösen, eine solche Vereinigung zu hindern, zu verschreien, verdächtig zu machen, sie als Hochverrat darzustellen; denn sie bemerken besser als jeder andre, wie viel sie dabei verlieren würden.

„Weil sie den Samen der Uneinigkeit und Zwietracht zwischen Eltern und Kindern, dem Landesherrn und Untertanen, zwischen den redlichsten Freunden ausstreut.“

Wodurch sind denn die Illuminaten auf einmal diese Störer der öffentlichen Ruhe geworden? wodurch ist eigentlich diese Gehrung unter eine Nation gekommen, die vorher gegen eine geheime Verbindung so gleichgültig dachte? – Durch Sie, Herr Utschneider! durch Ihre stillen und öffentlichen Verleumdungen, durch Ihre Warnungen und Anzeigen. Sie haben Misstrauen aller Orten erweckt. Ich habe oben den Zustand geschildert, der nun in Bayern so allgemein ist. Dieser war nicht vor dem Jahr 1783, auch nicht einmal noch in diesem Jahr; denn Sie waren noch nicht ausgetreten, und folglich waren keine verleumderischen Schriften erschienen. Sagen Sie, ist wohl die klägliche Lage, in welche sich dermalen Ihr Vaterland befindet, eine Wirkung des Illuminatismus? Hat dieser den Wänden Ohren gegeben? die Ankläger aller Orten vervielfältigt? jeden ehrlichen Mann der Wut jedes Niederträchtigen Preis gegeben? Befindet sich Ihr Vaterland besser, seit die Illuminaten vertrieben sind? werden öffentliche Ämter mit würdigern Männern besetzt, die Gerechtigkeit besser gepflegt? ist nun der Bürger gegen Unterdrückung und Willkür besser gesichert? Am Ende, wenn die Sache genauer untersucht wird, so ist die Quelle der Verfolgung Rivalität, Streit um die Herrschaft, Buhlerei um die Macht, Furcht des Lasters, aus seinem alten schon verjährten, Besitz durch die Illuminaten verdrängt zu werden. Solche Menschen wissen, was sie verdienen, und sie fürchten ihren Lohn zu erhalten, wenn die Macht wechselt und in bessere Hände übergeht. Sie sind wachsam, tätig, und kommen zuvor.

„Weil durch sie Parteilichkeit in wichtigen Angelegenheiten in die Justizstellen und andere Ratskollegien kamen, und das Interesse des Ordens dem Interesse des Staats, das Wohl des Ordensbruders demjenigen eines Profanen allzeit vorgezogen wurde."

Den Beweis von dem allen, wenn ich bitten darf, Herr Utschneider! und ich habe Unrecht. Wo sind die beweisenden Facta? in welchem Kollegium hatten die Illuminaten die Mehrheit der Stimmen? In einer Verteidigung, die dem grauen Ungeheuer eingerückt ist, finden Sie die Macht der Illuminaten in jedem Kollegium namentlich berechnet, und mit der Anzahl der Votanten in Vergleichung gestellt. Und was geschieht nun? Sollen sich vielleicht die Illuminaten an Meggenhofens Behandlung erbauen? Vergleichen Sie doch die oben von mir angeführten Facta, die ich als Folgen Ihrer geheimen Anzeige beschrieben, und sagen Sie mir sodann, wer ist der Verbrecher?

Lache den Krummfuß aus, wer grad, und der Weiße den Möhren.
Wer schenkt Gracchen Gehör, die Klagen erheben um Aufruhr?
Wer nicht mischte die Erd' und den Himmel, das Meer mit dem Himmel
Wollte dem Verres ein Dieb missfallen, ein Mörder dem Milo,
Klagt' Eh'brecher ein Clodius an, den Cetheg Catilina,
Schmähten die drei, die Sulla gebildet, die Liste des Meisters.

Juvenal in der Saturae II. 23 – 28.

Und endlich, Herr Utschneider! Sie haben die Verwegenheit, die Illuminaten zu beschuldigen, als ob sie die Gerechtigkeitspflege gemissbraucht hätten? Sie, der Sie zu Gunsten zweier Ihrer Anverwandten, (erinnern Sie sich dessen wohl, denn Ihr eigner Brief ist noch vorhanden) Mitglieder des Ordens durch gemachte Vorschläge verführen wollten, die ordentlichen Gerichtsstellen zu umgehen, um die Zeugenaussage zu ihrem Besten zu erhalten? Sie, der Sie alle Gerichtshöfe umgehen, um geheime verleumderische Anzeigen zu machen? Sie, der Sie den Beklagten alle Verteidigungswege vereiteln? Und Sie, Herr Utschneider, Sie beschuldigen andere, dass Sie den Lauf der Gerechtigkeit hemmen?

„Wir waren durch die Erfahrung überzeugt, dass die sämtliche Bayerische Jugend durch sie ganz verdorben wurde."

Ich hoffe, der Leser entsinnt sich noch, welche Demütigung Utschneider in Ingolstadt erfahren, wie sehr diese seine Rache gereizt, und zu allen später erfolgten Austritten und Klagen den entfernten Anlass gegeben. Er kann daraus ohne weiters beurteilen, in wie fern die Illuminaten die Sitten der Jünglinge verdarben. Auch dem Sokrates wurde eine ähnliche Beschuldigung, und sogar aus derselbigen Veranlassung gemacht. Wir wollen ihn selbst hören, wie er sich beim Plato und Xenophon verteidigt.

„Als der Gott zu Delphi mich als den weisesten aller Menschen erklärt hatte, so dachte ich bei mir: was will der Gott damit? Ich bin mir bewusst, dass ich weder in kleinen, noch in großen Dingen diesen Namen verdiene; und doch steht es einem Gott nicht an, Unwahrheiten zu verkündigen. So forschte ich lange Zeit zweifelhaft bei mir selbst, und nach langen vergeblichen Versuchen habe ich endlich die Wahrheit auf folgende Art gefunden. Ich wandte mich an einen derjenigen, die im Ruff der Weisheit stehen, und ich hoffte, der Götterspruch könnte, wenn irgend, in diesem widerlegt und gezeigt werden, dass nicht Ich, sondern dieser den Namen eines Weisen verdiene. – **Bei näherer Untersuchung bemerkte ich, dass der Mann andern und sich am meisten, weise dünke. Ich aber fand, dass er es auf keine Art war. Ich gab mir alle Mühe, ihm das begreiflich zu machen, zu beweisen, dass er sich irre. Darüber wurde er mir feind, und andere nicht weniger, die dabei zugegen gewesen waren.** Bei mir selbst dachte ich sodann: Ich bin wirklich weiser, als dieser Mann. Zwar kennt keiner von uns beiden das Schöne oder Gute: aber dieser glaubt, indem er nichts weiß, alles zu wissen, ich aber weiß doch, dass ich nichts weiß. Nur um dies allein bin ich also weiser als er, dass ich nicht zu wissen glaube, was ich wirklich nicht weiß. So verfuhr ich mit andern auf ähnliche Art, fand meine Bemerkung bestätigt, wusste gar wohl, wie viele Feinde ich mir dadurch zuzöge: aber ich fand es notwendig, den Spruch der Götter allen diesen Bedenklichkeiten vorzuziehen und meine Untersuchungen fortzusetzen. Und wahrlich, o Athenienser! ich muss euch die Wahrheit gestehen, ich fand bei dieser Untersuchung, dass diejenigen Menschen die törichtesten waren, die sich durch die Meinung der Menschen am höchsten erhoben hatten. Besser verhielt es sich noch mit denen, die man für geringer und niedriger hielt. – – Diese meine Untersuchungen, ihr Athenienser, haben mir so viele und so große Feinde gemacht. Aus dieser Quelle sind alle Verleumdungen gegen mich entstanden. – Und doch fahre ich noch immer, dem Götterspruch zufolge, fort, diese Beschäftigung zu treiben. Wo ich einen Fremden oder Bürger finde, der im Ruff der Weisheit steht, so suche ich diesen vorgeblichen Weisen noch beständig aufzudecken, ihm zu beweisen, dass er es nicht sei. Bei dieser Arbeit bleibt mir keine Zeit übrig, weder in geheim, noch öffentlich etwas sonst Merkwürdiges zu tun. Ich lebe daher, um Gott zu dienen, in der äußersten Armut. **Dazu kommt noch, dass viele reiche und geschäfftlose Jünglinge, die mir freiwillig folgen, ein Vergnügen daran finden, wenn sie gewahr werden, wie ich Menschen zurechtweise. Sie selbst sogar versuchen es, mir es in diesem Stück nachzumachen, und andere zu beschämen. Dieser Menschen, welche etwas zu wissen glauben, indem sie nichts oder sehr wenig wissen, findet sich aller Orten eine sehr große Anzahl; alle sodann, die von jenen auf diese Art zurechtgewiesen werden, werden dadurch nicht sofort ihnen, als mir gehässig,**

und schreien allgemein: Sokrates sei ein gottloser Bürger, der die Jugend verderbe; und wenn man sie fragt, was er denn tue oder lehre, um die Jugend zu verderben, so können sie gar nichts angeben, sondern verstummen aus Unwissenheit. Aber damit es ihnen nicht gänzlich an Stoff zu ihrer Anklage mangle, so nehmen sie ihre Zuflucht zu dem, was so leicht und so allgemein allen vorgeworfen wird, die sich auf Weltweisheit legen, dass sie sich mit Dingen abgeben, die über und unter der Erde sind, keine Götter glauben, und einer bösen Sache den Anstrich des Guten geben. Denn die Wahrheit, den eigentlichen Grund ihrer Erbitterung, ihre entlarvte Scheinweisheit, wollen sie nicht eingestehen[17]." So fährt Sokrates beim Plato noch weiter fort, um den Ungrund dieser Anklage auf eine Art zu beweisen, die für alle zu beweisen scheint, denen ähnliche Beschuldigungen gemacht werden. Beim Xenophon wendet er sich auf folgende Art an seinen Ankläger Melitos:

„Du beschuldigst mich, Melitos, dass ich die Jugend verdorben habe. Wenn dieses wahr ist, warum nennst du niemanden, den ich aus einem mäßigen und enthaltsamen Jüngling in einen Schwelger, oder aus einem frommen, sparsamen und arbeitsamen Bürger in eine Gottlosen, Verschwender und Weichling umgeschaffen habe? Unter allen Freunden, die mich umgeben, ist keiner, der für dich zeugt, sondern alle legen das Bekenntnis ab, dass sie durch meinen Rat und Umgang glücklichere und bessere Menschen geworden sind. Selbst aus der großen Zahl von Vätern, Brüdern und Verwandten abwesender und verstorbener Freunde tritt keiner wider mich auf, wie doch notwendig geschehen müsste, wenn ich die Jugend verdorben hätte."

„Irreligion."

Religion! du Tochter des Himmels, Heil und Führerin der Menschen, Lehrerin der Duldung und Liebe! wie tief bist du gefallen! welche Verteidiger hast du gefunden? – Menschen, welche durch das Heiligste, so du kennst, durch Gott, den Rächer aller Falschheit, geschworen, und Lüge und Verleumdung beschworen haben, treten auf einmal als deine Retter und Verteidiger auf, um bessere Menschen zu verschreien. Du predigst Duldung, Nachsicht und Liebe, und deine Apostel kommen mit dem Schwert und Feuer in der Hand, und zünden Scheiterhaufen an, um alles von der Erde zu vertilgen, was sich nicht vor ihnen beugt, was besser ist als sie, was das Glück oder Unglück hat, eine von ihnen verschiedene Meinung zu hegen, was sie hindert sich der Herrschaft auf Erde zu bemeistern! Wie lang, Urania, wirst du noch die Hülle und das Werkzeug des Fanatismus, des Hasses, der Zwietracht, der Heuchelei, der Verleumdung, und jeder andern sehr irdischen Leidenschaft sein? Deine vorgeblichen Bekenner und Verteidiger glauben, Gott und den Himmel an Menschen zu rächen, und der Gott des Friedens will keine Rache; sie rächen unter diesem alles verheerendem Vorwand ihren beleidigten Stolz, ihren Dogmatismus, ihren gehinderten Vorteil, ihre misslungenen Anschläge auf Alleinherrschaft; Sie rächen ihre, nicht deine Sache, und sie erborgen von dir den Namen, um sich dahinter zu verbergen. Wie lang soll das noch so dauern? Warum sind Schwärmer, unverträgliche herrschsüchtige Menschen, und Bösewichter noch immer deine blutgierigsten und unversöhnlichsten Verteidiger? Warum soll vom Sokrates an bis auf den heutigen Tag der einzige Mann von Einsicht und Uneigennützigkeit, der Antipode deiner Apostel, dein Feind sein, und dir zum Gott wohlgefälligen Opfer geschlachtet werden? – Nein! – Das willst, das lehrst du nicht. – Wer die Gottheit rächen und Menschen verfolgen will, der kann unmöglich ein Priester des Gottes des Friedens sein. Du belehrst, aber du verzeihst auch dem Mann, der das Unglück hat, schwächer zu sein, als dass er deine hohen Lehren begreifen könnte; denn du weißt, was ihm gegeben ist; und der Gott, den du predigst, unterscheidet den mutwilligen Frevler und Spötter, von dem demütigen Zweifler und Forscher. – Hörts doch, ihr Völker! erwacht doch einmal aus eurem mehr als tausendjährigen Schlummer! – Wer euch Gottes Wort verkündigt, und von euch fordert, dass ihr in seinem Namen töten und verbannen sollt, der ist ein Priester Belials, der ist ein Betrüger, der macht sich selbst zu dem Gott, den er euch verkündigt. Er will euch betören, er will eure Hände waffnen gegen eure Freunde und Wohltäter, weil sie nicht die seinigen sind. Er will, dass ihr gegen euer eignes Eingeweid wütet; er nützt die Blindheit, in der er euch geflissentlich erhält; er ist zu feig, selbst zu kämpfen, darum sollt ihr seinen Kampf fechten. Vergleicht einmal, was diese Heuchler tun, mit dem, was sie lehren. Sie lehren Frieden und predigen Aufruhr unter euch. Sie predigen Demut und Einfalt des Herzens, und sind aufgeblasen und stolz; sie lehren Verachtung der Reichtümer, und leben im Überfluss; sie lehren Verachtung der Welt, und diese Welt ist ihr Gott; sie zanken sich über Unterscheidungen und Vorzüge, erfinden Stellen über Stellen, steigen von einer Stufe des Glücks zur andern, und ihre Herrschsucht kennt keine Grenzen. – So handeln die, deren Himmel die Erde ist! Sie würden sittlicher handeln, wenn sie die Überzeugung hätten, die sie haben sollten, und die sie doch von euch fordern. Wer verläugnet Gott und seine Lehre mehr als sie? Vergleicht doch ihre Taten mit den Taten derer, die sie euch so unaufhörlich verdächtig machen, und schaut und urteilt sodann, auf welcher Seite die Schuld ist. Sagt mir zuvor, wie viel vom Menschenblut haben eure sogenann-

ten Feinde vergossen? und ich will euch die Ströme vorzeichnen, die durch den Fanatismus und Bosheit flossen.
– Aber wozu schreibe ich das? Um euern Feinden neue
Waffen gegen eure Freunde in die Hände zu geben? Dies
ist alles, was ich vorhersehe. – Es sei! Die Vorsicht wird
wissen, warum sie dies alles auf diese Art geordnet. Aber
es werde nie gesagt, dass es der Tugend in irgendeiner Zeit
an unerschrockenen Bekennern gemangelt habe.

„Die schlechteste Sitten."

Sauromaten vorbei und weit hin über das Eismeer
Möchte man fliehen, so oft von den Sitten zu sprechen es
wagen,
Die sich wie Kurier stellen und Bacchanalien leben.

Juvenal in der Saturae II. 1 – 3.

Die schlechteste Sitten! – Sie mögen Recht haben,
Herr Utschneider! insofern sie sich und ihre Gehülfen darunter verstehen: denn von allen übrigen hat kein einziger falsche Eide geschworen, und ich denke ein Meineid
ist ein ziemliches Merkmal eines sehr verderbten Charakters, der fähig zu allem ist. Wenn aber Ihre Innzicht andere gelten soll, wer sind sie sodann? wie heißen sie? Ich
gestehe gern, dass nicht alle Illuminaten vollendete Muster der Tugend waren. Aber wo finden sie diese Muster?
wo die Menschen ohne Mängel? Lassen Sie also immerhin
in dem Mittel der Illuminaten eitle, leichtsinnige, unüberlegte Menschen, Menschen mit noch ungleich größern
Fehlern, gewesen sein: können Sie sagen, dass man
schlechte Menschen gesucht, solche die als unsittlich allgemein anerkannt waren, aufgenommen habe? – Dass
man von diesem oder jenem übel spreche, tut nichts zur
Sache, beweist noch nichts gegen seine Rechtschaffenheit.
Denn jeder hat seine Feinde, und findet seine Verleumder;
und ich könnte gar keinen Freund haben, wenn ich jedem

Gerücht meine Ohren leihen, und die Tugend von Menschen bezweifeln wollte, die ich näher als jeder andere kenne. Die meisten urteilen hierin nach ihren Wünschen und Leidenschaften; dem scheint dieser schlecht, der dem andern ein ganz vortrefflicher Mann ist. Ich habe selbst Ordensmitglieder über die Aufnahme schlechter Menschen klagen gehört; und bei genauer Untersuchung hatte sich vielleicht gefunden, dass ihr Geschmack an Menschen nicht von dem feinsten sei. Sie nennen schlecht, Herr Utschneider! was sich nicht vor Ihnen beugt. Und ich versichere Sie, im ganzen Orden waren keine schlechtern, als Sie und ihre Gesellen. Dies beweisen Ihre spätern Taten. Sie sehen also, dass man sich in der Auswahl sehr leicht übereilen kann. Sie nennen Ihre Anhänger eine Auswahl und Muster der Menschen: und wir glauben, unser Bund sei durch Ihren Beitritt entweiht worden. Haben Sie vergessen, wie sehr man jeden sogleich aus unserm Mittel entfernt, dessen guter Ruf mit Grund verdächtig geworden? Glauben Sie nicht, dass man mancher schonen musste, um nicht alles zu verderben? Stellen Sie sich vielleicht vor, die Illuminaten wären Zauberer, die ihre Mitglieder mit einem Mal veränderten? Wo sind die Zwangsmittel in einer Gesellschaft, deren Obere von den Untergebenen so sehr abhängen, dass, wie die Erfahrung mit Ihnen bewiesen, jeder, der nur will, ihre Einrichtung zerstören, sie verleumden, und die bittersten Verfolgungen breiten kann? Staat und Kirche haben alle äußerliche Macht, und was bessern sie an Menschen? Unter den Schülern des Herrn befand sich ein Iskariot, und unter den Lehrjüngern des Sokrates, Alcibiades, Kritias, und Aristippos. Was wollen Sie nun? Scheint Ihnen die Lehre Christi aus dieser Ursache verdächtig? oder kann Sokrates für die Vergehungen seiner missgeratenen Schüler? Sokrates, welch ein Name!

Cuius non fugio mortem si famam assequar,
Et cedo invidiae, dummodo absolvar cinis.

Phaedrus. L. III. fab. 9.

Auch er wurde dessen beschuldigt: aber lesen Sie beim Xenophon und Plato, wie er sich dagegen verteidigt. Die Lehre kann gut sein, aber nicht jeder ist derselben empfänglich.

„Ungehorsam gegen den Landesherrn.“

Nennen Sie mir doch einen einzigen Fall, wo die Illuminaten vor ihrer Verfolgung Gelegenheit gehabt hatten, ihren Ungehorsam zu äußern. Oder nennen Sie das Ungehorsam, dass sie sich nunmehr verteidigen, und in öffentlichen Schriften das Unrecht bekannt machen, so sie erfahren? dass sie sich auf die Gesetze berufen und die jedem Untertan schuldige Gerechtigkeit fordern? dass sie lieber, ehe sie niederträchtig kriechen, das bitterste Unrecht und die härtesten Schicksale gelassen ertragen? Haben Sie vergessen, wie lang man von unsrer Seite geschwiegen, bis endlich die Bedrückungen unerträglich geworden? Oder was nennen Sie Ungehorsam gegen den Landesherrn? Hat der Untertan gar keine Rechte, der Regent gar keine Pflichten? – Und **Sie,** Herr Utschneider, **Sie** haben die Verwegenheit die Illuminaten eines Ungehorsams gegen ihren Regenten zu beschuldigen? **Sie?** Ich denke Sie verstehen mich.

„gegen ihre Eltern.“

Die Illuminaten sind also auch ungehorsam gegen ihre Eltern? und der, so sie dessen beschuldigt, sind **Sie?** – Lieber Leser! nur ein kurzes geneigtes Gehör, und ich will dich mit dem Mann näher bekannt machen, der so viel vom Gehorsam gegen Eltern spricht, und andere in diesem Stück eines Mangels und Vergehens beschuldigt.

Unser Utschneider ist der unwürdige Sohn eines ehrlichen, aber armen Landmanns. Diesen lässt er darben, schämt sich seiner, setzt seine Aufführung herab, um einen Scheingrund zu haben, warum er sich seiner so wenig annimmt, da er doch mächtige Unterstützung hat, die er gar leicht für seinen leiblichen Vater wirksam machen könnte. Der Beweis davon ist ein sonderbarer Auftritt am Tisch des bekannten Buchhändler Strobls. Zu diesem war Utschneider einst zu Tisch gebeten. Strobl ließ unvermutet diesen Vater unsers Utschneiders zum Vorschein kommen, und hieß ihm ebenfalls Platz an der Tafel nehmen. Strobl hatte dies alles geflissentlich auf diese Art veranstaltet, um den Sohn zu kindlichern Gesinnungen gegen seinen leiblichen Vater, zur Hülfe in seiner Armut und Not zu vermögen. Dies fiel dem Sohn so sehr auf, verdross ihn so gewaltig, dass er mit Strobl, der besser als der Herr Sohn diesen armen Landmann eine geraume Zeit unterstützt hatte, in einen heftigen Wortwechsel verfiel, und Tisch und Haus verließ. Der Herr Hofrat von Eckartshausen war ein Augenzeuge davon. Er und Strobl sollen sprechen, ob ich Unrecht habe. Ich glaube dieser einzige Zug ist charakteristisch, und zeigt den Verleumder in seiner Blöße. Ich glaube, es verrät den Hochmut, Stolz und Ehrgeiz dieses Menschen, der die Illuminaten eines Ungehorsams gegen Eltern beschuldigt: und er selbst verleugnet die engsten Bande der Natur! Und nun schließe man auf den Grund seiner übrigen Klagen, und widerspreche noch meine obige Behauptung, wenn man kann, dass Utschneider den Orden der Illuminaten derjenigen Verbrechen beschuldigt, ihm das zur Last legt, was er selbst getan haben würde, oder schon wirklich getan hat. Und eine solche Aussage wird von ihm beschworen, und von andern geglaubt! – Geglaubt? Der größere Teil der Menschen urteilt noch ganz auf die nämliche Art, als er zu Juvenals Zeiten gedacht und gehandelt.

Sed quid
Túrba Remi? sequitur fortunam, ut semper & odit
Damnatos. Idem populus, si Nurscia Thusco
Favisset, si opressa foret secura senectus
Principis, hac ipsa Seianum diceret hora
Augustum. – – – – – –
– – – – Curramus praecipites &,
Dum iacet in ripa, calcemus Caesaris hostem.
Sed videant servi, ne quis neget, & pavidum
in ius
Cervice obstricta dominum trahat.

Juvenal in der Saturae X.

„Nachlässigkeit in nützlichen Studien, waren fast allgemeine Kennzeichen ihrer Zöglinge."

So schreiben Sie, weil Sie verleumden wollen. Aber in Ihrem Herzen müssen Sie selbst gestehen, so gern Sie es sich selbst verläugnen wollten: **ausgezeichnete Kenntnisse in nützlichen und andern Studien aller Art, waren fast allgemeine Kennzeichen ihrer Zöglinge.** Ich berufe mich auf das Zeugnis jedes unparteiischen Mannes, der ein Augenzeuge war. Feinde selbst mussten gestehen, dass die meisten davon Männer von anerkannten Verdiensten und Einsichten wahre, die ihren Ämtern untadelhaft vorgestanden. Sie haben das Zeugnis ihrer Kollegien vor sich; und viele davon sind im Ausland selbst nicht weniger bekannt. Was im Innern des Ordens vorgegangen, wie sehr man sich bestrebt habe, gute, nützliche Kenntnisse zu verbreiten, kann der Leser aus der **Ankündigung eines historischen Museums** ersehen, die unter den Beilagen abgedruckt ist. Fakultätsgelehrsamkeit war keine Beschäftigung der Illuminaten, weil sie ohnehin in jedem Staat Brotwissenschaft ist, und wenig oder gar keine weitere Ermunterung nötig hat. Aber versäumt wurde sie von keinem. Dafür war Ermunterung zu Kenntnissen, die einem

Staat nicht minder nützlich, aber wozu die Aufmunterungen meistenteils sehr schwach sind. Die Illuminaten haben also mehr getan, als ihre bürgerlichen Pflichten mit sich bringen.

„Wir sahen die verderblichen Folgen voraus, die ein allgemeines Misstrauen des Fürsten gegen seine Untertanen, des Vaters gegen seine Kinder, des Ministers gegen ihre Sekretärs, eines Rates gegen den andern, nach sich ziehen würden.“

Ich habe oben bewiesen, wer der Urheber dieses allgemeinen Misstrauens, und die veranlassende Ursache dazu gewesen seihe: ich finde es daher unnötig, weitläufiger zu sein, und das Alte zu wiederholen. Misstrauen gegen ein Institut beweist noch lange nicht die Schädlichkeit desselben. Auch gegen die Pythagoräer, selbst gegen die christliche Religion wurde ganz nach Ihrer Art von boshaften Menschen ein allgemeiner Same des Misstrauens ausgestreut. Die besten Anstalten der Welt können durch solche Wege verdächtig gemacht werden, und sie wurden es auch zu allen Zeiten; und nichts so sehr wurde verdächtig gemacht, als gerade die unschädlichsten Anstalten. Sie wurden verdächtig gemacht durch Menschen, deren Interesse sie bestreiten; bei Menschen, die ihr Interesse verkennen und ihre größten Wohltäter misshandeln.

„Wir ließen uns durch die öfftern und wiederholten Drohungen: kein Regent ist im Stand, denjenigen zu schützen, der uns verrät, nicht schrecken.“

In der Bedeutung, wie Sie die Drohung, die Ihnen geschehen sein soll, nehmen, ist sie mehr lächerlich als ernsthaft. Kein vernünftiger Mensch, der aus Erfahrung weiß, auf welchen schwachen Stützen die Macht jeder geheimen Gesellschaft beruhe, droht auf diese oder eine ähnliche Art. Sie aber, Herr Utschneider! Sie schließen nach Ihrer Gewohnheit, die Drohung gehe dahin, Sie in Ihrem Glück zu hindern, Sie zu verleumden, Sie mit Feuer und Schwert von der Erde zu vertilgen. Nein, Herr Utschneider! so rächt sich der Vernünftige nicht. Ich will Ihnen sagen, wie er das macht. Er überlässt den Verräter den widrigen Folgen seiner schlechten Handlung, die ihn noch allzeit getroffen; er überlässt ihn der gerechten Verabscheuung aller gerechten und edeldenkenden Menschen, diese kündigt er ihm an: und gegen diese kann kein Fürst schützen; alle vereinigte Macht des Erdbodens kann nicht dagegen schützen, denn sie trifft den Großen ebenso gut als den Schwachen, den König wie den Bettler, und das beweist die Geschichte aller Zeiten. Kein Verräter, er sei welches Standes er wolle, ist davon ausgenommen. Auch Sie wird dieses Schicksal dereinst öffentlich treffen. Im Herzen, im Innersten der Seele sind sie dermalen schon der Gegenstand des verdienten Abscheus, selbst in den Augen derer, die Sie äußerlich zu ehren scheinen. Wenn Sie mir nicht glauben, so hören Sie den Sokrates in seiner Apologie beim Plato:

„Meine Ankläger, so rasch und schnellfüßig sie auch immer sein mögen, werden doch von der Bosheit, die noch schneller ist, eingeholt. Ich gehe jetzt zum Tode, wozu ihr mich verdammt. **Diese aber sind von der Wahrheit selbst als Schelme und Ungerechte verdammt.** Jeder von uns beiden muss sein Schicksal tragen, das meinige sollte vielleicht so sein, und ich halte es für ganz erträglich."

Wenn Sie damit nicht zufrieden sind, so lesen Sie doch, was die ersten Menschen aller Zeiten von einem Kylon, Anytus und Melitos, von einem Iskariot, von einem Pallas, Seianus, oder Tigellinus, und von ähnlichen Ungeheuern der Menschen geurteilt, was man noch heutzutag davon urteilt: und Sie lesen Ihre Geschichte, Ihr Schicksal,

Herr Utschneider! das Schicksal eines Cosandeys und Grünbergers; und wenn man Ihnen dieses vorher angekündigt, so ist es wahr, kein Fürst kann dagegen schützen. Alle edle Menschen, alle Tugendfreunde sind unverletzlich. Niemand kann sie berühren, oder es schlägt eine Flamme heraus, die den Beleidiger verzehrt; Gott selbst ist ihr Rächer, unter seinem allgewaltigen Schutz wandeln sie sorgenfrei einher. Man kann sie ihrer Ämter entsetzen, aus ihrem Vaterland vertreiben; man kann sie töten, wenn Sie wollen: aber ihre Ehre und ihre Seele kann niemand töten. Die Nachwelt rächt ihr erlittenes Unrecht; sie zerteilt die Nacht der Verleumdung, in welche jede Tugend so gewöhnlich gehüllt wird. Die Täuschung weicht, und der Verfolger erscheint in seiner Schwärze, und der Verfolgte im glänzendsten Licht.

„Sondern verließen einer nach dem andern diese Sekte, die sich in Italien, besonders in Venedig, Österreich, Holland, Sachsen, am Rhein, besonders in Frankfurt, ja sogar in Amerika unter verschiedenen Namen sehr ausgebreitet haben soll, so wie unsre ehemaligen Herren Mitbrüder uns versicherten.“

Die Ursachen, warum Sie diese Sekte verließen, haben wir bereits gehört. Sie sind nicht von der Art, dass sie Ihnen Ehre brächten. Wir haben auch gehört, warum sie in dieser Ordnung und sonst keiner, als die von Ihnen angeführten, diese Gesellschaft verlassen, und wir haben gefunden, dass es Leute waren, die von Ihnen abhangen, dass Sie nach einem unter sich verabredeten Plan zu Werk gegangen, dass Sie, Herr Utschneider, der Urheber von diesem Komplott sind. Wenn Sie nun nichts weiter als die Gesellschaft verlassen hätten, so würden Sie getan haben, was selbst nach den Gesetzen des Ordens jedem freisteht. Aber nun kommt's darauf an, wie Sie sich nach Ihrem Austritt betragen. Wenn Sie die Verbrechen, die Sie zwei Jahre darnach in Ihrer Anzeige angeben, wirklich in der Gesellschaft entdeckt haben, so hätten Sie Ihrem Vaterland den Dienst erweisen sollen, eine gerichtliche Anzeige sogleich zu machen; Sie hätten die Gerichtshöfe nicht umgehen sollen, denn diese, nicht der Fürst, der so leicht hintergangen werden kann, sind aufgestellt, im Namen des Fürsten für die öffentliche Sicherheit zu wachen, und Verbrechen zu untersuchen und zu bestrafen. Sie haben aber ganz das Gegenteil getan. Sie haben anonymische Schriften und Warnungen verfassen lassen, und darin falsche Briefe erdichtet; Sie haben heimlich bei allen Gelegenheiten alle möglichen Verleumdungen verbreitet, haben in einer mit Ihrem Namen unterzeichneten Beilage der Gesellschaft keines der Verbrechen beschuldigt, die Sie ihr doch insgeheim zur Last gelegt; Sie haben jeden auf seine Art für sich zu gewinnen und gegen die Gesellschaft zu waffnen gesucht; Sie haben den Beschuldigten alle Verteidigungswege abgeschnitten; alle Ihre gedruckten oder ungedruckten Verleumdungen tragen das unverkennbare Gepräge der erbitterten Rachgierde; Sie haben unaufhörlich das Publikum mit falschen Gerüchten, und in verschiedenen Zeitungsblättern mit widersprechenden Nachrichten unterhalten, um das öffentliche Geschrei zu verstärken. Sehen Sie, das alles tut kein Freund der Gerechtigkeit, kein Feind des Lasters; es ist vielmehr der so gewöhnliche und bekannte Kunstgriff rachgieriger Verleumder. Ihr Austritt fängt an schändlich zu werden, und Ihre Angabe erhält das sichtbare Gepräge der Falschheit und Lüge.

Ich sehe vorher, was Sie mir entgegenstellen und selbst in der ersten Warnung schon geäußert haben. Sie scheuten die Rachgierde einer so großen und mächtigen Gesellschaft, und aus dieser Ursache umgingen Sie die ordentlichen Gerichtshöfe. – Ich antworte:

1) Wenn dies Ihre Absicht war, warum erdichten Sie sodann falsche Briefe? warum sind die Warnungen so voll von Heftigkeit und Rachgierde? warum verhindern Sie alle Verteidigung? Dies zeugt doch nicht von ganz reiner Absicht. Sie scheuten sich doch nicht, in Ihrer nötigen Beilage der ganzen Gesellschaft unter die Augen zu treten, ihr in solcher einige, obgleich gemäßigte, Vorwürfe zu machen, die bei einer so rachgierigen Gesellschaft, schon ohne weiters zur Rache gegen Sie hätten reizen können. Warum widersprechen Sie sich dort, wo Sie reden, wo Sie die Gesellschaft gehässig vorstellen wollten?

2) Hätten Sie gleich anfänglich die Gerichtshöfe angegangen, so wäre dort schon der Fall gewesen, wie er nun ist. Nun stehen Sie am Licht: Sie selbst legen Ihre Angabe im öffentlichen Druck vor. Warum ist denn nun auf einmal alle Ursache der Furcht verschwunden? Scheuen Sie denn die noch übrigen Illuminaten **in Italien, besonders in Venedig, in Österreich, Holland, Sachsen, am Rhein, besonders in Frankfurt, sogar in Amerika,** weniger als jene in Bayern? Haben denn diese nicht eben so gut Hände zum Verfolgen, zum Meuchelmord? Die Illuminaten wussten gar wohl diese zwei ganze Jahre hindurch, dass Sie die Triebfeder von allem sind; denn Sie selbst sprachen aller Orten mit Heftigkeit dagegen: und was haben Sie widriges erfahren? Leben Sie nicht noch? Haben Sie sich nicht vielmehr während dieser Zeit höher als vor dem geschwungen? Aber man hat einen Meuchelmord auf Sie attentiert, Sie bei Ihrer Obrigkeit verdächtig machen wollen? – Unten wird der Ort sein, wo ich auf diese Beschuldigung antworte.

3) Wenn Sie vorgeben, dass keine Gerechtigkeit bei der ordentlichen Obrigkeit zu hoffen war, weil alle Gerichtsstellen mit Ordensmitgliedern besetzt waren: so ist diese Ausflucht elend. Sie ist erstens nicht wahr; und dann

soll sie auch wahr sein, so hatten Sie ja das Verzeichnis aller Mitglieder aller Orten verbreitet. Nun war ja die Regierung im Stande, diejenigen vom Richteramte in dieser Sache zu entfernen, die Mitschuldige sind. Der Fall wäre bedenklicher, wenn das Personale ein Geheimnis wäre: aber dies war teils schon vorher bekannt, teils durch Ihre Bemühungen und Anstalten dergestalt verraten, dass zum Überfluss noch mehrere Unschuldige beigesetzt wurden, gegen welche Sie Verdacht erwecken, oder durch welche Sie den Illuminaten einen gehässigern Anstrich geben wollten.

Sie sehen also, Herr Utschneider, Ihre geheime Anklage ist in keinem Fall zu rechtfertigen.

Die große Verbreitung der Gesellschaft in Italien, Sachsen, am Rhein, ja sogar in Amerika, so wie in Österreich und Holland, scheinen Sie selbst für nichts weiter, als eine Lüge und Großsprecherei einzelner Mitglieder zu halten: ich finde es also nicht nötig, mich weiter darauf einzulassen.

„Sie mischen sich in alle Staatsgeschäfte, wenn sie können, und bewirken Unruhen, wenn es das Beste des Ordens erfordert."

In welche Staatsgeschäfte, wenn ich bitten darf? oder welche Unruhen haben die Illuminaten bewirkt? Sehn Sie, Herr Utschneider, in Ihren Augen sind entweder die Illuminaten sehr einfältige und kurzsichtige Leute, (und dann sind sie wahrlich so gefährlich nicht, als Sie solche beschreiben) oder sie sehen ein, dass eine Gesellschaft, die nicht bloß lokal, sondern allgemein sein will, sich von allen besondern und individuellen Landesangelegenheiten enthalten, und sich damit begnügen müsse, bloß in das Allgemeine zu wirken: sonst zeigt man ihr in Preußen die Türe, wenn ihr solche in Österreich geöffnet wird. Ich kenne aber stattdessen Obskuranten, deren weitester Wirkungskreis der Fleck ist, auf welchem sie vegetieren, und die höheren Stellen, deren sie sich in diesem kleinen Erdenfleck bemeistern wollen. Diese Obskuranten drängen sich in die Gemächer der Großen und in die Kabinette der Fürsten; heucheln und kriechen vor diesen, indem sie gegen ihre Absichten verdeckte Bande reißen machen. Diesen träumt beständig von Feinden, die nicht sind; diese verschreien jeden ehrlichen Mann, verwirren die Regierung, erregen allgemeines Misstrauen durch verbreitete Lügen, und haschen nach Stellen, die sie nicht verdienen. Sie übergeben sogar falsche und heimliche Anzeigen, beschwören sie mit einem Eid, zeichnen den Plan zu Inquisitionen, und betrügen auf diese Art Menschen und Gott. Diese Obskuranten, die ein sehr alter, mächtiger, in aller Welt verbreiteter Orden sind, ziehen andere ihres gleichen an sich. Ihre Vereinigung ist ein Komplott gegen die Tugend. Sie bemächtigen sich gar gern des Vertrauens eines Fürsten; ziehen sodann einen Cordon um ihn gegen Wahrheit und Gewissen; halten alles in der Ferne, was ihn über seine wahren Pflichten und Verhältnisse belehren könnte; haben daher alle Macht und mit ihr die Gewalt in Händen, jeden zu schlachten, der sich nicht vor ihnen beugt. Sie kennen die Schwäche der Menschen, wissen, wie sehr sie fürchten und hoffen, wie selten der Mann von hohen Grundsätzen (ihr Erbfeind) unter Menschen gefunden werde; sie benützen diese Furcht, diesen panischen Schrecken, tun ungestraft, was sie wollen, und verändern mit einem Mal ein ganzes offenes, biederes Volk in eine Herde von Heuchlern, Schmeichlern, Verleumdern und kriechenden Sklaven. Nun sage mir, lieber Leser! was kann der Tugendfreund in dem Lande tun, wo der Orden der Obskuranten überhandnimmt? **Er muss heucheln, er muss sich nach ihrem Willen fügen, oder zu Grunde gehen:** – und wie viele entschließen sich zum letztern? –

Dort, wenn sie kriechen und dem Laster huldigen, öffnet sich die Aussicht zu Reichtümern, Ehren und Würden. Hier, wenn sie ihrer Überzeugung getreu bleiben, solche nicht verläugnen, wartet ihrer, Dienstlosigkeit, Elend, Landesverweisung, der Tod. – Und du wunderst dich, dass wahre Tugend, unerschrockene und unverdrossene Verteidiger für Menschenrechte so selten seien? dass selbst Männer von Einsicht der drohenden Gefahr unterliegen? Und du weißt doch, das zum Wohl der Menschen die Tugend allgemeiner, das Laster vermindert werden soll? Welcher einzelne vermag das? – wo ist also Hülfe? – In der Vereinigung, in wechselsweiser Versicherung gegen unverschuldete Unglücksfälle. Diese allein gibt der erstorbenen Kraft neues Leben und Mut. Hier allein fängt der Mensch an, sich zu fühlen; er sieht vorher, dass auf diesen Weg ein Volk ebenso gut zu einer Heldennation, als zu einer Herde kriechender Sklaven könne umgeschaffen werden, dass der Regent selbst werde, was er sein soll, – Vater seines Volks. –

Ich denke, der Leser fordert von mir, dass ich ihn von dem System und der Lehre der Illuminaten endlich einmal etwas näher unterrichte. Dadurch setze ich ihn in den Stand, ein bestimmteres Urteil über ihren Wert oder Unwert zu fällen. Ich finde seine Forderung gerecht, und ich befriedige sie, soweit ich es darf und vermag.

Nach dem System der Illuminaten ist dieses Weltall die Wirkung einer höchsten, vollkommensten und unendlichen Ursache. Sie können sich nicht überzeugen, dass ein solcher Werkmeister eine Wirkung hervorgebracht habe, die seiner Vollkommenheit weniger angemessen, die nicht ebenfalls vollkommen und gut wäre. Daher herrscht in dieser Welt durchaus Ordnung und Harmonie; alles gründet sich in allem; nichts ist ohne Zweck, und jeder Teil richtet sich nach den unveränderlichen Gesetzen des Ganzen. Die anscheinenden Übel und Unvollkommenheiten einzelner Wesen sowohl als des Ganzen, müssen also auch ebenfalls ihren Zweck haben, warum sie vorhanden sind. Dieser Zweck kann kein Übel sein, denn Gott will nur Gutes. Sie sind daher nach ihrer Meinung die Triebfedern, deren sich die Vorsicht bedient, um Menschen aus einer minder vollkommenen Lage in eine bessere zu versetzen. Sie sind Mittel zur Entwickelung der höhern Kräfte; sie erwecken Bedürfnisse; diese reizen die Tätigkeit, um sie hin wegzuschaffen. In dem Maaß als mehrere Bedürfnisse entstehen und befriedigt werden, entdeckt der Mensch neue Verhältnisse und Eigenschaften der Dinge; mehrere ihm vordem gleichgültige Wesen erhalten einen Wehrt, und erscheinen als Mittel zu seinem Vergnügen; seine Erkenntniskraft wird bereichert, und sein Zustand verbessert; er wird aufgelegter, ein neues Bedürfnis vorherzusehen, er wird dadurch aufgefordert, eine neue Entdeckung zu machen, durch die er neue Mängel vorhersieht, um neue Mittel zu ihrer Befriedigung zu finden. Und so ist die ganze Geschichte des Menschengeschlechts eine Reihe aus einander entstandener und befriedigter Bedürfnisse, ein unaufhörlicher Übergang von einem minder vollkommenen Zustand, zu einem vollkommenern und bessern, die stufenweise Entwicklung einer ursprünglichen Kraft, von einem niedrern zu einem höhern Grad. In jedem Moment befindet sich das Menschengeschlecht, in Vergleich gegen den soeben vorhergehenden, in einem verbesserten Zustand. Das Gesetz der ganzen Entwicklung führt allezeit zum Bessern; alle Übel sind bloß niedere Stufen, die wir durchlaufen, um zu höhern zu gelangen; sie sind Mittel zur Vervollkommnung unsers Geistes; ohne solche wären diese ein Unding; sie hören nun auf Übel zu sein, und werden sogar vorzügliche Güter. Alles ist ein Kind der Zeit; jede noch so drückende Einrichtung ist für die Umstände angemessen, in welchen sie geschieht; alles trägt ohne Ausnahme zum Bessersein bei, ist ein harmonierender Teil von einem ungeheuern Ganzen, und ist insofern vollkommen und gut. Alle Übel richten sich nach dem Gesichtspunkt; verlieren sich gänzlich in dem Allgemeinsten, und der Egoist sieht ihrer am meisten. Die Illuminaten betrachten also alles als Teil eines höhern Ganzen, als Mittel zu einem höhern Zweck, als Versuche zum Bessersein, aber nicht als das Bessersein selbst. Daher entsteht bei ihnen der feste Glaube, dass Laster und Ungerechtigkeit sich täglich, obgleich unmerklich, vermindern, dass kein Bestreben, das Gute in der Welt zu vermehren, fruchtlos sei, obgleich nicht allzeit der Erfolg sichtbar wird, den Menschen berechnen; dass aber darum doch nichts ohne wohltätige Folgen seihe; dass so manche Versuche und Anstalten misslingen, weil ohne dieses Misslingen das Gute einer ganz andern Art, so daraus entsteht, niemals entstanden wäre; dass andere, weitere Anstalten nie zur Wirklichkeit kämen, wenn nicht gewisse vorhergehende misslängen; dass in dem Plan der Vorsicht sehr viele gute Anstalten aus keiner weitern Ursache wirklich werden, als um zu scheitern, zu verfallen; und dass eben dieses der einzige Weg sei, wodurch sie nützen; dass aber dieser Nutzen erst durch die entferntern Folgen sichtbar werde. Sie sehen nach diesen Grundsätzen vorher, dass alles Gute unendlich langsam, oder gar nicht reifen könne ohne zugleich alle damit verwandte Stufen des Übels zu durchlaufen, weil dies nötig ist, um Bedürfnisse zu erwecken, und durch diese unsre Kräfte auf den Grad zu entwickeln, der unsern Zustand verbessert.

Die Illuminaten, diese Feinde der öffentlichen Ruhe, mussten also auch einsehen, dass der Druck dieses Zeitalters, die Verachtung, Erniedrigung, und Verfolgung, in welcher dermalen bessere Menschen leben, nicht minder zweckmäßig, und für diese ein Wink und Ruff der Vorsicht seihe, die dadurch in ihnen das Bedürfnis weckt, sich aus der Entfernung und Zerstreuung, in welcher sie bisher gelebt, zu sammeln, sich in ein gemeinschäftliches Band zu vereinigen, zu verstärken, um von den Misshandlungen der Verirrten unabhängiger zu werden. Noch allezeit hat das Übergewicht der Stärkern Schwächere auf den Gedanken einer Vereinigung gebracht; Staaten selbst haben zum Teil keinen andern Ursprung; Furcht und Gewalt sind allwirkende Triebfedern; und das meiste Gute geschieht mehr aus Not, als Überlegung und Gebrauch der Vernunft. Nur wenige, sehr wenige privilegierte Geister sehen vorher und unternehmen freiwillig, wozu sich der Haufe nicht eher entschließt, als bis die Bedürfnisse dringender werden. Die Illuminaten hatten sogar so viel Vertrauen auf Tugend und Wahrheit, auf das Übergewicht, das diese beide dereinst erhalten sollen und müssen, dass sie glaubten, was vielen Torheit scheinen und Gelächter verursachen muss, dass jeder Mann von Einsicht und Herz fähig wäre, wenn er anders die Sache gehörig angriffe, die Welt umzustimmen und, höhere Sittlichkeit zu verbreiten. Sie glaubten, jeder Freund der Tugend, jeder Mann von Kopf, könnte in dem Kreis, in welchem er lebt, zwei weniger verdorbene, ihm ähnlich denkende Menschen finden, um auf sie zu wirken. Es wäre auch keine Unmöglichkeit, diesen beiden seine ganze Lebenszeit hindurch höhere Grundsätze beizubringen, ihnen seinen Geist einzuhauchen, sich mit ihnen zur strengern Ausübung seiner Pflichten zu verbinden, diese Ausübung zum ersten Lebensgeschäft und die Tugend zu einem Gewerb zu machen. Sie glaubten auch, es sei nicht minder möglich, dass diese beide sich bereden ließen, und die Geschicklichkeit dabei erhielten, auf vier andere ihrer Freunde auf die nämliche Art, und diese weiters in einer

fortschreitenden Progression zu wirken. So wüchse endlich der zarte Zweig zu einem starken Baum heran, und
schon im ersten Anfang würden durch diesen Bund große
Hindernisse der Tugend beseitigt. Sie hatten Ermunterung
und Interesse, gut zu sein; sie waren gegen Verachtung
und Misshandlung besser gesichert. Gute Taten fanden
ihre Kenner und erhielten ihre Bewunderer und Nachei-
ferer, wenigstens in ihrem Mittel; sie singen an, den Ton
zu geben und auch andere, die außen sind, nach sich zu
stimmen; und käme dereinst mit ihrer Vermehrung und
Anzahl auch die Macht in ihre Hände, so würden sodann
sogar hartnäckige Böse genötigt, aus Furcht ebenso tugendhaft zu sein, als dermalen aus der nämlichen Furcht
vor dem Übergewicht der bösen, einsichtsvolle und moralische Menschen dem Laster huldigen und fronen. Auf
diese Art lauft das Ganze, so sehr verschrieene Reformati-
onsgeschäft der Illuminaten auf folgende sehr einfache
und, wie ich denke, sehr wahre Sätze hinaus:

**Mache dich innerlich so vollkommen, als du
kannst; versuche das nämliche bei andern, und lehre
sie ein gleiches zu tun. Verlange nicht mehr, und sei ruhig, betrachte alles Übrige als Gewinn, und überlass es
der Vorsicht und dem Gang der Zeit. Die Folgen werden
sichtbar werden, wenn die Zeit dazu gekommen ist. Im
Ganzen des Weltalls sammeln sich diese einzelnen
Tropfen in ein Meer und bezeichnen dort einen sehr
merklichen Grad von den Vorschritten des ganzen Geschlechts. Damit beruhige dich und sei gut. Wenn das
mehrere zugleich tun, so kann dieser gute Erfolg auch
im Ganzen nie ermangeln.**

So dachten die Illuminaten, diese Feinde der guten
Sitten, des Staats und der Religion. Hier ist der Ort nicht
zu untersuchen, ob diese Gedenkungsart richtig sei. Menschen, welche gewohnt sind, sich in der Welt alles ohne

Zweck und Zusammenhang zu denken, die alle Vorfälle
nach der Beziehung beurteilen, die sie auf ihre Lage, Wünsche und Interesse haben, und sich daher zum Mittelpunkt der Schöpfung machen; der Staatsmann, dem seine
Republik die Welt ist, und der Weltmann, der diese Welt
und Menschen nur von der schlimmen Seite kennt, und
durch Klugheit die Klippen vermeiden will, an welchen
seine Hoffnungen und Aussichten zu Ehre und zum Vergnügen sovielmal gescheitert sind – diesen allen muss
diese Denkungsart ohne Zweifel ein Traum oder gutwillige Schwärmerei scheinen; denn diesen ist wahr, was
ihre engern Wünsche befriedigt, was den Beifall derjenigen Menschen nach sich zieht, von welchen sie hoffen oder fürchten, was ihren Einfluss bei Höfen vermehrt. Mir
ist hier genug, dass diese Grundsätze nicht von der Art
sind, wie sie die Gegner beschreiben, dass sie sich mit dem
Glück und der Ruhe eines andern vertragen, dass sie nicht
fremde Rechte bekränken, keine gewaltsamen Auftritte
und neue Spaltungen der Menschen veranlassen. Die Gesichtspunkte, aus denen man sich die Welt vorstellen
kann, sind zu verschieden; die Leidenschaften und Erwartungen mischen sich zu sehr selbst in die Urteile weiserer
Menschen, und die verschiedenen Stände und Lebensarten geben zu mancherlei Erfahrungen, als dass es möglich
wäre, aus so verschiedenen Prämissen einerlei Grundsätze zu abstrahieren. Diese Verschiedenheit der Meinungen hat zu viel Gutes, ihr Einfluss auf die Erforschung der
Wahrheit und Entwicklung unsrer Kräfte ist zu wohltätig,
gibt dem Geist des Denkers einen zu reichen Stoff weiterer
Ideen und Betrachtungen, als dass wir eine allgemeine
Vereinigung aller Köpfe wünschen und gedenken sollten.
Das Glück, so wie das Unglück, haben ihre eigene Philosophie und Art, die Gegenstände zu betrachten, denn sie geben ein eigenes Interesse. Wem dieses fehlt, entwischen
tausend Bemerkungen und Grundsätze, die dem andern

auffallen, und seine Aufmerksamkeit reizen: und ich behaupte sogar, man muss öfters im Sinn der Welt unglücklich sein, um die Wahrheit gewisser Grundwahrheiten recht anschaulich zu fühlen: man muss die Vorteile, die sie gewähren, aus eigner Erfahrung kennen, und diese setzt Lagen voraus, die sich die wenigsten wünschen. – So hat also jeder Stand, jede Lage des Lebens ihr eigenes Vergnügen. Das Glück gibt Überfluss und äußerliche Ehre, aber beschränkt zugleich die Erkenntnis: und das Unglück entschädigt durch die hohen Weisheitslehren, auf die es führt, um das Bittere zu versüßen. Jeder Unglückliche geht den kürzern Weg zur Weisheit, zur Bestimmung jedes Menschen, zum dauerhaften Glück. Er nähert sich seiner Vollendung, wo andere beginnen, und übersteht mit wenigerm Schmerz und Gefahr, was der Glückskinder noch wartet. Nicht alle Situationen des Lebens sind gleich günstig, um über die Unterordnung der Zwecke und seine Bestimmung gehörig zu urteilen. Hier geht es auf eine ähnliche Art, wie **Abbt** in seinem vortrefflichen Werk **vom Verdienst**[18] über das Leben frommer und redlicher Männer urteilt. Beide sind ruhig und still, und ziehen die Aufmerksamkeit und den Beifall der Zeitgenossen, diese so mächtigen Triebfedern in den Handlungen der Menschen, weniger auf sich. Sie finden daher in der höhern Welt wenige Bekenner, und man kann sagen, dass wahre Tugend und Weisheit sich allein in den niedrigern Gegenden erhalten. Dort werden sie genossen und verbreiten sich von da aus, in sehr langsamen und unmerklichen Vorschritten, in glänzendere Gesellschaften. Sie sind die Überzeugung des Predigers und Lehrers, und diese stehen in der Mitte aller Menschen. Aus diesem Mittel gelangen sie hinunter zu dem Volk, und bewegen sich aufwärts durch die Erziehung der Jugend: mit dieser wachsen sie auf und erhalten sodann eine immer günstigere Aufnahme in den feinern

Gesellschaften. Sie werden der Gegenstand ihres Gesprächs, stimmen diese nach sich, werden immer vertrauter, vermischen sich nach und nach mit den Sitten, und bringen edlere Handlungen hervor, indem sie die Triebfedern veredeln und den Gesichtspunkt erweitern. Aber auch der Weltmann lehrt entgegen; seine Leidenschaften setzen die Welt in Bewegung, und bringen mancherlei Auftritte hervor. Er liefert die Facta; diese sind der rohe Stoff die er dem Denker in seine Arbeitsstube liefert. Dieser zieht die Resultate daraus, vergleicht solche untereinander, zieht Regeln davon ab, gibt den eigentlichen Gesichtspunkt an, und so kommt alles verfeinert und berichtigt an seine Quelle zurück, nicht ohne Einfluss auf künftige Auftritte. Und der nächste Stoff, den der Denker zur Bearbeitung erhält, ist von feinerer Art, führt zu feinern Bemerkungen, und läutert sich umso mehr, je öfter er kommt und zurückgeht. – Und so gehen Welt und Schule, Weisheit und Torheit beständig an der Hand, und führen uns zum Ziel. Dies ist der Gang unserer heutigen Kultur, und er wird, wie ich vermute, auch der Gang aller künftigen sein. Durch diesen Weg werden Erfindungen und Meinungen einzelner Menschen, trotz alles Widerstands und Verfolgung, die sie bei ihrer Entstehung erfahren, nach ausgestrittenem Kampf, am Ende Meinungen ganzer Länder, Völker, vielleicht aller Menschen. Durch diesen Weg verändert und bestimmt sich nicht minder die politische Welt, und manche Revolutionen sind die Folge einer feinern, im Stillen herangewachsenen, mit den ältern Formen unvereinbaren Denkungsart. Wenn sich ein Vorrat von solchen verfeinerten, mehr berichtigten Grundsätzen gesammelt, und zur eigenen und geläufigern Denkungsart mehrerer Menschen nach und nach geworden: so öffnen sich diesen neue Aussichten und Bedürfnisse. Man fängt an, einzusehen, dass sich manche der bisherigen Formen und Einrichtungen mit dem vorhergesehenen Wohlstand nicht gänzlich vertragen. Man fängt an, den ältern Besitz gewisser Rechte zu bezweifeln, in Anspruch zu nehmen. Die ältern Besitzer sind so bereitwillig nicht, als man glaubt, ihren bisherigen Vorteilen zu entsagen; sie schreien über Neuerungen, stecken sich unter ehrwürdige Namen des Staats und der Religion, um solche verdächtig zu machen. Die Sache kommt zu einer öffentlichen Gehrung, zum Streit; die Zeiten werden unruhig: und nach verschiedenen, oft unglücklichen Versuchen, trotz alles Kämpfens und gegenseitigen Bestrebens, fällt doch am Ende der Sieg auf die Seite, wohin er nach dem Plan der Vorsicht fallen soll. Die ältere Denkungsart räumt der neuern das Feld, weil es ihr an Macht fehlt, sich ferner zu erhalten; sie zieht den einzigen Vorteil, der ihr noch übrig ist, sie weicht der Überlegenheit: neue Formen, Einrichtungen, Rechte und Stände der Menschen kommen zum Vorschein, und ruhigere Zeiten sind die Folgen eines solchen Sturms, bis sich abermals auf obige Art, ein ähnlicher Vorrat von mehr geläuterten Begriffen sammelt, ebenso geläufig und allgemein, und dadurch eine Nation oder das ganze Geschlecht reifer wird, einen Schritt weiter seiner Vervollkommung entgegen zu gehen. So hat Plato und Aristoteles selbst in der Kirche eine große Herrschaft erhalten; und so wird ein einzelner Mensch Meister aller Köpfe. Die meisten unsrer Wahrheiten sind nach ihrem ersten Ursprung die Erfindung eines einzigen Kopfs: und wie allgemein ist dermalen ihre Macht! Aber langsam ist dieser Gang. Auch haben die wenigsten Wahrheiten ihre günstige Aufnahme der Überzeugung ihrer Bekenner zu verdanken: Vorurteile tun hier mehr. Das Ansehen dessen, der sie am ersten verkündet, (und dies fehlt den Aposteln der Wahrheit am häufigsten) der unmittelbare Vorteil, der damit verbunden ist, (und dieser Fall ist selten) oder die Menge und Ansehen derer, so sich dazu bekennen, sind (möchte sich doch jeder genau erforschen) noch heutzutage, nebst der Gewohnheit und Fertigkeit so zu denken, bei den allermeisten Menschen beinahe die einzigen Kriteria der Wahrheit. Gelingt es nun einmal einem Menschen, entweder durch ihr eignes Ansehen, oder durch Anhänger, oder durch erlittene Verfolgungen, seine Meinungen nur in einem einzigen Lande zur Sprache zu bringen, die Aufmerksamkeit der Menschen zu reizen; bekennen sich Männer von Ansehen dazu: so reißen sie den ganzen Haufen mit sich fort, der durch sie fürchtet oder hofft: und dann ist das große Hindernis überwunden, um sie noch allgemeiner zu machen. Außer den Reisen und der Buchdruckerei haben schon in den ältesten Zeiten der Welt Handel und Krieg die Meinungen der Menschen verpflanzt. Dort erscheinen sie zwar im Zuschnitt des Lands und der Zeit, formen sich nach den Umständen und den herrschenden Begriffen, werden vielleicht aus ganz andern Gründen verteidigt; sind aber doch immer Zweige von dem selbigen Hauptstamm, die ihre Früchte nach Landesart, nach dieser Mitwirkung des neuen Himmelsstriches hervorbringen. So schlaffen sogar manche Meinungen Jahrhunderte hindurch, bis eine eigne veranlassende Ursache, ein Interesse sie weckt, bis die Mittelzeit die Beweise gefunden, die ihre Aufnahme erleichtern, und dann brechen sie mit neuer Gewalt und Stärke hervor. Dann weiß man oft erst nach Jahrhunderten aus Überzeugung, was unsre Voreltern auf bloßes Ansehen gutwillig geglaubt. Meinungen sind keine gleichgültige Sache; sie bewegen die Welt. Wer den Gang der Welt wahrhaft kennen will, der muss die in jedem Zeitalter herrschenden Meinungen erforschen; er wird finden, dass Menschen so handeln, weil sie so denken; dass sie schlecht handeln, weil sie verkehrt denken; dass sie besser handeln werden, insofern ihre Grundsätze sich bessern; dass jede dauerhafte Besserung der Menschen von diesem Punkt müsse angefangen werden; dass Erziehung der einzige Weg seihe, auf Menschen zu wirken; dass jede kluge Regierung zu diesem Ende das Geheimnis wissen müsse, Menschen vorzubereiten, und dann erst Meinungen zu geben und Meinungen zu nehmen. – Wenn also die so allgemeinen, alltäglichen Klagen wahr sind, dass Menschen und unser Zeitalter verderbt seien: so kann diese Wirkung nicht ohne Grund sein, und dieser Grund ist kein andrer, als die dermalige Gedankenreihe der Menschen, die Grundsätze, die bei ihnen herrschend sind, nach welchen sie sich bestimmen. Diese können also unmöglich gut, diese müssen verderbt sein. Aber das Verderben ist darum nicht unheilbar; es dauert fort, weil die Kur am unrechten Ort geschieht, weil die Ärzte nie dort die Hand anlegen, wo es ihnen Schaden bringen würde, weil sie jedes Vorurteil, jeden falschen Grundsatz, der ihnen Vorteil bringt, oft selbst unterhalten, oder einpflanzen, wenn er nicht da ist. Um Menschen aus vollem Grund zu heilen, werden Ärzte erfordert, die die ganze Krankheit kennen, die nicht dieses Interesse mit einem andern, schlechtern verwechseln, die es sich zum einzigen Zweck gemacht haben, **Menschen** zu heilen, aber nichts weiter als **Menschen.** Wo ist dies bisher geschehen? Und es soll Hochverrat und Staatsverbrechen sein, diese Grundideen alles Übels aufzusuchen, bessere an ihre Stelle zu schaffen, diese nach und nach zu Volksbegriffen zu machen, und dadurch die Ruhe und Sittlichkeit der Menschen zu vermehren? Wenn diese Arbeit Ehre und sinnlichen Vorteil brächte, wenn damit ansehnliche und einträgliche Stellen verbunden wären: so wäre sie längstens schon eine allgemeine Beschäftigung der Menschen, und alles Verderben müsste aus dem Grund gehoben sein. Da aber dies nicht geschieht, soll es denn gar niemals geschehen? soll es einzelnen Menschen nicht erlaubt sein, aus bloßem Wohlwollen, aus Überzeugung ihrer Pflicht, Hände an ein solches Werk zu legen, ohne alle weitere Aussicht auf irgendeine Belohnung? Sollen

Menschen ewig und zu allen Zeiten das unglückliche Opfer ihrer verkehrten Gedenkungsart bleiben? – Ich denke nicht, dass diese Sätze gefährlich sind. Aber da träumt sogleich boshaften Menschen vom Missbrauch. Da suchen sie Flecken in den Sitten derjenigen auf, die sich zu solchen Endzwecken vereinigen, um dadurch ihren Willen, ihre Einsicht, ihre Fähigkeit zu einem so großen Geschäft, verdächtig zu machen[19]. Da erheben sie ihre empörende Stimme, und schreien vom Untergang ganzer Staaten, vom Sturz der Religion. Da flüstern sie jedem Leichtgläubigen ins Ohr: diese wolle man untergraben, dies seien die so gepriesenen Grundsätze, welche die neuen Aufklärer verbreiteten. – Wie aber, wenn alles sittliche Verderben eben daherkäme, weil die Religionslehren und wahren Staatsgrundsätze nicht befolgt werden? wenn die Illuminaten es sich zum Geschäft gemacht hätten, just diese und keine andern Grundsätze aufrecht zu erhalten, ihnen ein neues Interesse zu ihrem vorigen zu geben, um sie dadurch anziehender zu machen? Aber auch damit begnügt sich die Verleumdungssucht nicht. Sie beschuldigt die Illuminaten, sie hätten sich also zu Reformatoren, zu Richtern über Staat und Kirche aufgeworfen; sie hätten ihre Neuerungen und verdeckten eigennützigen Absichten, unter dem Vorwand der ältern Kirchenlehre, dem Volk beizubringen und also Altar gegen Altar errichten wollen. – Aber wie, wenn just diejenigen Ideen, welche die Grundlage jeder, auch der Vernunft-Religion sind, welche auf die Handlungen der Menschen den allergrößten Einfluss haben, welche keinen besondern, oft willkürlichen Auslegungen unterworfen sind, wenn diese Ideen sage ich, z. B. die Lehre von der Unsterblichkeit der Seele, gerade diejenigen wären, die am wenigsten in unsern Handlungen sichtbare Wirkungen hervorbringen, diejenigen Wirkungen, die ihnen so eigen und von ihrer lebhaften

Überzeugung unzertrennlich sind? Wie, wenn dieser Tadel nicht die Religion allein träfe, wenn dies ebenso gut von unserer Philosophie gälte, wenn diese eben so wenig leistete, und noch weniger auf den Willen wirkte? Wie, wenn der Fehler nicht so fast in den Sätzen, als im Mangel von Überzeugung und Lebhaftigkeit der dazu nötigen Erkenntnis, in der ungleich lebhaftern Erkenntnis des Gegenteils, in den unmittelbaren Vorteilen, die mit diesem verbunden sind, läge? Wie wenn die Illuminaten sichs zum Geschäft gemacht hätten, den Einfluss und die Vorteile dieser so sehr bestimmenden Lehren durch die Vorteile und das Interesse ihrer Vereinigung anziehender zu machen? In diesem Fall könnte man doch nicht sagen, dass sie neue Lehren verbreiten, die ältern verdrängen wollten. Und dieser Fall ist doch auch einer der möglichen. Die Anstalten sind nötig, weil das Übel vorhanden ist: aber wo sind sie zu finden? – "Dies tut die Religion: dies ist das eigentliche Geschäft ihrer Diener und Lehrer". – Sie hat es getan; sie tut es noch: aber die Wirkung, das Verderbnis, das noch immer fortdauert, ja sogar, nach Meinung anderer, täglich ärger wird, beweist augenscheinlich, dass weitere Anstalten nicht unter die überflüssigen gehören. Es muss noch irgendwo fehlen; die Erkenntnis, welche die Menschen davon haben, muss zu schwach sein; andere Vorteile müssen mächtiger anziehen. Ihre Lehrer müssen die Kunst nicht verstehen, ihr Interesse lebhaft genug vorzustellen: außerdem müssten die Wirkungen von ganz verschiedener Art sein. Die Menschen handeln ja gerade so, als ob sie keine Religion, keine Überzeugung von der Fortdauer ihrer selbst hätten; sie formen die Religion und ihre Lehren nach ihren Wünschen und Erwartungen. Das ist jedem Religion, was diese befriedigt. Sie glauben viel leichter als sie handeln. Dadurch gedenken sie das Recht zu erhalten, nach Gefallen zu handeln. Untersuche doch jemand zur Probe die so sonderbaren

Bitten und Wünsche so vieler frömmelnden Christen, die sie vor den Altar des Herrn bringen, um deren Gewährung sie die Gottheit so sehnlich anflehen. Wie viele von ihnen denken sich bei den Worten: **Dein Wille geschehe,** was ein Heide ohne alle Belehrung der Offenbarung in den verderbtesten Zeiten Roms, was ein Juvenal sich dachte; was der eigentliche Sinn dieser hohen Worte ist:

Permittes ipsis expendere Numinibus, quid
Conveniat nobis, rebusque sit utile nostris:
Nam pro iueundis aptissima quaeque dabunt Dii.
Carior est illis homo quam sibi. – – –
– – – – – – – – –
Orandum est, ut sit mens sana in corpore sano.
Fortem posce animum, mortis terrore carentem:
Qui spatium vitae extremum inter munera ponat
Naturae, qui ferre queat quoscunque dolores,
Nesciat irasci, cupiat nihil, & potiores
Herculis aerumnas credat, saevosque labores,
Et Venere, & coenis, & plumis Sardanapali.

Juvenal in der Saturae X.

Wie viele leben nach diesen Grundsätzen? wie viele enthalten sich dessen, was sie so häufig an andern tadeln und verabscheuen? Und so handeln sogar in sehr vielen Fällen selbst die, die sich der Überzeugung von der Fortdauer ihrer selbst am meisten rühmen. Sie könnten unmöglich so handeln, wenn dieser Gedanke bei ihnen der herrschende wäre, wenn die Aussöhnungsmittel jedem reichen und mächtigen Verbrecher mehr erschwert als erleichtert würden. Man zeige mir doch den Menschen, dem der Gedanke an eine rächende und belohnende Zukunft immer gegenwärtig ist; bei dem die Überzeugung fest steht, dass alle Güter der Erde, aller Reichtum und Macht nicht Zweck, sondern einzig und allein Mittel seien, die er zu seiner innern Vervollkommung gebrauchen und nur insofern gebrauchen soll, als sie dazu Mittel sind; dass alles Unglück, wenn er es gehörig zu benützen weiß, zu seinem größten und einzigen Vorteil, zum Wohl seiner Seele, abzwecke: und man sage mir sodann, ob dieser Mensch so handeln werde, wie gewöhnlich der größte Teil der Christen aller Religionssysteme handelt; ob er auf diese Art schwelgen, wuchern, verleumden, Hülfe versagen, seinem Ehrgeiz, seinem Hang zu sinnlichen Vergnügungen, seinem Interesse alles aufopfern werde, wie es täglich geschieht. Wenn also dieses allgemeine Sitte der Welt ist, so hat die Religion noch lange nicht geleistet, was sie nach ihrer Bestimmung leisten soll, so muss einer von folgenden Fällen, oder alle zugleich sein. Die Menschen haben entweder gar keine Überzeugung von diesen Grundsätzen, die Beweise sind ihnen zu schwach, diese Sätze sind ihnen nicht auf ihre Art bewiesen, oder die Religion ist mehr Spekulation, beschäftigt mehr den Verstand als das Herz, Menschen stellen sich diese Lehren zu schwach und zu selten vor, das Interesse ist nicht lebhaft genug, die Zerstreuung, in welcher man gewöhnlich lebt, ist zu groß, man legt Handlungen, die bloß Mittel sind, den innern Gottesdienst zu erleichtern, zu befördern, den Namen der Religion bei, begnügt sich mit Verrichtung solcher Gebräuche, und vernachlässigt das Wesentliche über dem Äußerlichen und Zufälligen; oder endlich Menschen haben sich durch Sophisterei Auswege erdacht, wodurch sie den Folgen dieser Lehre zu entgehen hoffen. Hier müssen also neue Beweise, jedem auf seine Art, aufgestellt, das Interesse lebhafter gemacht, und Lagen ersonnen werden, durch welche diese Gedanken zum Bedürfnis gemacht, Menschen aus der Zerstreuung, in welcher sie leben, gesammelt, und vor allem andern die Sophismen aufgedeckt werden, durch welche man die widrigen Folgen zu entfernen sucht. Dies alles können die ältern Anstalten nicht mehr so gut leisten. Bey einem großen Teil der Menschen sind sie durch den Missbrauch, den man so häufig getrieben, manchem Denker verdächtig geworden; die Meinungen darüber sind zu sehr geteilt, zu sehr in Dunkelheit, Widersprüche und Spitzfindigkeiten der Schule verflochten; und selbst das widrige Beispiel der Lehrer trägt nicht minder dazu bei, ihre Ehrwürdigkeit zu vermindern. Sie haben auch den Reiz der Neuheit nicht weiter vor sich, der bei Menschen so vieles wirkt; und selbst die Lehrer der verschiedenen Kirchen scheinen es gewahr zu werden, dass ihr älterer Vortrag und ihre vormalige Art zu beweisen, bei der heutigen Aufklärung und Gedenkungsart der Menschen gewaltig verloren. Sie sehen sich daher genötigt, einen neuen, ihren Zeiten angemessenern Weg einzuschlagen, und manches preiszugeben, was sie vordem mit großem Eifer verteidigt. Zwar wurden gute, zur Glückseligkeit der Menschen abzweckende Lehren zu allen Zeiten gelehrt, aber lange nicht aus den selbigen, und noch weniger gleich anfangs aus den besten Gründen. Denn auch diese sind ein Kind der Zeit, und verfeinern sich mit der fortschreitenden Erkenntnis. Ich denke, wir befinden uns auch heutzutag noch häufig in dem selbigen Fall. Ich gebe gern zu, dass die Schriften der Deisten gegen die Offenbarung das Ansehen der göttlichen Bücher im Grund selbst auf keine Art aufgehoben; aber das ist doch unleugbar: sie haben bei vielen Menschen den Glauben an sie vertilgt oder geschwächt. Wie will nun der Lehrer, der sich bloß auf Autorität und Entscheidungen seiner Kirche beruft, und zum Beispiel für die Fortdauer unsrer Selbst keine andre Beweise kennt, als die aus der bestrittenen Quelle genommen werden, den Glauben an diese Lehre bei einem Zweifler erhalten? Hier, um zu siegen, werden neue Waffen erfordert; und so wie nach Erfindung des Pulvers sich die ganze Kriegskunst geändert und körperliche Stärke sehr selten entscheidet: so ändert sich auch nicht minder

der Einfluss auf die Gemüter der Menschen nach Verschiedenheit der Kultur, die sie inzwischen erreicht haben. Jedes Zeitalter hat seine eigene Lehrart; nicht die selbigen Gründe beweisen zu allen Zeiten, für alle Menschen, für den Denker wie für den Pöbel. Manche Menschen gelangen sogar erst durch das Gebiet des Unglaubens an die Grenze des Glaubens. Ihre Zweifelsucht treibt sie in allen Gegenden herum; sie suchen Gewissheit; sie finden sie nirgends; sie erkennen die Schwäche ihrer Natur; ihr Stolz ist gedemütigt, und zu verdrossen, um noch ferner zu irren; zu begierig, um doch etwas zu wissen und die Lücken ihrer Seele zu füllen, werfen sie sich der Offenbarung in die Arme und werden keine ihrer schlechtesten Bekenner.

„Aber wer steht vor dem Missbrauch einer solchen Sache?" – Niemand – und in keiner Sache, – denn alles ist missbraucht worden. Es würde also, wie ich nicht zweifle, das Institut der Illuminaten mit allen übrigen ein ähnliches erfahren haben. Aber bis zu dieser Zeit des Missbrauchs hätte es sicher des Guten schon so viel geleistet, dass dieser Missbrauch nach dem Lauf aller Dinge hätte entstehen müssen, um eine noch bessere Einrichtung zu veranlassen: eine Folge, die aus jedem Missbrauch entsteht, und so lange entstehen wird, als Menschen gute Anstalten missbrauchen. Und so wächst die Arznei der Krankheit an der Seite; aus dem Übel keimt Gutes hervor, und die Welt verbessert sich, indem sie sich dem ersten Anschein nach verschlimmert. Dieses Kunstgriffs von der Ankündigung eines bevorstehenden Missbrauchs haben sich böse Menschen zu allen Zeiten sehr fleißig bedient, alle Vereinigung guter Menschen, schon bei ihrem ersten Entstehen verdächtig zu machen; sie haben allezeit Glauben gefunden, und noch immer finden sie Glauben. Du selbst, gutmütiger Leser! gehst in die Falle, die sie dir legen; du merkst den Betrug nicht, öffnest der Verleumdung dein Ohr, und verstärkst dadurch, deine sowohl als unsere Feinde; oder du bist gleichgültig dabei, und ähnliche Auftritte scheinen dir zu unbedeutend, zu geringen Bezug auf die allgemeine Sache der Menschheit zu haben. Du siehst nicht vorher, dass solche Misshandlungen, wenn die strengere und gerechte Ahndung des Publikums, die sie verdienen, nicht erfolgt, eine stillschweigende Sanktion erhalten, und durch den glücklichen Erfolg, auch in andern Gegenden zur Nachfolge reizen und ermuntern. Du verdammst in den Illuminaten, ohne es zu wissen, deine eigene Pflicht, deine Theorie, das was du an den Alten bewunderst, was du selbst tun würdest, wenn du weniger feig wärest. Las die Gegner immerhin lärmen und von Hochverrat schreien, denn das müssen sie tun, es gilt ihren so langwierigen Besitz, und sie rechnen auf deinen Leichtglauben, der sie noch allezeit gerettet.

„Die unmittelbaren und würksamen Mitglieder sind folgende.“[e]

Warum nicht? Wenn Ihre Anklage wahr ist, so sehe ich nicht, warum Sie dem Publikum die Namen der Verbrecher selbst vorenthalten wollen. Ich vermute aber andere Ursachen; und wenn ich mich nicht betrüge, so möchten es folgende sein:

Wollen Sie das Verzeichnis der insgeheim angegebenen Ordenshäupter ohne Veränderung, so wie Sie es überreicht haben, bekannt machen: so finden sich vermutlich manche darunter, die niemals Oberhäupter, vielleicht niemals Ordensmitglieder waren; deren Namen auf

---

[e] **„Die Namen davon getraue ich mir nicht ohne Erlaubnis der Regierung bekannt zu machen.“**

das Verzeichnis gesetzt wurden, um sie schwarz zu machen. Denn Sie konnten darauf schreiben, wen Sie wollten, weil zur Zeit der Übergabe noch nicht der entfernteste Anschein war, dass diese Anzeige sollte öffentlich bekannt werden. Diese mit Unrecht und hinterlistiger Weise Verleumdete, würden Ihnen sodann über den Hals kommen, Beweis oder Genugtuung fordern. Vielleicht sind auch Vornehme darunter, die Sie nicht weniger zu scheuen haben. Würden Sie aber Ihr Verzeichnis mit Abänderungen bekannt machen, und die Personen weglassen, die Sie zu schonen haben: so würden Sie sich dadurch der Regierung verdächtig machen, und alle Glaubwürdigkeit Ihrer Angabe herabsetzen. In der schändlichen Beilage zur nötigen Beilage wurden **Weishaupt, Costanza, Bader, Savioli, Zwack, Berger, Hertel,** und **Fronhofer** ohne Scheu genannt. Man glaubte Männer vor sich zu haben, deren Einfluss zu unbedeutend war, als dass man sie zu schonen hatte. Nun da man Anstand nimmt, die in geheim denunzierten Oberhäupter des Ordens namhaft zu machen: so müssen wohl außer diesen noch Namen darunter sein, die von größerer Bedeutung sind. Uns brauchen Sie nicht zu schonen, Herr Utschneider, wir scheuen uns nicht bekannt zu werden. Haben Sie also die Güte und machen Sie unsre Namen samt und sonders bekannt, mit allen Charakteren, die Sie uns beigelegt. Aber wie gesagt, Sie wollen sich, nicht uns schonen.

„Folgende Mitglieder kannten den Zweck des Ordens nicht, obschon sie, als Persuader, zur Aufnahm des Ordens sehr tätig waren."

„Auch diese will ich nicht mit Namen ohne obige Erlaubnis öffentlich anzeigen."

Letzteres ist sehr natürlich, um seine Zurückhaltung in Rücksicht der erstern umso leichter zu bemänteln und zu rechtfertigen.

Aber sagen Sie mir doch dies noch, Herr Utschneider! dies setzt ja eine gewaltige Kenntnis und Einsicht in einen Orden voraus, dessen Obere und ganze Einrichtung von Ihnen als ein so großes Geheimnis beschrieben wird! Woher haben Sie denn das alles? Sie, der Sie, wie Sie selbst sagen, nicht einmal Illuminat waren? Sie wussten dies alles, bis auf die unmittelbaren Obern hinauf? Und diese Obern sind unbekannt? und Sie sind noch dazu kein Illuminat? – Da will ich doch sehen, wie Ihnen der Beweis Ihrer Angabe gelingen werde? Ich glaube, der Leser greift die Verleumdung mit Händen.

Von den sogenannten *Persuadés* finde ich ebenfalls nötig, eine kurze Meldung zu machen. Diese kennen Sie also, und haben davon ein Verzeichnis übergeben? Sagen Sie mir: stehen Cosandey und Grünberger auch auf diesem Verzeichnis? Sie waren Obere, sie haben Kolonien angelegt, sie haben Sie selbst dem Orden zugeführt. Sie waren also sehr würksam, und, wie ich vermute, ohne den Zweck zu wissen. Oder wussten Sie ihn? Und würkten doch mit? zu einem so schändlichen Zweck? Dann sind sie Mitschuldige, unmittelbare Obere, und gehören in die Klasse **der künstlichen Betrüger oder systematischen Bösewichter,** wie Cosandey in seiner Anzeige, sie, und folglich sich selbst, zu nennen beliebt.

„Die Verschwundene, welche vermutlich noch höhere Obere sind, kannten wir nicht.“

Grünberger, von dem Sie so vieles, sogar die unmittelbaren würksamen Obern erfahren, soll Ihnen diese Kleinigkeit verborgen haben? das sollen Sie im vollen Ernst nicht wissen? Das glaube ich nimmermehr. Ich glaube vielmehr, Sie geben mit Fleiß von diesem Wort, dessen Sie schon in Ihrem **Schreiben an den Illuminaten Verus** mit so vielem Ernst erwähnt, keine Erklärung, stellen sich, als ob Sie es nicht wüssten, lassen noch weitere verborgene Obere vermuten, um den Argwohn zu erhalten und zu vermehren, um noch andere Personen, die Ihnen im Weg stehen, durch diesen Kunstgriff, wenn Sie es nötig finden, verdächtig zu machen. – Ich will dem Leser die Furcht benehmen, die Sie erwecken wollen. **Verschwundene** waren Mitglieder, welche zu einem höhern Grad befördert wurden, und die Versammlungen der untern Klassen nicht weiter besuchten, und also jedem neu aufgenommenen noch nicht als Ordensmitglieder bekannt wurden. Diese Einrichtung wurde getroffen, und war notwendig, weil nach der Ordensverfassung die Obern den untern Klassen verborgen sein sollten; weil man jeder Stufe durch das Vergnügen, neue, vorher unbekannte Mitglieder zu finden, einen neuen Reiz und mehr Anziehendes geben wollte. – Wo ist nun das Verbrechen, das Sie so gern darin finden möchten? Wie können also Grünberger und Cosandey bezeugen und **beschwören, dass sie, durch deren Auftrag selbst einige ihrer Untergebenen** verschwinden mussten, dass sie vielleicht noch höhere Obere waren?

„Nach unserm Austritt, wurden wir von ihnen überall als die niederträchtigsten Menschen verschrien.“

Lesen Sie in Ihrer nötigen Beilage das Ihnen erteilte Absolutorium, nebst Costanzas Brief an Grünberger. Werden Sie in diesen beiden Aktenstücken als die niederträchtigsten Menschen verschrieen? Aber nachdem Sie Ihr gegebenes Wort gebrochen, die Einrichtung der Gesellschaft aller Orten bekannt gemacht, den Orden samt einzelnen Mitgliedern, verleumdet, Materialien zu den Warnungen geliefert, falsche Briefe erdichtet, und die Mitglieder des Ordens mündlich und schriftlich aller Orten als Atheisten, Landesverräter, Sodomiten, Giftmischer und Meuchelmörder verschrieen: dann verdienten Sie nicht den Namen eines Niederträchtigen allein, sie wurden nicht durch das Verschreien der Illuminaten, sondern durch diese ihre selbsteigenen Taten und Handlungen, Verleumder, Pasquillanten, Empörer ihres Vaterlands, meineidige, gefährliche Menschen, Verbrecher gegen Gott, gegen den Staat, gegen ihre Mitbürger. Und wenn der angegriffene Teil zu seiner Verteidigung sie unter diesen Namen bekannt gemacht hat: so tat er nichts weiter, als ich gegenwärtig tue, und was Sie verdienen, wozu Sie selbst die Veranlassung gegeben.

„In allen Gesuchen, durch ihre Kabalen abgewiesen, bei unsern Obrigkeiten verdächtig und verhasst gemacht."

Ein Beispiel kann am besten beweisen, wie viel Wahres diese Anklage enthalte.

Lang nach Ihrem Austritt wurde der Graf Costanza von dem Direktorium der Kurfürstlichen Hofkammer zu einer Forstkommission beordert, und ihm freigestellt, nach seinem Gefallen sich einen Konkommissarius zu wählen und in Vorschlag zu bringen. Er brachte keinen andern in Vorschlag, als **Sie,** rühmte **Sie** als den fähigsten zu diesem Geschäft im Plenum der Hofkammer. Und was geschah? Als Ihnen das Direktorium Ihre Ernennung zu wissen gemacht, hatten Sie zur gerechten Vergeltung die Unverschämtheit, den Grafen Costanza zu perhorreszieren, gegen ihn Einwendungen zu machen, und gaben sich alle Mühe, ihn von dieser Kommission (die sodann auch wirklich unterblieb) gänzlich zu verdrängen. Allen anwesenden Hofkammerräten fiel Ihr äußerst undankbares und rachgieriges Betragen auf, und ich berufe mich auf ihr Zeugnis, im Fall Sie diesen Vorfall ableugnen würden. Indessen überlasse ich es dem Leser, was er von Ihnen und Ihrem Charakter urteilen will.

„Ja sie luden sogar den Verdacht eines attentierten Meuchelmords an einen von uns, auf sich.“

Diese Kalumnie, die Sie in der Absicht anführen, **um Verborgenheit zu bewürken,** schadet Ihrer ganzen Anzeige unendlich. Es zeugt doch gewiss von der grenzenlosesten Bosheit und Verkehrtheit des Herzens, wenn man solche arge Beschuldigungen ohne den geringsten Beleg in die Hände eines Fürsten gegen eine ganze Gesellschaft angesehener, außerdem unbescholtener Männer übergibt; gegen eine Gesellschaft von Männern, in deren Mittel sich die ersten Familien Ihres Vaterlands, Generale, Staatsmänner, Präsidenten ganzer Kollegien befinden; die übrigen Zivil- und Militärpersonen, und verschiedene angesehene Gelehrte will ich mit Stillschweigen umgehen; gegen eine Gesellschaft von Männern, deren einige, nach Ihrem eigenen Geständnis im **grauen Ungeheuer, Menschen vom besten und rechtschaffensten Charakter, Geister der ersten Größe waren.** Wer hat einen Meuchelmord auf Sie attentiert? Wann? Wo? Auf welche Beweise gründet sich Ihr schwarzer Verdacht? – Und dies alles haben Sie mit einem körperlichen Eide beschworen? Und es gibt keine Gerechtigkeit in Bayern, die Sie darüber zu Gericht ruft? – Selbst alsdann nicht, wenn sie aufgerufen wird? Mein guter Utschneider! die Illuminaten haben nicht nötig, einen Meuchelmord gegen Sie zu attentieren; sie brauchen nur Ihre, Cosandeys, und Grünbergers Handschriften vorzulegen: und dann stehen Sie da als Verleumder und Lügner. Man hat dieses gelindere, sehr rechtliche Mittel bei den bittersten Angriffen noch nicht versucht: und man sollte sich ohne Not, mit so viel Gefahr, zu der abscheulichsten aller Taten, zu einem Meuchelmord entschließen? Wer glaubt das? – Und doch fanden Sie glauben?

„Nach allen diesen ein ganzes Jahr währenden Verfolgungen, stellte ein Illuminat dem Hofkammerrat Utschneider vor: er hätte nun genug erfahren, dass er von dem Orden überall verfolgt seihe, und dass ohne demselben kein Gesuch gelingen werde; er könne noch zurücktreten und alle Unterstützung vom Orden hoffen.“

Ich halte alles für eine platte Unwahrheit, was Sie hier schreiben, bis ich die Beweise davon sehe. – Wer war denn dieser elende Illuminat? Ich glaube, Sie werden guttun, wenn Sie sich auf einen Verstorbenen berufen, um nicht beschämt zu werden. – Dieser Illuminat hat Sie nach einem ganzen Jahr versichert, Sie sähen, dass Sie vom Orden verfolgt würden, und Ihnen kein Gesuch gelingen würde? Wie konnten denn die Illuminaten verfolgen, die von Ihrem Austritt an selbst unaufhörlich verfolgt wurden? Welche Macht hatte denn diese Gesellschaft, nachdem sie verdächtig geworden? Zum Verfolgen werden Macht und Kredit erfordert: beide fehlen dem Verfolgten. Lassen Sie aber auch wahr sein, dass einer Sie zur Rückkehr bereden wollte: hatte dieser sodann den Auftrag der Obern? Beweist dies Ihre Aussage, dass man Ihnen aller Orten an Ehre, Unterhalt und Leben Nachstellungen gemacht?

Dass alles dasjenige, was oben auf 6 *folia* den Illuminatismus in Bayern betreffend, geschrieben steht, der Wahrheit vollkommen gemäß seihe: kann ich mit einem körperlichen Eid beteuern. Zu Zeugen der Wahrheit rufe ich den Priester Cosandey und den Professor Grünberger auf.

München den 9. September 1785.

Dies haben Sie auch, wie die dem Ende angehängten Beilagen zeugen, würklich getan. Und nun glauben Sie, hätten Sie gegen die Illuminaten einen vollkommenen Beweis gemacht. Denn eine beschworne Anzeige, durch zwei Zeugen bestätigt, scheint alle gerichtliche Glaubbarkeit zu haben. Ein Teil des Publikums glaubt es mit Ihnen: denn es scheint ihm unbegreiflich, dass ein Mensch seine Gewissenlosigkeit und Unverschämtheit so weit treibe, und eine Anklage so geradehin fälschlich beschwöre. Dieser Zweifel und diese Bedenklichkeit des Publikums beweisen hinlänglich, dass Menschen von dieser Art, von dieser Verworfenheit des Charakters, bei unsern Zeiten (zur Ehre und Würde der Menschheit sei es gesagt) noch immer unter die seltnen Erscheinungen gehören. Nun will ich Ihnen aber beweisen, dass Ihre Anzeige diese Glaubbarkeit nicht habe; und dann will ich das Publikum überführen, dass Sie Verleumdungen beschworen.

Ihrem juridischen Beweis steht entgegen:

1.) Dass die Anklage geheim, und eben darum verdächtig ist; umso mehr, als man den Beschuldigten alle Verteidigungswege abgeschnitten.

2.) Die Anklage ist allgemein, ohne Tatsachen, nähere Indizia anzuführen.

3.) Von dieser Anklage hat sich in den Untersuchungen nicht das geringste wahr befunden.

4.) Der Ankläger wurde, wie ich oben bewiesen, aus Rache dazu gebracht: und ist kein wirkliches Mitglied der Gesellschaft.

5.) Der Ankläger selbst hat an einem andern Ort, unter seinem eignen Namen (in der nötigen Beilage) vielmehr das Gegenteil, oder wenigstens nichts von dem allen gegen die Gesellschaft geklagt.

6.) Der Ankläger hat aber unter der Hand anonymische Schriften drucken lassen,

7.) in solchen Männer vom ersten Rang, Einsicht, und bis dahin unbescholtenem Betragen und anerkannter Rechtschaffenheit, solcher enormen Verbrechen beschuldigt, deren nur sehr wenige Menschen in jedem Zeitalter fähig sind. Um solche Innzichten gegen solche Männer nur scheinbar zu machen, werden schreiende, notorische Facta erfordert, um die Anklage damit zu belegen.

8.) Der Ankläger hat sich erlaubt falsche Briefe zu erdichten, um die Beklagten verdächtig zu machen.

9.) Er ist ein Mann voll von Stolz, Aufgeblasenheit, Rachgierde, schämt sich seines eigenen Vaters.

10.) Seine von ihm aufgerufenen Zeugen sind von ihm abhängig, und schon zwei volle Jahre hindurch die Werkzeuge seiner Rache. Sie sind sogar zum Teil Triebfedern von der ganzen Verfolgung. Eben diese von dem Ankläger aufgerufene Zeugen, haben schon vorher in der von ihnen unterzeichneten nötigen Beilage nichts von dem allen der Gesellschaft zur Last gelegt.

11.) Eine so allgemeine Aussage der Zeugen, wenn sie gleich beschworen ist, kann ohne weitern Beleg, ohne nähere Anzeigen und Indizien niemand schaden, oder Ehre und Leben aller Menschen, des ersten so gut wie des letzten, sind in unaufhörlicher Gefahr. Drei Menschen, deren einer nach genommener Verabredung den Ankläger, und die beiden übrigen die Zeugen vorstellen, können, wenn sie wollen, auf diese Art über das Leben, Ehre und Gut aller Mitbürger nach Gefallen disponieren[20].

Ihre Anklage also, wenn auch der Inhalt vollkommen wahr wäre, hat nicht die geringste Legalität, wenn ich sie mit den in der Note angeführten Gesetzen vergleiche. Die Zeugen selbst, und der abgelegte Eid an und vor sich beschweren niemand, befreien auch den Angeber nicht, und zeugen in keinem Fall von dem Beweis, wenn die Anklage selbst von dem Beklagten widersprochen wird. Aus der Untersuchung selbst muss sich ergeben, ob Ihr Anbringen wahr sei; und aus der sehr unvollkommenen, illegalen, und äußerst parteiischen Untersuchung mit den Illuminaten, hat sich sogar das Gegenteil von Ihrer Anklage gezeigt. Sie haben also verleumdet, Ihre Anklage war falsch, und Sie haben Unwahrheiten und Verleumdungen beschworen. Denn

1.) Sie haben gar nichts bewiesen.

2.) Man hat sogar hier in dieser Schrift, so wie in der beigedruckten Widerlegung der Cosandeyischen Anzeige, alle Ihre Innzichten widerlegt und entkräftet.

3.) Sie selbst haben diese Innzichten durch Ihr Stillschweigen in Ihrer nötigen Beilage verdächtig gemacht. Denn zu dieser Zeit war in Ihren Augen die Gesellschaft schon schuldig; Sie waren wegen der Verbrechen, die Sie später angaben, schon ausgetreten; in dieser nötigen Beilage treten Sie als ein gegen die Gesellschaft erbitterter Ankläger auf, Sie rechtfertigen sich namentlich über die Ursache Ihres Austritts, und führen hier, wo der Ort und die Zeit dazu gewesen wäre, keine der Beschuldigungen an, die Sie hier in dieser geheimen Anzeige, als die Ursachen Ihres Austritts angeben. Ich glaube, dieses Stillschweigen in dieser nötigen Beilage entscheide vollkommen gegen die Wahrheit Ihrer spätern Angaben.

4.) Gegen die Wahrheit Ihrer Anklage zeigt ferner, dass Sie geflissentlich alle Rechtswege vermieden, und sich aller Kunstgriffe, die Verleumdern allein eigen sind, bedient haben. Zu diesem Ende haben Sie die ordentlichen Gerichtshöfe umgangen. Sie haben

5.) durch ausgestreute Pasquille und Warnungen alles in Gehrung gebracht, um sodann darüber zur Rede gestellt zu werden. Sie haben in solchen Briefe erdichtet. Dies hat man nicht nötig, wo reelle Gründe zu einer Klage vorhanden sind.

6.) Sie haben unter der Hand von Zeit zu Zeit widrige Gerichte ausgestreut, um den Geist der Gehrung zu vermehren und zu unterhalten. Sie haben

7.) zu diesem Ende in verschiedenen Zeitungsblättern und Journalen die Gesellschaft unter verschiedenen, sehr widersprechenden, äußerst gehässigen Gesichtspunkten vorgestellt, um sie allen Menschen auf die Ihnen eigene Art gehässig zu machen. So muss Herr Babo am besten wissen und bezeugen können, dass er alle gehässigen Vorstellungen und ärgerlichen Innzichten, die er in seinen **Gemälden aus dem menschlichen Leben** gegen die Illuminaten verbreitet, durch Sie, Herr Utschneider, oder durch Ihre Gehülfen mittel- oder unmittelbar erhalten habe. Auch die Herren Verfasser **des grauen Ungeheuers, der Bayreuther Zeitung,** und des politischen Journals, würden ein gleiches Bekenntnis der Welt vorlegen können. Sie würden dadurch der Wahrheit einen wichtigen Dienst leisten, indem sie widerrechtlich gekränkte Menschen in den Stand setzten, das Publikum auf eine noch einleuchtendere Art zu überführen, dass diese so widersprechende Nachrichten, diese so verschiedene, gegen einander streitende Gesichtspunkte, aus welchen man den Illuminatismus vorgestellt, immer aus derselbigen

Quelle kommen, und folglich durch eben diese Verschiedenheit das sichtbare Gepräge der Verleumdung an sich haben. Ich vermute sogar, dass Herr Utschneider, um seinen Nachrichten bessern Glauben und größeres Ansehen zu verschaffen, sich hinter falsche Namen verborgen, und Personen von Stand und Ansehen in der Unterschrift missbraucht habe. Die Überschrift zu der letzten Nachricht in dem politischen Journal, die von **einem durch Stand und Charakter glaubwürdigen Mann** spricht, führt mich auf diese Vermutung. Denn solche Verleumdungen, als dort enthalten sind, schreibt kein durch Stand und Charakter glaubwürdiger Mann. Es ist die Sprache des gehässigsten Verleumders. Wenn ich sodann

8.) die Hitze betrachte, mit welcher Sie sich, Herr Utschneider, vor allen andern zur Anklage hervordrängten, die Erbitterung, die aus Ihren Denunziationen und Warnungen hervorleuchtet, den Eifer, mit welchem Sie Ihre Anklage fortsetzen und unterhalten, die Maschinen, die Sie in Bewegung setzen, die Menschen, mit denen Sie sich verbinden, die Schleich- und Nebenwege, deren Sie sich bedienen, um Ihre Verleumdungen dorthin zu bringen, wo sie am meisten schaden sollen; wenn ich bedenke, dass erst dieser Tage diese Bekenntnisse, die ich hier widerlege, an alle Dikasterien im Land, nebst einem andern Buch: *les Francs-Maçons demasqués,* unter einem bloßen Couvert abgeschickt worden sind; wenn ich bedenke, dass alle diese Austritte erst nach Ihrer Demütigung in Ingolstadt den Anfang genommen; wenn ich damit Ihren Charakter und Temperament, Ihr Betragen gegen Ihren leiblichen Vater, Ihre Eigenliebe und Hochmut, Ihr unruhiges Wesen, Ihre fruchtlose Bemühung, eine eigene Gesellschaft zu errichten, gehörig vergleiche, und alles mit obigem zusammenhalte: so erscheint daraus, dass Ihre Anklage nichts weniger als Liebe zum allgemeinen Besten,

sondern vielmehr eine grenzenlose Rachbegierde und unüberlegte Hitze zum Grund habe, welche alle spätern Folgen nicht gehörig berechnet, und Sie, nach dem ersten gefährlichen Schritt, von Zeit zu Zeit zu einem weit gefährlichern treibt, alles in der Absicht, Ihre Gegner endlich zum
Schweigen zu bringen, und dadurch Meister vom
Schlachtfeld zu bleiben. Es erscheint daraus, dass der
ganze Inhalt Ihrer heimlichen und öffentlichen Klagen
helle Verleumdung sei; dass Sie also sogar Falschheit und
Verleumdung beschworen, um der bevorstehenden Beschämung zu entgehen, und den schon wankenden Glauben an Ihre Aussage zu erhalten.

Dies sind schwere, sehr schwere Verbrechen, Herr
Utschneider! So handelt kein Mann von Ehre, von Gewissen, kein Freund der Gerechtigkeit, kein wahrer Feind des
Lasters. So handeln die Verworfensten aller Menschen.
Solche Taten werden in Ländern, wo die Macht der Gesetze aufrecht steht, und der Leidenschaft der Menschen
nicht dienen und fronen muss, sehr scharf geahndet. Ein
solcher Gräuel kann unmöglich für alle Zeiten verborgen
und ungestraft bleiben. Früher oder später muss sich alles
entwickeln. Der mit Unrecht Gedrückte hat noch allezeit
seinen Rächer, so wie der Verfolger seine Schande und
Strafe gefunden. Uns kann das wenig nützen, ob Sie Ihren
Lohn früher oder später oder gar nicht erhalten. Wir rechnen auch gar nicht darauf; denn wir wissen, wie hart ein
Privatmann darankomme, seine Fehler zu gestehen, und
wir machen daraus den Schluss auf ganze Regierungen
und Fürsten. Leben Sie also immerhin in dem Taumel Ihres Glücks, steigen Sie unsertwegen von einer Stufe zur
andern: uns werden Sie dadurch nicht fürchterlicher,
denn Sie haben uns bereits getan, was in Ihrer Macht war.
Wir wollen aus der Ferne die Zuschauer machen, wie Sie,

frech durch den bisherigen Erfolg, immer unternehmender werden, und jedem, der Ihrem grenzenlosen Ehrgeiz im Wege steht, auf gleiche Art mitspielen, bis endlich Ihre Unterstützungen nach und nach weichen, Ihre Feinde sich sammeln, auf Schwächen lauern, und den günstigen Zeitpunkt abwarten, um mit vereinigter Macht über Sie hereinzustürmen, und auf eine traurige und belehrende Art Ihre Herrschaft zu beschließen. Also von uns haben Sie wenig zu befürchten: aber fremde Hände werden uns rächen, indem Sie nicht unsre, sondern eigene Unbilden zurücktreiben. Aber das konnte uns nicht gleichgültig sein, was unser Zeitalter, was die Nachwelt von uns denkt. Darum ist diese Apologie erschienen. Alles, was Sie in solcher lesen, würden wir nicht im öffentlichen Druck, sondern vor den öffentlichen Gerichtsstühlen vorgetragen haben, wenn sie uns nicht verschlossen wären. Öffnen sich diese wieder, so wie sie jedem Missetäter offenstehen; kann man sich dereinst wieder kaltblütige Untersuchung Ihrer Anklage versprechen; und wollen Sie sodann hin unter die Augen der Gesetze treten, und Ihre Anklage behaupten: so hören Sie, was ich sage: Ihr vormaliger Lehrer, Weishaupt, erbietet sich, mit Ihnen zu erscheinen, und die Beweise Ihrer abenteuerlichen Innzichten zu vernehmen, und sodann die Gegenbeweise zu führen. Er glaubt dieses der guten Sache, sich selbst, und seinen wegen seiner verunglückten Freunden schuldig zu sein. Er wird sodann, wenn's nötig ist, seinen Schwur gegen den Ihrigen stellen; er wird zu dem Gott, zu dem Sie fälschlich geschworen, nicht in einem Winkel, sondern, wenn's sein soll, vor den Augen einer ganzen Welt, rufen, und ihn zum Zeugen auffordern, dass Sie ein falscher Ankläger und Verleumder sind. Aber diese Beteuerungen werden überflüssig sein, denn es fehlt nicht an andern Beweisen **aller Art,** die allen Zweifel benehmen, wenn die hier angeführten zu schwach sind. – Ich denke, Sie besinnen sich. Erforschen

Sie sich genau, wie weit Ihre Rechtsgründe reichen. Glauben Sie nicht, dass es bloße Drohung sei, die Sie vielleicht dadurch zurücktreiben können, wenn Sie die Aufforderung dem Schein nach annehmen, in der Hoffnung, der Gegenteil werde nicht erscheinen. Es ist lang und wohlüberlegter, abgenötigter Entschluss. Es liegt zu viel daran, dass diese Kabale von Grund aus entdeckt werde. Also rufen Sie lieber:

Noctem peccatis & fraudibus obiice Nubem!

Anhang.

Noch vor gänzlicher Vollendung des Abdrucks dieser gegenwärtigen Apologie kommt mir eine neue Utschneiderische Verteidigungsschrift unter dem Namen: **Große Absichten der Illuminaten etc.** zu Gesicht. Sie enthält einen elenden Commentarius über den in dem Schreiben an Utschneider abgedruckten kleinern Illuminatengrad. Ich habe so wenig im Sinn, diese Schrift zu widerlegen, dass ich sie vielmehr als die fünfte Beilage zu meiner Apologie betrachte, aus welcher der Leser am besten beurteilen kann, was ich von der Konsequenzenmacherei dieser Leute schon oben angeführt habe. Ich wünsche den Illuminaten Glück zu solchen Gegnern. Sie bleibt aber unbeantwortet, so wie alles Übrige, was noch nachfolgen könnte, um dem Schreiben in einer Sache einmal ein Ende zu machen, die, wie ich glaube, nunmehro so dargestellt ist, dass der Leser entscheiden kann. Denn beide Teile haben sich erklärt, und die Urteile hören nunmehro auf, einseitig zu sein. Der Leser vergleiche also, und entscheide. Auf diese Art, wie Utschneider hier zu Werke geht, soll es mir ein Leichtes sein, aus verschiedenen Stellen des neuen Testaments zu beweisen, dass selbst unser Weltheiland mit nichts geringerm umgegangen, als, unter dem Schein einer neuen Religion, eine Universalmonarchie auf Erden einzuführen. Verlangt der Leser diese Probe, so stehe ich zu Befehl. Weiter lasse ich mich nicht ein, um Wiederholungen zu vermeiden, außer es würden wichtige *Nova* an den Tag gebracht; und dann spreche ich lieber vor Gericht. Hat aber Herr Utschneider & Konsorten noch ferner Luft, solche Apologien für die Illuminaten zu schreiben, und sich selbst aufzudecken: so muss und kann

ich ihm versichern, dass wir nichts so sehr wünschen; und
er soll das Vorrecht haben, künftig das Wort ganz allein
zu führen. Und nun

Ite domum saturae, venit Hesperus, ite capellae.

Beilage A.

An den
Herrn Abbé
Cosandey

Mansisses melius Coeciliane domi.

Sie geben in Ihrem **Nachtrag zu der Schrift: Große Absichten etc.** meinem Abtritt von der Universität zu Ingolstadt die gehässigste Wendung; Sie schieben mir Gründe unter, an die ich nie dachte; Sie behaupten sogar, (und diese Behauptung charakterisiert Sie zum Leben, und lässt auf Ihre ganze übrige Gedenkungsart und Wahrheitsliebe schließen) dieser mein Abtritt, meine ganze Verfolgung sei eine von den Obern der Illuminaten veranstaltete Kabale gewesen, um den Faden aller Untersuchung gegen die Illuminaten, auf diese Art mit einem mal abzuschneiden, wenn sie mich aus einem Lande entfernten, in welchem diese Untersuchung bevorstünde. Sie fordern mich sogar auf, in balden mich über diese Beschuldigung zu rechtfertigen und **bescheidene** so wohl, als **befriedigende** Aufschlüsse über diese Sache zu geben. Ich säume keinen Augenblick; und hier sehen Sie meine Erklärung. Ich tue noch mehr, ich suche in der Note[21] auch über andere Gegenstände Ihrer Schrift einiges Licht zu verbreiten.

Also, **meine Selbstentweichung scheint manchem bloß ein mit Absicht gesuchter und für mich rühmlicher Vorwand zu sein, Bayern zu verlassen, die Systemskette abzubrechen, und dadurch die weitere Untersuchung des Illuminatismus unmöglich zu machen.** Nun will ich Ihnen sagen, dass die Leute, bei denen Sie diese Vermutung erweckt, meine Gedenkungsart, die Grundsätze, nach welchen ich lebe, offenbar gar nicht kennen. Es müssen Leute sein, die in dem Glauben stehen, alle Menschen müssten, ihrer Denkungsart zufolge, sich um des lieben Brods und Unterhalts willen, Misshandlungen aller Art, jede Demütigung, jedes Unrecht, und jede Willkür der Mächtigern ohne Widerrede gefallen lassen. Es müssen Leute sein, die sich bewusst sind, dass es ihnen zum zweiten Mal schwer gelingen sollte, wenn sie sich neuerdings, und zwar durch reellere Wege auf den Posten hinaufschwingen sollten, den sie wirklich bekleiden. Es müssen Leute sein, die viel hoffen, und eben darum viel zu befürchten haben; Leute die keine höhern Gründe ihrer Sittlichkeit kennen, Leute, die nach dem Wink eines jeden von dem sie abhängen, lieben oder hassen, lachen oder weinen, suchen oder verabscheuen. Von dieser Klasse der Menschen bin ich nicht. Ich hoffe wenig und fürchte noch weniger; ich bin von den frühesten Jahren meines Lebens mit dem Unglück vertraut. In dieser Schule habe ich mich gebildet; ihr verdanke ich die gegenwärtige Entwicklung meines Geistes, die richtige Schätzung der Güter, und die Grundsätze, die mich über die widrigsten Unfälle noch allezeit erhoben, und in sehr bittern Kämpfen meinen Geist aufrechterhalten. Ich hänge an keinem Glück, an keinem Gut in der Welt so ausschließend, dass mich etwas bereden könnte, es auf Unkosten meiner Rechtschaffenheit und Tugend fernerhin zu besitzen. Einer Sache, die ich einmal als wahr und gut erkannt, hänge ich ewig an, verlasse sie auch dann nicht, wenn alles sie verlässt; weil hier Größe, dort Schwäche und Feigheit ist; weil ich überzeugt bin, dass Tugend sowohl als Wahrheit, solche dauerhafte Freunde in einem Zeitalter nötig haben, wo der Eigennutz und Privatvorteil das Betragen der meisten bestimmen. Ich weiß, dass dieser Weg auf keine Art derjenige sei, eine glänzende Rolle zu spielen. Ich weiß, dass solche Menschen mit dieser Denkungsart, gehasst, verlacht und verfolgt werden, und finde es auch sehr natürlich. Ich weiß endlich, dass man einem solchen Betragen zu allen Zeiten entgegengestellt, dass der Schaden davon gewiss, die Früchte aber sehr zweifelhaft oder äußerst gering seien. Ich bin aber auch im Gegenteil lebhaft überzeugt, dass ein solches Betragen in Unglücksfällen und bei ähnlichen Aufforderungen, nie ohne gute und reichhaltige Folgen sei; dass es eben nicht notwendig seihe, dass die Früchte davon unmittelbar sich äußern; dass solche Handlungen oft erst in den entferntesten Zeiten ihre Wirkung hervorbringen, so wie die großen Taten der Alten nach Jahrtausenden nicht unterlassen, auf die Denkungsart edler Jünglinge zu wirken und ihren Willen zu bestimmen.

Sie sehen also wohl, Herr Cosandey, dass Sie ein großes und schweres Stück Arbeit vor sich haben, wenn Sie mich bekehren oder erschrecken wollen. Sie werden ohne Zweifel nicht unterlassen, mich als einen gefährlichen Schwärmer darzustellen, mich, der ich mich außer solchen entscheidenden Gelegenheiten und Aufforderungen in den ordentlichen Grenzen erhalte; Sie werden nicht unterlassen, mich einen Heuchler und Großsprecher zu nennen. Gegen ersters verteidigt mich mein ganzes Leben; gegen letzteres sprechen meine Handlungen und mein Betragen in den Umständen, in welchen ich lebe. Es hängt von Ihnen ab, ob Sie diese Versuche fortzusetzen und mich noch fernerhin zu prüfen gedenken. Sie, samt den Ihrigen, haben mich um meine Stelle gebracht. Sie haben sich damit nicht befriedigt, Sie haben auch durch widrige und gehässige Nachrichten meine Ehre im In- und Ausland gekränkt; Sie haben alles angewandt, um mein Andenken bei meinen Freunden zu vertilgen. Ihr Anhang hat mir mehr als einmal Selbstentleibung zur Last gelegt. Sie haben mich dienstlos und in der äußersten Armut beschrieben, weil Sie es wünschen: und Sie glaubten mich dadurch zu schänden. – Lassen Sie das wahr sein: könnte es mir wahre Schande bringen, dass mich Ihre Verleumdungen so weit gebracht? Hätte ich Schande davon, wenn kein Fürst von Deutschland einen Mann verlangt und aufnimmt, der um der Ehrlichkeit willen verfolgt wird? Hätt ich dadurch verloren, dass ich mich in diese

Lage finden kann, ohne meine Grundsätze zu verläugnen? – Noch ist der Fall nicht, dass ich in Armut lebe. Mangelt mir aber dereinst, wie alles sehr möglich ist, samt meiner Familie der Unterhalt: so werde ich mich dessen auf keine Art schämen oder meine dürftigen Umstände verbergen. Ich selbst werde es anzeigen, mich ohne Scheu in öffentlichen Blättern und Journalen zur Hülfe ausstellen, und dadurch allen, die nach mir ein gleiches erfahren, einen neuen Weg eröffnen und ebnen, um sich gegen Unterdrückung zu sichern. Ich hoffe sodann doch, es sollen in den philanthropischen, fürstenreichen, und zu 26 Millionen bevölkerten Deutschland sich noch einige Menschenfreunde finden, welche die Pflicht fühlen, in Taten zu zeigen, was sie in Worten unaufhörlich beweisen, und sodann des Jahrs einen Schmaus weniger halten, um eine schuldlose Familie vom Untergang zu retten.

Sehen Sie, Herr Abbé, so denke ich. Ich würde mich selbst von dem Vorwurf der Eitelkeit nicht lossprechen, indem ich Sie und die Welt von meiner Denkungsart unterrichtet, die ihr so gleichgültig sein muss, als mir die Ihrige, wenn Sie mich nicht dazu aufgefordert hätten, dem Publikum die Ursachen meiner Entweichung vorzulegen. Da diese aber größtenteils in diesem Schwung meines Geistes liegen, so konnte ich diesen Umstand nicht vorbeigehen. Sie selbst würden mir edlere Bewegungsgründe zugetraut haben, wenn ich Ihnen vorher von dieser Seite wäre geschildert worden.

Hier sind aber auch noch andere Ursachen, warum ich mein Vaterland verlassen, die zugleich Ihre sehr gehässige Vermutung widerlegen.

1.) Man wollte meinen Einfluss auf die Jugend, die mir sehr anhing, schwächen. Man wollte mich außer alle Wirksamkeit setzen, mich noch vorher lächerlich machen, und zu diesem Ende mit mir eine Komödie spielen.

Ich glaubte mich zu etwas besserm aufbehalten, als das Gelächter meiner Feinde zu werden, und hielt das unter meiner Würde.

2.) In den in meiner Sache ergangenen Reskripten, ward mir aller Rekurs, samt aller weitern Vorstellung an meinen Landesherrn, auf das nachdrücklichste untersagt. Ich sah also deutlich, dass die Gesetze schweigen, wo die Willkür herrscht; dass von den Bedrückungen, die ich schon seit 13 Jahren erfahren, kein Ende abzusehen sei. Ich hielt es also für Pflicht, für meine Ruhe zu sorgen.

3.) Ich hatte gar kein eigenes Vermögen, und wurde auf einmal ohne mein Verschulden aus den leichtfertigsten Ursachen mit meiner ganzen Familie von 1200 Gulden auf 400 herabgesetzt, indes mein Nachfolger, ein Benediktiner, 600 erhalten. Welches Verhältnis zwischen beiden! Dazu sollte ich noch meine Vaterstadt verlassen, meine Mobilien losschlagen, und die Unkosten meiner Versetzung aus eignem bestreiten. Da, dacht ich, ziehe ich besser ins Ausland; was ich an den 400 Gulden entbehre, gewinne ich dadurch an Ruhe.

4.) Welche Freude konnt ich haben, in einem Land zu wohnen, das mich misshandelt und verkennt, meine Dienste für überflüssig erklärt? ohne Sphäre von Wirksamkeit, abgeschnitten von meinen Freunden, unter unaufhörlicher Beobachtung, in ewiger Gefahr, jeden mit dem ich umgehe, in Verdacht und Unglück zu bringen! – Wer geht nicht da lieber als er bleibt?

5.) Ich hatte große Freunde und Gönner im Ausland; ich konnte hoffen, was ich wirklich gefunden. Und ich habe Ursache, vorzüglich die Gnade des erhabenen Fürsten zu rühmen, dem ich nun diene; und ich hoffe, seine Gnade gegen mich soll dereinst bei der Nachwelt ein Stein in seiner Krone sein. Und endlich

6.) ich fand mich verpflichtet, meinem Vaterland das einzige was ich konnte, in meinem Beispiel durch Taten die Lehre zu hinterlassen, dass die Ehre alle Güter aufwäge; dass der Staat seine Pflichten habe, so wie der Untertan seine Rechte.

Und nun zur nähern Untersuchung Ihres Vorgebens, und sodann zur Prüfung Ihrer Gründe.

1.) Weder ich, noch die übrigen Illuminaten hatten Ursache, die ordentlichen Gerichtshöfe zu scheuen. Wir hatten selbst im Jahre 1784, also noch vor meinem Abgang aus Bayern, unsre anonymischen Verleumder in einer eigenen gedruckten Aufforderung unter dem Datum vom 13. Dezember vor diese Gerichtshöfe gerufen, um Ihre Innzichten zu beweisen. Nie kam es dazu. In der Apologie können Sie sogar lesen, dass man es von Ihrer Seite geflissentlich gehindert. Wie können Sie also behaupten, ich hätte durch meine Selbstentweichung die Untersuchung des Illuminatismus vereiteln wollen? – Solche Innzichten und Verdrehungen, die gegen besser Wissen und Gewissen gemacht werden, sind schändlich.

2.) Was hätte ich dabei gewonnen, wie meinen Zweck erreicht, wenn ich Bayern aus dieser Ursache verlassen hätte? Allenthalben sind Obrigkeiten; diese stehen Kraft ihres Amtes in Verbindung, wenn sie aufgerufen werden, und verfolgen die Verbrecher. Wenn ich als ein Vagabund, in geheim, unter einem verborgenen Namen, noch bis diese Stunde unbekannt, mich vielleicht in einen andern Weltteil geflüchtet hätte: dann möchte vielleicht Ihre Vermutung nicht ohne Grund sein. Aber ich bin hier, so zu sagen unter Ihren Augen. Und Sie sagen: ich hätte mich geflüchtet, um der Untersuchung zu entgehen? Noch mehr:

3.) Als ich im vorigen Jahr gegen Ende des Aprils nach Regensburg kam, so war, in den ersten Tagen meiner Ankunft, eine meiner ersten Angelegenheiten, dem Herrn Minister Ihres Hofs aufzuwarten. Seine Exzellenz der Herr Graf von Lerchenfeld können und werden es bezeugen, dass ich Hochdenenselben meine ungeheuchelte Verehrung gegen Seine Kurfürstliche Durchlaucht in Respekt verratenden Ausdrücken geäußert; dass ich Hochdieselben gebeten, Seiner Durchlaucht gelegenheitlich zu berichten, dass ich Höchstdenenselben für alle vormalige Gnade noch auf das lebhafteste danke, dass ich Höchstdero Dienste aus wahrer Notwehr, in der Absicht, um den unaufhörlichen Verleumdungen und Fallstricken der Jesuiten zu entgehen, sehr ungern verlassen, dass ich lebhaft überzeugt sei, Seine Durchlaucht würden sich niemals zu der kurz vorher erfolgten widrigen Behandlung gegen mich entschlossen haben, wenn man Höchstdieselben von der wahren Lage der Sachen gehörig unterrichtet hätte, dass ich nichts so sehr wünsche, als dass er Seiner Durchlaucht gefällig sein möchte, dieser Sache, besonders in Betreff der Maurerei auf den Grund zu sehen, dass ich zu diesem Ende mich erböte, ohne Requisition meines Hofs, auf meine Kosten, mich selbst in München zu stellen, und vor ordentlichem Gericht über jede Beschuldigung mich zu verteidigen. – Das ist doch wahrlich alles, was ich tun konnte. Und noch heute, vor den Augen von ganz Deutschland, wiederhole ich dieses Anerbieten. Kann ich strenge Gerechtigkeit hoffen; kann sich die Regierung entschließen, alle vorhergegangenen null und nichtigen Verhandlungen zu annullieren, und die Untersuchung von neuem nach Inhalt der Gesetze zu resümieren; bin ich gegen Misshandlungen und Nachstellungen gesichert: so säume ich keinen Augenblick und erscheine vor Gericht, erwarte meine Ankläger, und unternehme mit Freuden meine und der Sache Verteidigung. Vor diesem unparteiischen Gericht werde ich sodann ohne Bedenken frei erklären, dass Sie recht haben, Herr Cosandey, dass Sie mich als einen der ersten Illuminaten in Bayern angeben; dass ich es mir zur Ehre gerechnet, Mitglied eines Instituts zu sein, dessen einziges Verbrechen darin besteht, dass es das einzige gewesen, welches den Hang der Menschen nach geheimen Gesellschaften, auf eine für die Wissenschaften und Moralität so vorteilhafte Art benutzt; dass ich es mir zur Ehre rechne, ein Verbrecher zu sein, wenn es ein Verbrechen sein soll, Menschen von Irrwegen zu bewahren, statt ihren Verstand, Herz und Beutel mit Theosophie, Geisterseherei, Kabbala, Alchemie und andern Torheiten zu verblenden und zu missbrauchen. Ich werde erklären, dass, wenn anders die Illuminaten dieser Auswurf der menschlichen Gesellschaft sind, wie sie von Ihnen beschrieben werden, Ich, Ich ganz allein der Verführer, der Betrüger, alle übrigen die Betrogenen seien; dass also ich, und ich ganz allein, die strengste Ahndung der Gesetze verdiene, welcher ich mich gutwillig unterwerfe; dass es mir bei dieser Untersuchung nicht um mich und meine Herstellung, (die ich ohne Torheit und neue Gefahr unter keinen auch noch so veränderten Umständen bei dieser Anzahl meiner Feinde verlangen könnte oder würde) sondern bloß allein um die Rettung und Herstellung meiner durch mich unglücklichen Freunde zu tun sei. – So schreibt und spricht doch wahrlich keiner, der Untersuchung scheut, und in dieser Absicht sein Vaterland verlässt. Schon aus dieser Ursache allein könnte ich die Beantwortung Ihrer Vermutungsgründe gänzlich übergehen: denn Sie beantworten sich nunmehro von selbst, und das hässliche Ihrer Missdeutungen liegt jedermann vor Augen. Aber um anderer Ursachen willen werde ich mich auch dieser Arbeit unterziehen.

„1.) Es ist unbegreiflich, warum Professor Weishaupt, als ein **Menschenkenner** und einer der ersten Illuminaten in Bayern etc.“

(Der Leser wird sich aus den übrigen Schriften eines Cosandey und Utschneiders erinnern, dass in Ihrer Sprache und Hermeneutik ein Menschenkenner so viel als ein **Spion,** und ein Illuminat nichts weniger als ein **abgefeimter Bösewicht** heiße. Cosandey nennt mich also hier, kraft seiner Ihm eigenen Feinheit, einen Spion, und den ersten der abgefeimtesten Spitzbuben in Bayern.)

„Eben damals, als die Illuminatensache schon sehr laut geworden war, mit dem so dringend verlangten Ankauf des *Dictionaire de Bayle,* sich neue Händel ohne Ursach, und *de gayeté de coeur* habe zuziehen wollen.“

Ich denke, alles wird begreiflicher, wenn man sich vorstellt, dass er dieses Buch zu seiner philosophischen Geschichte, die er auf eigenen höchsten Befehl lehren sollte, äußerst notwendig hatte; dass er nicht vorher sehen konnte, dass man aus einer Sache, die in der ganzen Welt kein Verbrechen ist, ein Verbrechen machen würde; dass man um eines solchen Nichtverbrechens willen Gelegenheit nehmen würde, ihn mit seiner ganzen Familie zu einer Zeit brotlos zu machen, wo es Ihrem Vorgeben nach an reellern Gründen gar nicht gemangelt; dass es nicht vorher zu sehen war, dass man diese Sache mit einer andern verbinden würde, mit welcher sie gar keine Verbindung hatte; dass es ihm gänzlich unbekannt war, dass der zu eifrige, aber dabei gutmütige, selbst nur als Werkzeug gebrauchte, und folglich hintergangene *D.* Fröhlich in München auf einmal eine so allbedeutende Rolle spiele; dass dieser, der kurz vorher Jesuiten verfolgt, und von ihnen entgegen verfolgt wurde, nun auf einmal, durch

eine sonderbare Metamorphose von diesen feinen Welt-
männern selbst gebraucht werde, um andere, seine eigenen Freunde, zu unterdrücken. Wenn man weiter be-
denkt, dass er sich in dieser Illuminatensache gar nichts
vorzuwerfen hatte, dass er vielmehr mit allen übrigen
nichts sehnlicher gewünscht, als dass diese Sache doch
einmal zur gerichtlichen Untersuchung kommen möchte:
so wird diese Cosandeyische Unbegreiflichkeit äußerst begreiflich; es erscheint vielmehr, dass er eben dieses, wenn
er den Gang der Sache hätte vorhersehen können, getan
haben würde, um eben diese Sache zur Sprache zu bringen. – Nachdem aber die Sachen diese Wendung genommen: so konnte ich vermuten und habe es auch vermutet,
weil man eine so gute Gelegenheit, mit mir als dem vorgeblichen Chef anzubinden, so ungenützt vorbeigelassen,
dass sage ich, der Regierung gar nicht darum zu tun sei,
der Sache auf den Grund zu sehen. Ich sahe und wurde
gewahr, dass man sich von ihrer Seite mit einer tumultu-
arischen Verdammung begnüge. Dieses Verdammungsurteil habe ich noch bei meinem Dasein wirklich erhalten;
man erklärte meine weitere Dienste als überflüssig. Wozu
war ich also noch weiter nötig?

**„Wenn Gefahr mit diesem Schritt vorhanden
war, wer konnte sie besser, als er, und sein zahlreicher
Anhang vorhersehen?“**

Diese konnte ich nicht vorhersehen, weil diese
Handlung eine in der ganzen übrigen Welt unsträfliche
Handlung ist, ohne die Regierung schon zum Voraus un-
gerechter Handlungen zu beschuldigen. Nachdem ich nun
diese Erfahrung würklich gemacht, so weiß ich nun wohl,
was ich in ähnlichen künftigen Fällen zu vermuten habe.

**„oder wenigstens, nachdem der Schritt gewagt
worden, die Folgen desselben vereiteln können, wenn**

es ihm darum zu tun gewesen wäre, diese Folgen zu vermeiden."

Die Antwort liegt schon zum Teil im obigen. Und am Ende, wie konnte ich denn das verhindern, was ich nicht wusste? Und nachdem ich es wusste, was konnte ich tun, nachdem mir der Rekurs an meinen Landesfürsten ausdrücklich verboten war? Schon aus diesem allein sah ich deutlich, was man wollte, worauf alles hinausging. Es lag am Tag und zeigte sich in der Folge, dass alle Verteidigung umsonst und vergeblich war. – Und **mein Anhang,** wie Sie ihn nennen, was konnte mir dieser helfen? Es ist 1.) falsch, dass er bei Hof jemals einigen Einfluss gehabt, noch weniger aber 2.) um diese Zeit, wo, nach Ihrer eignen obigen Behauptung, **die Illuminatensache schon sehr laut geworden war.** Also, was konnten Leute verhindern, die selbst verdächtig waren, die sich ihrer eignen Haut zu wehren hatten, die ich nie darum anging, weil ich keiner Person, keiner Gunst und Empfehlung, zu keiner Zeit verdanken will, was mir nach offenbaren Rechten gebührt. Unterlässt der Richter seine Pflicht, so mag er es immerhin tun: er tut es auf Unkosten seiner Moralität; ich lege es ihm auf sein Gewissen, und er mag sehen, wie er dabei fährt. Wenn sein Gewissen durch die Sophismen mancher dabei interessierter Pfaffen eingeschläfert, darüber beruhigt wird; wenn diese noch oben drein solche Handlungen als gottesverdienstlich preisen, und dafür den Himmel versichern, um die Herrschaft auf Erden für sich zu erhalten: so verliere ich auch dabei sehr wenig. Ich bin versichert, dass die Zukunft alles entscheiden, und jeden von uns nach seinem Wert behandeln wird.

„2.) Woher entstund doch diese in Bayern so seltene, so befremdende Intoleranz gegen einen Professor auf einer Universität."

Ich nehme Sie beim Wort. Das Verfahren gegen mich war also eine **Intoleranz und eine seltende und befremdende Intoleranz,** im Fall die Wendung ohne Grund ist, die Sie diesem Verfahren durch alle mögliche Verdrehungen gegeben. Und ich glaube, ich habe den Ungrund so ziemlich erwiesen.

„Da doch die persönliche Lesefreiheit im ganzen Land unsers Wissens seit 13 Jahren nicht gekränkt wurde.“

Just 13 Jahre habe ich auf der Universität zu Ingolstadt, und ich glaube nicht zu ihrem Nachteil, gelehrt. Und eben diese 13 ganze Jahre hindurch wurde ich von den Jesuiten unaufhörlich verleumdet und verfolgt, und war mehr als einmal, besonders Anno 1777 unter der Direktion des Herrn Ober-Lands-Regierungsrat von Lippert in Gefahr, meine Stelle zu verlieren. Das musste auch so sein. Denn im Jahre 1773 gleich nach Aufhebung des Jesuitenordens, wurde ich Ordinarius der Juristenfakultät, und erhielt die Kanzel des geistlichen Rechts, die vorher 90 Jahre hindurch ein Eigentum und Monopolium der Jesuiten gewesen. 2 Jahre darauf erhielt ich den Auftrag, über **Feders praktische Philosophie,** nebst dem Kirchenrecht Vorlesungen zu halten. Dadurch wurde ich der natürliche Gegner und Antipode der Jesuitischen, und besonders der so berufenen Stattlerischen Theologie und Philosophie. So lange meine Stunden so fleißig und häufig besucht wurden: so war es den Jesuiten unmöglich, die Schüler ganz an sich zu reißen, und ihre Lehre zur herrschenden in Bayern zu machen; und das wollten sie doch. Noch im Jahr 1781 wurde ich durch meine praktische Philosophie in die bekannte Whielische Fehde zu Baden verflochten, und ich war genötigt, um mich von der von den Jesuiten und dem Vikariat in Eichstädt gegen mich geschmiedeten Kabale loszumachen, meinem Lehrstuhl der praktischen Philosophie freiwillig zu entsagen. Zu keiner Zeit, Herr Cosandey, als nach Aufhebung des Jesuitenordens, war es so gefährlich, auf dieser Universität eine Lehrstelle zu versehen, die sich mit den Absichten dieser unersättlichen und unruhigen Gesellschaft nicht am besten vertragen wollte. Es war ein ewiger Wechsel von Professoren, ein unaufhörliches Kämpfen und Ringen nach Macht, von Fallen und Steigen der einen oder der andern Partei. Nun höre ich, sei es ruhig, denn sie haben, was sie wollen; und wäre der Schritt nicht mit einemmahl zu auffallend, die Jesuiten hätten längst wieder alle Lehrstühle in Händen. Aber auch dafür werden Zeit und günstige Umstände noch sorgen.

„3.) War seine sogenannte Verfolgung nicht vielleicht das offiziöse Werk seiner eignen Brüder aus einer Hauptabtheilung des Ordens? hat man vielleicht auch hier durch ein vorher abgemachtes Spielgefecht die Regierung und das Publikum getäuscht?"

Hier treiben Sie doch wahrlich die Frechheit Ihrer Behauptungen, den unverschämtesten und dabei dummsten Verdrehungsgeist und Sophisterei auf den äußersten Grad. Hier wird es mir sauer, die Mäßigung zu erhalten,

difficile est satyram non scribere:

und ich hoffe, der Leser wird mirs nachsehen, wenn mich mein Eifer in etwas dahin reißt. – Zehn Folianten, wenn ich meine Zeit damit verderben und sie gegen Sie schreiben wollte, wären nicht im Stande, Sie auf diese Art in Ihrer Hässlichkeit darzustellen, und den Leser zu überzeugen, wie Sie allenfalls, nach dieser Probe zu urteilen, auch in den übrigen Fällen möchten zu Werk gegangen sein. Sie ersparen mir dadurch viele Mühe, und in so ferne wünsche ich, dass Sie noch recht viel in dieser Sache gegen uns schreiben möchten, um das zu beweisen, was mir niemals so gut gelingen würde. Aber dem Bayerischen Ministerium erweisen Sie dabei sehr wenig Ehre. Wie schwach wird solches von Ihnen hier dargestellt. Es erscheint nicht viel besser, als ein Kind, mit dem jeder sein Spiel treiben, das man zu allen Gattungen und Arten von Schwachheiten und Ungerechtigkeiten bereden kann. **Die Obern der Illuminaten aus einer gewissen Klasse** des Ordens, haben also diese meine **sogenannte Verfolgung selbst veranstaltet?** sind vielleicht auch noch am Ende gar die Verfasser von dem gegen mich gesprochenen sonderbaren Urteil? Vielleicht war auch der Herr geheime Rat Häußler selbst ein Illuminat, der den Prozess gegen Meggenhofen mit Fleiß verdorben, und auf eine so sonderbare Art instruiert, damit die Illuminaten, im In- und Ausland sich dadurch schönmachen, rechtfertigen und die Regierung verschreien könnten? Vielleicht, untersuchen Sie sich ja genau! habe ich selbst Sie samt den Ihrigen eingeführt, damit ich aus der Verborgenheit, in welcher ich bisher gelebt, hervortreten, und dem Publikum auf einer guten Seite bekannt werden möchte? Vielleicht müssen Sie noch eine Reise nach dem Mond machen, um Ihren vollständigen Verstand zu erhalten, den Sie durch die überfeinen Täuschungen der so arglistigen Illuminaten verloren. Und was glauben Sie, dass Sie sodann nach Ihrer Rückkehr sehen werden? Dass Sie ein abscheulicher Mensch sind, dass Sie sich durch solche elende Verdrehungen und Ausflüchte, auch dort allen Glauben entziehen, wo Sie ihn mit besserm Recht verdienen; dass Sie eine Apologie für die Partei geschrieben, die Sie verschreien wollten, und folglich ein Pasquill und eine Anklage gegen sich selbst. Schämen Sie sich. Sehen Sie einmal, wie weit Sie durch Ihre böse Sache und Ihre Verleumdungssucht getrieben werden. Um doch etwas zu Ihrem Behuf zu sagen, um die Illuminaten zu verschreien, beschreiben Sie die Münchner Regierung als ein Kind, und sich selbst schildern Sie als

einen Narren, der vier volle Jahre hindurch den Verstand
verloren hatte, bis endlich den wütenden Roland, ich
wollte sagen, den Ritter Utschneider, sein Hippogryph in
Ingolstadt abgeworfen, wo er sodann durch die Kontusion
an seinem Kopf seinen und Ihren Verstand auf einmal gefunden und mit sich nach München geführt. Soll ich Ihnen
raten, so allegieren Sie in Schriften weniger englisch, und
schreiben Sie lieber bessere Apologien; und wenn Sie das
noch nicht können, so messen Sie vorher Ihre Kräfte, ehe
Sie auf dem Kampfplatz erscheinen.

**„Wer sind seine Angeber? wer die ersten und ei-
gentlichsten Urheber des ganzen sonderbaren und un-
begreiflichen Auftritts?"**

Hier haben wir aber mahl die Erklärung eines Geg-
ners, dass der Auftritt mit mir **ganz sonderbar und unbegreiflich** war. Er glaubt selbst nicht, dass eine Regierung
einen solchen Auftritt veranlassen könne; dazu scheinen
ihm andere Triebfedern mitgewirkt zu haben. Der Leser
hat sie oben gelesen.

Sie wissen also im vollen Ernst nicht, wer mein An-
geber war? Armer Mann! Sie haben uns Beweise gegeben,
dass Sie sogar dort ganz unerhörte Dinge sehen und fin-
den, wo kein anderer etwas sehen oder entdecken kann.
Wie kommt's, dass Sie also hier auf einmal nicht wissen,
was alle Welt weiß? So lesen Sie also, um diese Lücke Ihres
Kopfs zu füllen, das erste Stück des **Journals von und für
Deutschland** 1785. Dort werden Sie lesen, wie meine alten
Gegner, und unter diesen der Herr *Vicarius generalis*,
Seine Hochfürstlichen Gnaden, den Herrn Fürstbischof
von Eichstädt, diesen sonst so gnädigen Gönner meiner
Anverwandten gemissbraucht, und den Herrn *P.* Frölich,
Benediktiner von St. Emeran, in Höchstdero Namen mit
einem Kreditiv versehen und nach München geschickt,

um dort über die Religionsgefahr auf der Universität zu Ingolstadt zu klagen, **wovon er die besondern Umstände anführen und mit den glaubwürdigsten Zeugnissen belegen würde.** Wie in München selbst schon alles auf diese Klage vorbereitet war; wie sehr sich die Jesuiten samt ihrem Anhang gefreut, dass sie einen andern gefunden, der statt ihrer auftritt, ihre zum Ekel und durch sie verdächtig gewordenen Klagen neuerdings aufwärmt und auf seine Rechnung nimmt, und sich statt ihrer an die Spitze stellen will, um ihr Spiel zu decken; mit welcher Sehnsucht man diese fromme Maschine erwartet, um an die lang projektierte und in geheim vorbereitete Ausführung Hand anzulegen; wie der gute Frölich in Triumph bei Hof aufgeführt wurde, und die Ehre Gottes zu befördern glaubte, indem er nichts weiter als das Spiel der Jesuiten war, die über seine Einfalt lachten: dies alles und noch ungleich mehr werden Sie, der in *loco* gegenwärtig war, wenn es Ihnen anders Ihre Absichten erlauben, näher erklären können.

„4.) Warum weigerte er sich, eine ansehnliche Pension, wenigst bis auf Erhaltung eines Diensts im Ausland anzunehmen?"

Eine ansehnliche Pension? von 400 Gulden für einen Mann mit Frau und Kindern? der seinen Aufenthalt verändern sollte? der vorher 1200 Gulden reinen Dienstertrag hatte? diese ohne alle Schuld verliert? das heißen Sie eine ansehnliche Pension? Wie groß mögen wohl Ihre Einkünfte sein? und Sie sind dabei ein Mann ohne Familie! und sind mit Ihrem Gehalt nicht zufrieden! und lassen sich unaufhörlich um eine bessere und einträglichere Stelle empfehlen! und können 400 Gulden eine ansehnliche Pension nennen? eine Pension, die mir unter den erniedrigendesten Bedingungen zugestanden wurde? – Schämen Sie sich in ihre Seele.

Warum verschmähte er die Gnade seines Landesherrn?

Gnade seines Landesherrn? – Dienstentsetzung, Verlust von 800 Gulden Ortverweisung, Verbot von Verteidigung, Verurteilung zu einem öffentlichen Glaubensbekenntnis, aus der Ursache, weil ich Baylens Dictionnaire für die Bibliothek haben wollte: das nennen Sie Gnade? Und Strafe? was verstehen Sie wohl unter diesem Namen?

„Warum wollte er lieber sich und seine unschuldige Familie brotlos machen?"

Dies habe ich Ihnen zum Teil schon oben erklärt; ich will aber noch, weil Sie es verlangen, einige, und bestimmtere Zusätze machen. Weil er einmal nach so langem kämpfen für seine Ruhe sorgen wollte; weil er sahe, dass die Gerechtigkeit in Bayern nicht zu Hause sei; dass ein Komplott böser Menschen ohne alle Ahndung der Gesetze sich gegen jeden ehrlichen Mann ohne Scheu, stolz auf ihre Macht und Unterstützung die ärgsten Misshandlungen erlaube; dass er bei jedem vernünftig denkenden mehr Ehre davon habe, wenn's sein soll, die schlechteste Kost zu genießen, und in äußerster Dürftigkeit zu leben, als eine unzulängliche und noch oben darein willkürliche Pension zu verzehren, unter eine unverdiente Zuchtrute sich zu schmiegen, oder seine Pflicht zu verläugnen, und vor Menschen zu kriechen, deren Handlungen ihm und jedem andern unbefangenen Zuschauer den lebhaftesten Abscheu erwecken; weil er durchaus nicht von Jesuiten und ihrem Anhang abhängen wollte; weil er zeigen wollte, dass es noch Menschen gebe, gegen welche die vereinigte Jesuitische Bosheit mit allen ihren Anfällen nichts vermag; weil er beweisen wollte, dass schuldlose Armut, verursacht durch Willkür und unverschuldete Unterdrückung, in aller ihrer Niedrigkeit mehr wahre innerliche

Ehre gewähre, von größerm Adel der Seele und innrer Würde zeuge, als die glänzendsten, durch eigne Niederträchtigkeit, Ungerechtigkeit oder Blindheit der übrigen erworbenen Güter und Stellen.

Hier haben Sie nun, Ihrem Auftrag und Aufforderung zu Folge, **bald, bescheiden** und **befriedigend** Aufschluss. Sie hätten besser getan, wenn Sie mich in Ruhe gelassen hätten; aber mir scheint es, der Handel ist gesucht; Sie suchen Gelegenheit, an mich zu kommen und sich mit mir zu messen. Sie wollten mich durchaus im offenen Feld haben. Hier stehe ich. Aus der Art, wie ich Sie hier abgefertigt, mögen Sie vorhersehen, was Sie auf fernere Angriffe zu erwarten haben. Zu meiner so wohl, als unser aller Rechtfertigung wünsche ich, dass Sie durch meine Zurücktreibung Ihres Angriffs den Mut noch nicht verloren haben, dass Sie noch oft und noch recht viel schreiben und mir dadurch Gelegenheit verschaffen mögen, dieses schöne Spiel Ihrer Politik, nebst der Hässlichkeit Ihres Charakters immer näher zu entwickeln; denn ich habe noch mancherlei auf dem Herzen, und wir wollen sehen, wer den andern ermüdet. Aber geschickter müssen Sie sich verteidigen, Ihre Behauptungen strenger beweisen, nicht mehr von den unbekannten Obern in Bayern sprechen, denn diese habe ich nun in meiner Note namhaft gemacht. Nun liegt Ihnen ob zu beweisen: obenbenannte 20 Mitglieder sind Atheisten, Epikureer, Materialisten, Landesverräter, Fürstenmörder, Sodomiten, Aktenveruntreuer, Justizschänder, Meuchelmörder. Nun müssen Sie speziell auf die Personen und ihre Handlungen gehen, oder ich antworte nicht weiter.

Regensburg den 19. Juli 1786.

Adam Weishaupt,
Herzoglich Sachsengothaischer Hofrat.

Beilage B.

Vorschlag und Plan eines historischen Museums für Bayern und angrenzende Gegenden, den Mitfreunden vaterländischer Aufklärung als Anfrage und Einladung freundschaftlichst vorgelegt.

Ex sumo dare lucem.

Es ist wahrscheinlich bereits lange wärmster Wunsch Aller, denen Aufklärung des Vaterlandes, zumal historische, als die Quelle jeder andern, einigermaßen am Herzen liegt, dass bei der Menge Licht verbreitender Zeitschriften, auch unter **uns** eine Schrift entstehen möchte, die **zunächst** und vornehmlich für **unsere Landsleute** interessant, den Bedürfnissen **unsers** Vaterlandes angemessen, für **uns** vorzugsweise unterhaltend und geistweckend wäre; eine Schrift, die für **uns Bayern** so ziemlich das würde, was Schlözers Staatsanzeigen, das deutsche Museum, und Wekhrlins Chronologen für **Deutschland** wirklich sind.

Eine solche Schrift ließe sich, gründlichstem Vermuten nach, **in** und **für** unser Vaterland bearbeiten, und ließe sich durch Niemand besser, zweckmäßiger, vollkommener, als eben durch **unsre** vereinigte Bemühungen bearbeiten. Hier ist ein **Vorschlag** als **Anfrage** um Beifall und Gegenerinnerungen, oder vielmehr ein **Plan** als freundschaftliche **Einladung** zu einer gemeinschaftlichen Teilnehmung daran. Denn mehrere einsichtsvolle Kenner und Freunde jeder Aufklärung haben ihn bereits gebilliget, und sich zur Ausführung davon vereinigt.

Dieser **Vorschlag** und dieser **Plan** entstand beiläufig folgendermaßen.

Einmal, wer eine Nation wie unsrige, welche durch gute Nationalschriftsteller noch allzu wenig gebildet, zu Geistesbeschäftigung so ungern sich erhebt, und beinahe für nichts, was außer der Spanne ihres Gesichtskreises liegt, viel Aufmerksamkeit bezeigt, gleichwohl durch eine Schrift unterhalten und aufzuklären versuchen wollte; dieser, sieht man bald, müsste einen Inhalt ausfindig machen, der sehr allgemeinfasslich, für sich schon auch ungebildeten Lesern interessant, und dem größten Teile davon nahe genug läge, um dessen Beachtung anzuziehen. Was ist nun allgemeinfasslicher als Geschichte? Was für die meisten Leser anziehender als **Vaterlandsgeschichte,** als Geschichte ihres Wohnplatzes, ihrer Sitten und Gewohnheiten, ihres eigenen ehmaligen und itzigen Zustandes? Was für eine Schrift dürfte sich allgemeinere Aufnahme versprechen? –

Und **alsdann** ist unsre Vaterlandsgeschichte zu diesen beiden Zwecken, **Unterhaltung** und **Aufklärung,** noch zurzeit, beinahe so gut als gar nicht gebraucht. Denn

Erstens ist sie von mehreren Seiten, noch zurzeit, elend oder gar nicht angebaut, in mannigfaltiger Rücksicht *terra incognita.* Was waren das meistens für Leute, die sie bisher bearbeitet haben? Wundersüchtige Mönche, steife genealogisierende Rechtsgelehrte, oder geistlose Kompilatoren, nirgends Statistiker, Schöngeister, Philosophen. Wie viele für eigentliche Nationalgeschichte wichtige Urkunden, Aktenstücke, historische Fragmente aller Art liegen noch unter uns begraben? Wie viel Interessantes für den Statistiker, Justizmann, Ökonomen, Politiker, philosophischen Geschichtsforscher ist noch ungedruckt und unbekannt? Was für ein Reichtum noch überall an unbemerkten Merkwürdigkeiten?

Zweitens ist das bereits Gedruckte und Bekannte noch gar nicht zum **Vergnügen** und genießbaren **Unterricht** des Publikums benützt. Wie vieles Bekannte ließe sich mit voltaischem und schlözerschem Geiste von einer neuen Seite zeigen, in ein vorteilhafters Licht stellen, verschönern? Wie vieles bloß durch lebhafteres Colorit, eine bessere Stellung der Teile, eine glückliche Verbindung kleiner, bisher unbeachteter Nebenumstände höchst interessant machen? Welche Wirkung dürfte nur Zusammenrückung so mancher nun zerstreuten Züge zu dem Gemälde ebenderselben Begebenheit, ebendesselben Zeitraums tun? Eine sinnreiche Vergleichung, eine unerwartete Wendung, welches Interesse müsste sie der bekanntesten Erzählung geben? In dieser Rücksicht ist bei uns noch beinahe nichts getan, eine weite Laufbahn zu schriftstellerischen Verdiensten stehet noch offen.

Also **Vaterlandsgeschichte** – und diese eines Teils mit noch **ungedruckten,** in Archiven der Fürsten, Stände, Familien, Stifter, Städte, in den Registraturen der Ämter und Gerichtsstellen, in den Händen und Bücherschränken einzelner Besitzer begrabenen, schon bloß durch Neuheit anzüglichen **Materialien** bereichert; andern Teils von ihren **bekannten** Seiten **verschönert** und gemeinnütziger gemacht.

Dabei käm' es auf geschickte **Auswahl** und geschmackvolle **Behandlung** an. Eines wäre so wichtig wie das andere. Dann schon einzig durch geistreiche Behandlung des bereits Vorhandenen ließe sich allenfalls eine beifallswürdige Schrift veranstalten. Also kömmt auf diese ungemein viel an. Wenn man durch Geschichte sehr allgemein, zumal bei einem wenig gebildeten Publikum gefallen und nützen will, so ist dazu die Manier der **Voltaires, Abbts, Schlözers, Mösers** zuverlässig geschickter, und ohne Vergleich mehr wert, als die ängstliche Genauigkeit der Chronisten und Skriptorumssammler.

Gelänge **Auswahl** und **Behandlung**, schloss man weiter, so könnte, aller Wahrscheinlichkeit nach, **unsre Schrift** – wir nennen sie indes, **historisches Museum,** und glauben übrigens, dass auf den Namen wenig ankomme – in mannigfaltiger Rücksicht dem Publikum sich empfehlen, interessant und wichtigmachen.

Erstens als angenehme **historische Lektüre.** Noch mangelt uns ein Lesebuch der **Vaterlandsgeschichte.** Was wir besitzen, sind entweder trockene Zahlen- und Namenregister, geistlose Kompendien, oder schwerfällige Folianten. Zu einem lehrreichen und unterhaltenden Lesebuch fürs Publikum ist unsre Geschichte noch nicht bearbeitet. Könnten und sollten wir nicht einmal versuchen, diesem Mangel abzuhelfen – wenigst zu veranlassen, dass dieses künftig eher und leichter geschähe? Zum Beispiele. Wir sammelten die denkwürdigen Reden, Taten und Denkarten unsrer **Voreltern,** und erzählten sie in **Valerius Maximus** oder in **Klopstocks** noch interessanterer Manier.[f] Eine solche Sammlung in solchem Geschmack besitzen wir noch nicht. **Ein** Gegenstand angenehmer Lektüre. Ferner

Teilten wir dem Publikum mit, gute Beschreibungen ehmaliger Sitten und Gebräuche, seltsamer Gewohnheiten und Verfassungen; stellten wir auf, so manches interessante Gemälde aus alter Zeit, dem häuslichen Leben und Zustande unserer Vorfahren; zögen wir hervor, so manche Merkwürdigkeit in Absicht auf das Land, das wir bewohnen, und die Nation, wovon wir Glieder sind. Ein **anderer** Gegenstand interessanter Lektüre, die uns mangelt. Sollten wir uns selbst nicht ungleich merkwürdiger sein, als uns die Amerikaner und Chineser sind? –

Die **Gegenstände** unsrer **Schrift** lassen sich noch näher auseinandersetzen. Es wären nämlich **genaue** bisher wenig **bekannte Nachrichten,** und **geschmackvolle**

---

[f] Man sehe dessen Republik der Gelehrten.

bisher wenig bearbeitete **Beschreibungen** und **Erzählungen,** betreffend

A) Schwere Zeiten, Kriegsläufe, Teurungen, Epidemien, große Unglücke, und Bedrängnisse, deren Veranlassungen, Nebenumstände, politische und moralische Folgen.

B) Denkwürdige Veränderungen des Landes und Bodens, der Seen, Flüsse, Waldungen, deren Beschaffenheit, Fruchtbarkeit, Kultur, Benützung, geographische und statistische Merkwürdigkeiten.

C) Die Lokalgeschichte so mancher einzelner Orte und Gegenden, deren ehmaliger und itziger Bevölkerung, Handwerke, Nahrungsquellen, Reichtümer, Aufnahme, oder Herabkommen, Schicksale und Verbindungen.

D) Hochzeit- und Sterbegebräuche, Wallfahrten, Wunder, Andachten, Volksspiele und Volkslieder, Moden, Erfindungen, Titulaturen.

E) Denkwürdige Begebenheiten auf Anhöhen, bei Flüssen, in Tälern geschehen, zumal wovon noch Denkmäler vorhanden sind.

F) Das häusliche Leben, die Familiendenkart, Handlungs- und Erziehungsweise unserer Voreltern, unserer Fürsten, Edeln und Bürger, Bischöfe, Prälaten, Mönche, und Geistlichen jedes Berufs.

G) Seltsame oder wodurch immer interessante Ritter-Räuber-Mord-Kloster-Ammen-und Heiligen-Geschichten, ehmals geglaubte Gespenstermärchen, Aberglauben jeder Art.

H) Beispiele des Verstands, der Einfalt, Aufrichtigkeit, Herzhaftigkeit, Klugheit, Großmut, Erfindsamkeit, Häuslichkeit, Treue, Weiberliebe, Politik, der herrschenden Tugenden und Laster unserer Voreltern.

I) Tausend Merkwürdigkeiten, die man nicht alle herzählen mag, und die samt und sonders, so unbedeutend sie scheinen, gleichwohl zum **vollständigen Gemälde** eines **Zeitraums,** einer **Begebenheit,** des Charakters einer Nation ihrer großen Männer, als ebenso viele einzelne Züge gehören. Denn ist nicht jeder auch unbedeutendste Umstand Farbe der Zeit, Abdruck des herrschenden Geistes, Wirkung oder Ursache, freilich nur für den, welcher Augen hat zu sehen?

Einmal also könnte sich eine Schrift, bei einer geschmackvollen Bearbeitung[22] dieser Gegenstände als **historische Blumenlese** dem Publikum überhaupt empfehlen, aber auch insonderheit dem denkenden und gelehrten Publikum.

Zweitens als **Materialiensammlung** zur Erweiterung, Berichtigung, Aufklärung einzelner Fächer des denkenden Lebens, und zum Behuf der Männer, die darin zu arbeiten Beruf entweder bereits haben oder suchen.

Zum Beispiele. Dem **Statistiker** würden wir einen höchst wichtigen Dienst erweisen, wenn wir von der ehmaligen und itzigen Volksmenge, deren Auf- und Abnahme, und den Ursachen davon, vom Zustande des Landes, seinen natürlichen Anlagen und Reichtümern, von Handelsunternehmungen, bürgerlichen Gewerben, Commerz, deren Entstehen, Blühen und Verfall, von dem Ackerbau, dem Steigen und Fallen des Gelds, von Zünften, Polizeianstalten, der Gewerbsamkeit einzelner Städte und Flecken – von Tausend der wichtigsten Dinge, wovon sich so manche unserer Räte und Beamten kaum traumen lassen, teils ungedruckte und unbekannte Nachrichten aus dem Dunkel hervorzögen, teils bereits bekannte berichtigten und erweiterten. **Statistik,** dieser ganz unentbehrliche Zweig der Staatswissenschaften, ist unter uns bis itzo wenig bekannt, und noch weniger angebaut. Ruhm und zuverlässiges Verdienst uns, wenn wir nur glücklich genug wären, derselben wenigst bei jungen Köpfen Eingang und Liebe zu verschaffen.

Dem denkenden und undenkenden **Justizmann** würden wir ungezweifelt Aufmerksamkeit abnötigen, wenn wir so viel möglich detaillierte, mit Einsicht bearbeitete Geschichte manches einzelnen vaterländischen Gesetzes und Herkommens, der Veranlassungen, der Ausübung, Abänderungen des Geistes und der Folgen davon; wenn wir ihm von der Justizpflege in verschiedenen Zeiträumen, von Belohnungen und Strafen, sonderbaren Prozeduren, deren Wirkungen und Zusammenhange mit dem Geiste der Zeit; von Gesetzgebern und Gesetzbüchern; von so manchen Justizmorden und Justizentehrungen, die Unwissenheit, Aberglaube, Eigennutz, Übermacht der Gewalt, kurz: Mangel an Philosophie veranlasset oder veranstaltet hat; aktenmäßige Nachrichten vorlegten. Welcher Dienst würde der heiligen Justiz erwiesen, wenn ihre Priester auf diese Weise, nicht durch missverständliche Räsonnements, sondern durch Tatsachen und Beispiele auf die Wichtigkeit ihres Amtes, und den Umfang ihrer Pflichten aufmerksam gemacht würden! Welches Verdienst schon, wenn wir dadurch nur bei den Kandidaten der Justiz handwerkmäßiges Studium der Rechte zu verscheuhen, und philosophischeres zu empfehlen hoffen könnten![23]

Einen höchst wichtigen Dienst würden wir endlich erweisen der vaterländischen **Kirchen-Erziehungs-** und **Schulengeschichte** – der **Natur-Künstler-Handwerke-** und **Gelehrtengeschichte** – der deutschen **Sprachkunde** und allen Zweigen historischer Untersuchung, die zu Quellen philosophischer Aufklärungen dienen können. Wer sieht nicht, dass hierüber noch gar vieles hervorzuziehen und zu bearbeiten übrig sei?

Sollt' es wohl **drittens** ein allzu stolzer Gedanke sein, vorausgesetzt, dass die Schrift in den beiden vorigen Rücksichten nicht misslänge, zu glauben, sie könnte allgemach ein allgemeines **Magazin** vaterländischer Geschichte, eine Art **Archives** werden, wohin **historische** dahin gehörige Bruchstücke aller Art niedergelegt und aufbewahrt würden? Zuverlässig liegen dergleichen in den Händen sehr vieler einzelner Besitzer zerstreut, die nur vergraben bleiben, weil Niemand darnach frägt, weil die Besitzer keinen Gebrauch davon zu machen wissen, weil es unvollendete, abgerissene, oder nur wenige Stücke sind. Sollte wohl der Gedanke, **ein historisches Comtoir** zu errichten um diese zu sammeln, unsern Landsleuten zu kühn, oder zu arrogant scheinen?

Viertens endlich könnte unsre Schrift für die Bildung eines künftigen **Geschichtschreibers** der Nation von wichtigem Einflusse sein. Dieser bedarf erstens mannigfaltiger und brauchbarer Materialien, zweitens guter Muster[24]. Wäre es nicht rühmliche, wär' es sogar schwere Unternehmung, demselben in beiden Stücken vorzuarbeiten? Uns dünkt, nein. Darauf also gründet sich gegenwärtiger **Vorschlag,** oder wenn man will, **Plan,** dass alles historische Materiale interessant, und vielleicht von allem das beste sei, dass dieses umso interessanter sei, je näher es uns selbst betreffe, dass unsre Gegenden gerade daran teils unbekannten, teils unbenützten Überfluss enthalten, dass es endlich der Mühe wert, und den vereinigten Bemühungen Mehrerer nicht schwer sei, diesen Überfluss gemeinnützig zu machen.

Sind jene Voraussetzungen ungegründet, verwickelt, übertrieben? Sind diese Erwartungen zu groß, unerfüllbar? Wir glauben, keines von beiden. Wenigst sind wir gewiss, wenn sich nicht gleich das Vollkommenste liefern lässt, so lasse sich doch ohnfehlbar etwas sehr Gutes liefern.

Man denke hinzu, dass unsre Schrift vornehmlich die Geschichte vergangener Zeit zum Gegenstand habe. Folglich begegnet sie erstens Schlözers und anderer Zeitschriften nicht. Sie darf zweitens, weniger Widersprüche befürchten, und Freimütigkeit kömmt dabei weniger ins Gedränge.

Gibt es endlich ein näheres und fruchtbareres Vehikel, allerlei nützliche Aufklärung, ohne es zu scheinen, ins Publikum zu bringen? –

Nun noch etwas über den **Titel** und die **Ausführung** insbesondere.

Es heißt historisches Museum für **Bayern und angrenzende Gegenden.** Dieses deswegen, weil man die Schrift für einen weitern Kreis interessant machen möchte, und weil man aus Tirol und Schwaben, vornehmlich aber aus den Bistümern Augsburg, Eichstädt, Regensburg, Passau, Freising und Salzburg Beiträge zu erhalten wünscht, und Hoffnung dazu hat.

Die Schrift soll in kleinen Bändchen zu etwas mehr als einem halben Alphabete erscheinen. Das Jahr sollen deren drei oder vier folgen, nachdem das Publikum sie zu erwarten scheint, und wir dieser Erwartung zu entsprechen uns im Stande befinden.

Am Anfange jedes Bändchens sollen sich eine oder mehrere Abhandlungen, eigene Aufsätze befinden, und die Schrift also keine bloße Sammlung sein.

Endlich glaubt man dem Ganzen vorteilhaft zu sein, dass die Mitarbeiter sich selbst nicht alle einander

kennen. Wer unbekannt zu bleiben hoffen darf, kann frei-
mütiger sein.

Man wird auch dieses Format, und diese Lettern,
wenn nicht besondere Umstände eine Änderung fodern,
beibehalten.

Beilage C.

Dieser kurze Aufsatz enthält nicht die Geschichte der Verfolgung der Freimaurer-Illuminaten in Bayern, er ist bloß eine glatte, geschwind hingeworfene Erzählung der letzten Inquisition, die in München vor sich gegangen, und die den Sturz von verschiedenen in Ansehen gestandenen Männern vorher ankündigte. Ich sage **vorher ankündigte,** weil ich nicht sagen konnte, **nach sich zog,** denn aus der Behandlung und letzten erfolgten Resolutionen konnte man deutlich genug ersehen, dass Mönchen-Despotismus, Jesuiten- und Rosenkreuzer-Rache schon im Voraus ihre Opfer auserlesen hatten, die auf dem Altar der Dummheit und Bosheit geschlachtet werden sollten.

Schuldig oder unschuldig muss der und der fallen; jener oder dieser ist mit uns nicht einer Meinung, folglich aus dem Weg mit ihm; ein dritter und vierter besitzt ein ansehnliches Amt, folglich gestürzt muss er werden. – So beschloss man im Voraus, und so geschah es.

Gegen Ende Juli dieses Jahrs fing hier die Inquisition gegen die Freimaurer an: der Herr Generalleutnant und Inhaber des Löblichen Leibregiments von Belderbusch, der plötzlich ein Todfeind der Freimaurer-Illuminaten, aus Ursachen, die die Zeit entdecken wird, geworden war, ließ erst beim Leibregiment mündlich durch den Herrn Oberst Grafen von Minuzi allen Offizieren ankündigen, dass alle diejenige, welche Freimaurer wären, sich bei Herrn Inhaber melden sollten, widrigenfalls er für böse Folgen nicht stehen könnte.

Gleich darauf erging an alle Regimenter ein gleichlautender Befehl. Dieser ist in etwas verschieden von dem

Reskript, so unterm 16. August an alle Dikasterien ergangen, und dann in die Münchner Zeitung eingedruckt worden.

Unterdessen, nach vorhergegangener Zitation, wurden den 19ten des nämlichen Monats der kurfürstlichen Hof- Kommerzien- und Bücherzensurrat Graf von Savioli, der kurfürstliche Kämmerer und Hofkammerrat Marquis von Costanza, und der Kanonikus von Hertel vernommen.

Der Hofkammer- Hofkommerzien- und Bücherzensurrat von Zwack ward auch zitiert, weil er aber abwesend auf Kommission sich befand, so konnte er nicht erscheinen.

Die sogenannte geheime Kommission bestand aus dem Herrn Geheimen Rat und Kriegskanzleidirektor von Heusler, dem obern Landesregierungsrat Wilhelmseder, und geheimen Sekretär Schneider als Aktuarius. Die Vernehmung nahm den Anfang mit der Verlesung eines gnädigsten Reskripts, ohngefehr des Inhalts: dass, nachdem Seine kurfürstliche Durchlaucht in Erfahrung gebracht haben, dass Höchst Dero Kämmerer und Hofrat Graf von Savioli Archivarius, Höchst Dero Kämmerer Graf von Costanza, geheimer Sekretär, Fiskal von Zwack, Siegelbewahrer, und Kanonikus von Hertel Schatzmeister bei der **Illuminatensekte** gewesen, so wollen Höchdieselbe erstere 3 so lang suspendieren, und dem letzten seinen Benefizialgenuss gesperrt haben, bis ein jeder, was er vermög seinem Amte in Handen hat, extradiert haben wird; und nachdem Seine kurfürstliche Durchlaucht zuverlässig wissen, dass nach dem Verbot, ohnerachtet der gedruckten Äußerung der Loge Theodor vom guten Rat, Aufnahme vorgenommen, Zusammenkünfte und *Conventi-*

culn gehalten worden, und noch gehalten werden; so sollen *Constituti* sagen, wo diese gehalten, wer aufgenommen worden, wer dabei gewesen, mit was für Logen im In- und Ausland korrespondiert, was die Beiträge im Geld ausgemacht haben, wer weiters die beim vom Donner erschlagenen Priester Lanz gefundene, in Abschrift hier liegende Instruktion demselben gegeben, und endlich aus was für Ursachen vor etlichen Jahren der Graf Costanza nach Berlin gereist, und von dort aus so geschwind hinweg gemusst?

Hier folgen die ins Kurze gezogene Aussagen der Konstituten.

Aussage des Grafen von Savioli.

zu 1.) Ich war Archivarius von der Loge, und hatte das kleine Archiv derselben in der Hand: nach dem zweiten Verbot aber, nachdem wir mündlich und schriftlich, durch ein Anlangen, welches ich hier *ad acta* lege, Seiner kurfürstlichen Durchlaucht angeboten hatten, alle unsere Schriften und Grade, Höchstdenenselben zur Einsicht zu behändigen, unser Anerbieten aber nicht angenommen ward, so verbrannte ich alle in Handen habende Schriften, um mich im Fall einer Hausvisitation aus dem Verdacht einer Fortsetzung der maurerischen Arbeiten zu setzen: ich kann nicht geben, was ich nicht mehr habe; ich hoffe also, dass die verhängte Suspension keinen Platz weiter greifen wird.

Übrigens muss ich demütigst vorstellen, dass mir sehr schwer fällt *inauditus* schon voraus gestraft zu werden, um desto mehr, als Seine kurfürstliche Durchlaucht mir durch Seine Exzellenz Herrn Minister Grafen von Seinsheim hat schriftlich versichern lassen[25], dass für ist von mir gar nicht die Rede wäre, und dass ich gewiss unangehört nicht gestraft werden sollte. Hier lege ich *ad acta* diesen Brief. *(Lit. b.)*

zu 2.) Nach dem kurfürstlichen Verbot gegen die Freimaurer und Illuminaten, weiß ich von dieser Gesellschaft nichts mehr. Hier lege ich bei einen Brief von meinem ehemaligen Obern Marquis von Costanza, in welchem er mir meldete, dass der Orden in Bayern gänzlich aufgehört, und mir befahl, meine Untergebene zu entlassen. Was die Kassa anbelangt, habe ich mich niemal hiemit abgegeben.

zu 3.) Die Instruktion ist ohne mein Wissen von Grafen Costanza dem Priester Lanz gegeben worden, und es geschah, wie jener mich versicherte, schon im Frühling des 1784. Jahrs.

zu 4.) Herr Graf von Costanza, welchen dieses angeht, wird am besten darüber Auskundschaft geben können[g].

Aussage des Marquis von Costanza.

zu 1.) Ich war nie geheimer Sekretär bei der hiesigen Freimaurer-Illuminaten Loge Theodor vom guten Rat. Ich korrespondierte zwar mit etlichen Brüdern, deren Briefe ich aber samt den in Händen gehabten Graden, nach dem kurfürstlichen Verbot, um mich von dem Verdacht der Fortsetzung der Arbeit zu sichern, verbrannt habe. Ich unterwerfe mich, zu Bekräftigung dessen, einer Hausvisitation. Nur eine einzige Abschrift von einem Befehl der Oberen habe ich noch, die ich ungesäumt einliefern werde. Ich kann nicht geben, was ich nicht habe, und

---

[g] Der Graf von Savioli übergab noch den nämlichen Tag die wenigen Schriften, die Maurerei betreffend, die er in Handen hatte, und die aus etlichen von ihm verfertigten Reden bestunden.

was ich schon lang verbrannte, und hoffe von der Gerechtigkeitsliebe Seiner kurfürstlichen Durchlaucht dass Höchstdieselbe die verhängte Suspension aufheben werden. Übrigens bin ich bereit, über alles das, worüber man mich befragen wird, treue Auskundschaft zu geben.

zu 2.) Als ich Anno 1777 Freimaurer ward, schwur ich, der Religion, in welcher ich geboren, meinem Fürsten, und den guten Sitten getreu zu bleiben, ich hatte folglich doppelte Pflicht, dem gnädigsten Befehl zu gehorchen, als Maurer, und als Untertan.

Nach dem kurfürstlichen Verbot gegen Freimaurer und Illuminaten, ist keine Versammlung gehalten, und keine Aufnahme vorgenommen worden.

Wenn einer mir sagen und ins Gesicht behaupten kann, mich nach dem oben gedachten Verbot von Monat März in einer Versammlung, *Conventicul*, oder dergleichen geschen zu haben, oder dass ich eine Aufnahm vorgenommen, dann mögen Seine kurfürstlichen Durchlaucht mich strafen, wie Sie immer wollen.

Nach dem ersten und bestimmten Verbot gegen geheime Gesellschaften von Monat Juni verflossenen Jahrs, haben etliche Mitglieder freiwillig ihren monatlichen Beitrag zu 1 Gulde bis Ende Dezember *am. praet.* fortgegeben, und das Geld zu guten Werken verwendet. Ich weiß die Namen der Armen nimmer, die das Geld erhalten, nur ein gewisser Lang von Pfaffenhofen fällt mir bei, der mit diesem Geld unterstützt worden. Übrigens weiß ich, dass bei der Loge nur diejenige ihre monatliche Beiträge bezahlt haben, deren häusliche Umstände es erlaubten.

Korrespondiert hat man nach dem Verbot mit keinem Menschen. Im Monat August ohngefehr vorigen Jahrs, schrieb unsere Loge derjenigen der vereinigten

Freunde in Paris, um uns für die gute dem Bruder Falkera erwiesene Aufnahme zu bedanken.

zu 3.) Die Instruktion *(lit. a)* habe ich mit eigener Hand geschrieben, und aus eigenem Antrieb verfasst, und dem Priester Lanz im Anfang des 1784. Jahres behändiget, just in der Zeit, als die Verfolgung gegen Freimaurer angefangen hatte, und die Prediger auf der Kanzel gegen dieselbe losdonnerten, folglich schon vor dem Verbot, als er, wie es leicht zu erfragen ist, nach Schlesien eine Reise vorzunehmen im Sinne hatte; Warum diese Reise selbiger Zeit hinter blieben, weiß ich nicht. Sollte ich aber mich wegen dem Mutwillen des Verstorbenen, der diese Instruktion nach dem Verbot mit sich nahm, verantworten, so werde ich sagen, dass in dieser nichts vorkömmt, wodurch man mich der mindesten Übertretung des kurfürstlichen Befehls beschuldigen könnte.

zu 4.) Ich ward Anno 1777 in Mannheim aufgenommen. Nachdem man mich zum Meistergrad befördert hatte, sagte man mir, dass es in der Maurerei verschiedene Systeme gebe, und dass jenes dieser Loge das sogenannte französische System seihe. Ich erhielt in diesem verschiedene Grade, wenn man Grade einen Wust von Unsinn und Albernheiten nennen kann, die weder das Herz bessern, noch den Verstand erleuchten. Ich ward nach und nach in diesem kindischen System durchgeführt, und fand – – Nichts.

Darauf kam ich nach München, und aufgemuntert vom jungen Grafen von Seefeld, Grafen Savioli, Fiskal von Zwack, fing ich wieder in einer neu errichteten Loge unter dem Vorsitz des kurfürstlichen Rats und Burgpflegers Radl zu arbeiten an.

Diese neue Loge ward auf mein Ansuchen von der Loge, Königliche York in Berlin, konstituiert, bei welcher wir uns verpflichtet hatten, eine Kopfsteuer von 3 Gulden *(un ecu d'or)* für jedes Mitglied zu bezahlen. Unterdessen vermehrte sich unsere Loge, verschiedene Mitglieder anderer hier existierenden Logen ließen sich einverleiben, unter andern der alte Graf Törring Seefeld, der dann als Direktor des geheimen Kapitels gewählt wurde.

Dieses geheime Kapitel, unter dem Vorsitz des belobten Grafen von Törring Seefeld sah, dass die Loge Theodor vom guten Rat ein System angenommen hatte, das viel Geld aus dem Land schleppte, und zu nichts führte. Ich schrieb darüber an die Mutterloge, welche Maurerische Kenntnisse versprach, und einen Deputierten nach Berlin dafür begehrte.

Das geheime Kapitel willigte darin ein, um desto mehr, da es schlechterdings verlangte, dass kein Geld mehr aus dem Land geschickt werden sollte, und gab mir den Befehl dahin zu reisen, die versprochene Maurerische Kenntnisse mir mittheilen zu lassen, und mit der Mutterloge einen Kontrakt zu schlüssen, durch welchen die unsrige keines, oder sehr wenig Geld dahin zu schicken verbunden wäre.

Dessen zu Folge verfügte ich mich dahin, nachdem ich vorhero **der Loge von Berlin von den erhaltenen Aufträgen** Nachricht gegeben hatte. Kaum war ich aber zu Berlin, so erhielt ich den Königlichen Befehl, Berlin zu verlassen. Dir Ursache weiß ich selbst nicht, sie mag aber wohl die gewesen sein, dass die Loge von Berlin selbst nicht gern eine jährliche beträchtliche Einkunft, die sie von der unsrigen zog, verlieren wollte, und dass sie selbst diesen Befehl bewirkte.

Der König selbst in dem Brief, den Höchstdieselbe
zur Rückantwort an den Herrn Grafen von Seefeld schrieben, gab keine Ursache an, und sagte, dass dieses meiner
Ehre auf keine Weise nachtheilig sein sollte.

Diesen königlichen Brief hat der Herr Graf von Törring Seefeld noch in Handen, und kann von ihm begehrt
werden[26].

Aussage des Herrn Kanonikus von Hertel

zu 1.) Ich habe den Kassarest von der Freimaurer-
Illuminaten Loge von dem ersten Verbot aller geheimen
Gesellschaften an, bis zu dem zweiten Mandat gegen die
Freimaurer und Illuminaten in Handen gehabt, ich hätte
solchen samt den letzten zwoen Rechnungen ohne An-
stand extradiert, wenn selber abgefodert worden wäre.

Da aber im zweiten Mandat von der Konfiskation
die Rede war, und bei einer Verräterei oder Entdeckung,
auch meine Barschaft in Gefahr stand, mit konfisziert zu
werden, so habe ich an den Hofrat von Weißhaupt geschrieben, und ihn, weil er zuvor ein Provinzoberer war,
um Rat gefragt, was ich mit dem Kassareste anfangen
sollte. Und als dieser mir zur Antwort gab, dass ich solchen nur ihm zuschicken sollte, so habe ich das Geld, welches in beiläufig 275 Gulden bestand, nebst den letzten
Rechnungen den 20. März dem Ingolstädter Boten aufge-
geben. Da ich aber nicht sicher war, ob der Hofrat von
Weißhaupt in Ingolstadt sich befände, so machte ich über
das Paquet noch ein Couvert, und adressierte dasselbe an
Herrn Stadtoberrichter von Fischer.

Was die vorigen Rechnungen betrifft, sind solche
alle Jahre in dem geheimen Kapitel abgelegt, justifiziert,
von den gegenwärtigen Kapitularen unterschrieben, und
zum Archiv hinterlegt worden.

Das geheime Kapitel bestand aus einem Direktor und 8 Kapitularen, nämlich: Direktor Titular Exzellenz Graf von Törring Seefeld Hofkammerpräsident, Professor Bader, Graf Savioli, Freiherr von Montjellas, Revisionsrat von Berger, Revisionsrat von Werner, Marquis von Costanza, Hofrat Zwack und Kanonikus Hertel.

Die Manualien habe ich, um mich von allen maurerischen Schriften zu entledigen, und allen Verdacht bei einer Untersuchung zu vermeiden, als wenn ich noch einen Antheil nehmen wollte, verbrannt, indem ich auch auf alle Fälle, durch die beim Archiv hinterlegten Rechnungen, und durch das Zeugnis sämtlicher Kapitularen, meines treu und ordentlich geführten Amtes wegen hinlänglich gesichert zu sein glauben konnte.

Um das Archiv und die Korrespondenz habe ich mich nicht angenommen, da mir mein Amt so viel zu tun machte, dass ich keinem andern einen Eingriff tat. Ich kann also von beiden keine Auskunft geben etc.

zu 2.) (Die nämliche Antwort, wie die 2 vorigen.)

zu 3.) Ich weiß nicht von wem die Instruktion sei; aus dem ersten Artikel aber zu schlüssen; so ist sie vom Grafen Costanza, weil er der einzige gewesen ist bei uns, der sich mit dem Forstwesen abgegeben hat.

zu 4.) Der Graf Costanza war nach Berlin geschickt, um die versprochene sogenannte maurerische Kenntnisse sich erteilen zu lassen, und um einen Kontrakt mit ermeldter Loge zu schlüssen, kraft welchem wir Independent wären, und kein Geld mehr nach Berlin schicken dürften.

Die Ursache seiner geschwinden Abreise, ist ein königlicher Befehl, den die königliche Loge York deswegen ausgewirket, weil sie keine echte maurerische Kenntnisse zu geben hatte, und Geld vom Ausland ziehen wollte.

Da, wie gesagt, den 21. August *a. c.* das kurfürstliche Reskript Beilage *B.* in allen Dikasterien publiziert, und in der Zeitung eingedruckt war, so unterließen nicht sowohl die Konstituti, als alle übrige Mitglieder den gefoderten Revers auszustellen, und zu übergeben. *(lit. c.)*

Fast alle waren sehr einfach aufgesetzt, jeder aber versicherte, dass seit dem Verbot vom März, er vom Orden gänzlich ausgetreten seie.

Ohngeachtet Seine kurfürstliche Durchlaucht in genanntem Reskript das Fürstliche Wort, jeden Fehltritt zu verzeihen, gegeben hatten, so wurde doch die Inquisition fortgesetzt, und zwar gegen den Herrn Kanonikus von Hertel.

Die 2 oben genannte Kommissarien, die das Verfahren nicht billigen konnten, wussten dieses verhasste Geschäft von Ihnen wegzuschieben. Es wurde folglich eine neue Hofratskommission niedergesetzt, welche aus dem Herrn Hofrat Engel, und Hofrat Stock bestand.

Vor dieser ward der Herr Kanonikus von Hertel den 10. September vorgerufen, und wurde ihm die auf seine vorige Verantwortung erfolgte, und an kurfürstliche Hofrat erlassene Resolution bekannt gemacht: diese lautet ohngefehr so:

Wie sich der Kanonikus Hertel als Schatzmeister der Illuminatensekte wegen der abgefoderten Rechnung und Kassa bei der geheimen Kommission geäußert habe, gibt der Protokollextrakt zu ersehen.

Da Seine kurfürstliche Durchlaucht aber mit dieser Aussage sich nicht begnügen können, sondern die Manualien und Rechnungen selbst einsehen, und spezifize wissen wollen, worin die Einnahm und Ausgab der so sträflich angemaßten Kollekte bestanden sei, welche keine geringe Summe bei so vielen Kontribuenten ausgemacht haben muss, auch wer kontribuiert, oder davon partizipiert habe: so hat der kurfürstliche Hofrat den Schatzmeister vorzurufen, ihn zur getreu und unrückhaltigen Rechnungsextradition anzuhalten, und seine Benefizialeinkünften alsogleich zu sperren, dann dem Ordinariat Freising zur Nachricht *Copiam* mitzuteilen.

Nach Publizierung dieses Reskripts, wiederholte *Constitutus*, das, was er bei einer geheimen Hofkommission bereits geäußert hatte, dass er bereit seihe, mit Seiner kurfürstlichen Durchlaucht Erlaubnis entweder den Hofrat Weißhaupt zu ersuchen, dass dieser ihm zu seiner Legitimation die überschickten Rechnungen zurück senden mögte, oder ein beiläufiges Verzeichnis der Einnahmen und Ausgabenen bei der Freimaurer-Illuminatenloge, wovon er der Hofrats Kommission gleich eine Übersicht machte, zu entwerfen, in der Hoffnung, dass Seine kurfürstliche Durchlaucht sich mit diesem umso mehr begnügen werden, als er dermalen nichts anders tun kann, und Seine kurfürstliche Durchlaucht Sich noch gnädigst werden erinnern können, dass die ehemalige Loge zu Anfang dieses Jahrs durch den Grafen von Seeau Höchst Dero Person alle Schriften, bei welchen auch die Rechnungen gewesen wären, selbst zur Einsicht angeboten hat, um das Höchstdieselbe seiner ihm ohnehin schon gekränkten Ehre schonen, und indessen mit dem schimpflichen Arrest seiner Benefizialeinkünfte, und mit der Kommunikation an das Ordinariat Freisingen umso eher inhalten mögten, da die Hertlische Stiftung noch kein Benefizium ist, sondern deren Genuss ihm *vi Testamenti* seines Oheims, des vorletzt verstorbenen hiesigen Stiftdechants und geistlichen Ratsdirektors, Lebenslänglich zugefallen ist.

Graf Savioli, und Marquis von Costanza, deren Suspensionen fortdauerten, und nimmermehr vernommen wurden, überreichten beede Seiner kurfürstliche Durchlaucht ein Anlangen, das des ersten ist *sub Lit. d.* des letztern aber *sub Lit. e.* zu finden. Unbefangene Leser mögen darüber urteilen.

Auf die letzte Verantwortung des Herrn Kanonikus von Hertel, erfolgte diese Resolution[h], welche ihm den 17. September 1785 publiziert, dem Grafen Savioli und Costanza, aber den 16. September schriftlich bedeutet worden ist, dass nach dem gnädigsten Reskript von der höchsten Stelle, so an den kurfürstlichen Hofrat ergangen, die schon resolvierte Suspension gegen Sie *ex officio* erfolget sei; des zu Folge sollen Sie alle in Handen habenden Akten zu den einschlagenden Registraturen einsenden.

Bei der Gelegenheit der Publikation übergab der Herr Kanonikus von Hertel ein beiläufiges Verzeichnis der Einnahmen und Ausgaben mit dem Beisatz: Meiner letzthin abgegebenen Äußerung gemäß, (sagte er) will ich Eurer kurfürstlichen Durchlaucht höchsten Händen an mit ein beiläufiges Verzeichnis der Einnahmen und Ausgaben bei der ehemaligen Illuminaten-Freimaurerloge Theodor vom guten Rat in München, von Juni 1782 bis Juni 1784 überreichen.

---

[h] Nämlich, dass der kurfürstliche Hofrat sich von den leeren Ausreden und Entschuldigungen des Kanonikus Hertel nicht abhalten lassen solle, und mit der Sperre des Beneficii fortfahren.

Sollten Euer kurfürstliche Durchlaucht aus diesem nur beiläufigen Verzeichnisse sich noch nicht überzeigen können, wie ungegründet die Angabe seihe, dass die Freimaurer-Illuminaten, weiß nicht wie viel Geld beisammen gehabt hätten, so wünschte ich, dass Euer kurfürstlichen Durchlaucht auch die Schatzmeister oder Obere der übrigen Freimaurerlogen, welche hier existieret haben, oder vielleicht noch existieren, ebenfalls vernehmen lassen mögten, wo es sich sodann aufklären würde, wie wenig die Freimaurer auf Geld und Schätze sammlen.

Die reformierte Freimaurerloge, welche zwar schon vor 2 oder 3 Jahren aus einander getreten sein solle, war zwar nicht so zahlreich, wie die Illuminatenloge; da sie aber meistens ansehnliche und reiche Mitglieder hatte, welche auch außerordentliche Beiträge gaben, und die Rezeptionstaxen ungleich höher als bei der Illuminatenloge waren, sie zudem auch Beiträge sogar von Damen erhielten: so wird doch wenig in der Kasse geblieben sein.

Die Rosenkreuzer-Freimaurer, welche nebst den gewöhnlichen maurerischen Taxen auch außerordentliche Beiträge zu chemischen Versuchen machten, von welchen ihnen doch nicht alle misslungen haben werden, und da sie mit dem geheimen Handel des sogenannten philosophischen Pulvers, und Tinktur auch was gewinnen müssen, werden doch bei weiten die Kassa nicht haben, welche man vermuten sollte.

Die sogenannte Pägnerloge und noch 3 andere so genannte Winkellogen werden noch weniger anzeigen können. Da doch alle diese Logen die beträchtliche Ausgaben auf Interessen, Hausreparationen etc. wie die Freimaurer-Illuminatenloge nicht haben bestreiten därfen.

So stunden die Sachen, und alle erwarteten entweder fernere gerichtliche Untersuchungen, oder die Aufhebung der Suspension, und die Erkenntnis ihrer Unschuld: als wenig Tage darauf, nämlich den 21. September 3 kurfürstliche Reskripte erschienen, kraft welchen der Graf Savioli und Marquis von Costanza in die Pension gesetzt, welche sie jedoch nicht da hier, sondern in Italien zu genüssen haben sollen, mit dem merklichen Beisatz, dass Seine kurfürstliche Durchlaucht sich dabei versehen, dass diese 2 jederzeit sich so betragen werden, dass die bewilligte Pension auf ihr Leben lang kontinuiert werden möge. Die Pension von Graf Savioli ist 800 Gulden die vom Marquis von Costanza 400 Gulden.

Das 3te Reskript betraf den Herrn Hofkammerrat und Fiskal von Zwack, welcher in die Regierung von Landshut als Regierungsrat mit jährlich 800 Gulden versetzt wurde.

Dieser war nie vernommen worden, hatte das in Handen gehabte Logeninsiegel den Baron von Kreitmayr behändiget, und von diesem *brevi manu* die Erlaubnis erhalten, den Rat, wie vorher zu frequentieren, welches auch geschah bis auf den 16. September an welchem Tag sowohl seine, als des Herrn Grafen von Savioli und Marquis von Costanza beschlossene Suspension publiziert ward.

Dieses war der Ausgang der Inquisition, wenn dieser Name einer Behandlung gegeben werden kann, die ohne die mindeste Probe straft, oder gar ohne zu vernehmen die Ehre und das Glück so viel unschuldigen Leuten, die nichts getan zu haben sich rein wissen, hinweg raubt.

Ich schweige und überlasse es dem Urteile jedes rechtschaffenen Mannes. Ich wollte gern mein Unglück vertragen, wenn mein gnädigster Fürst wenigstens das

Warum der Bestrafung beigesetzt hätte. In allen Reskripten aber, die gegen die obengenannte, dann gegen den Herrn von März, welcher in 2 mal 24 Stunden die Stadt räumen musste, gegen die Schulräte und Pfarrer Socher und Bucher, gegen den Schulrektor Fronhofer, gegen den Schulinspektor Pfarrer Sedlmayr gegen den Schulinspektor Sutor von Burghausen erschienen sind, heißt es nicht anders, als: **Nach- Seine kurfürstliche Durchlaucht beschlossen haben, so wollen Höchstdieselbe etc.** und haben nie eine Ursache anzugeben geruhet.

Litterae a.

1.) Sie werden mich unendlich verbinden, wenn sie auf kaiserliche und preußische Mandaten, Generalien und dergleichen, so in das Forstwesen einschlagen, wie auch auf Forstordnungen, Instruktionen für die Forstmeister, Unterförstner, Holzheu etc. sammeln mögen.

2.) Besuchen sie auf ihrer Reise so viele Logen, als sie nur immer können, gut wäre es zu diesem Ende, wenn sie sich mit einem Maurerischen Zertifikat versehen wollten.

3.) In diesen beobachten sie alles, und merken sie sich alles fleißig auf, und zwar 1) wie die Loge heiße, und in was für einer Stadt? 2) wie sich der Meister vom Steine nenne, die 2 Oberaufseher, und jene Mitglieder, die am meisten Gewicht in der Loge zu haben scheinen? 3) von was für einem System die Loge seihe? 4) wie lang sie arbeite? 5) wie ihre dirigierende Art seihe? 6) was für Grade sie über den Meister Grad gebe? 7) ob sie das Illuminatensystem kenne? 8) was für Begriffe sie von demselben habe? 9) was man von der Verfolgung der Freimaurer in Bayern sage? und wem man die Schuld davon beilege? 10) was man von L. und J. sage? u. d. m.

4.) Es wird sehr gut sein, wenn sie sich keinem Menschen für einen Illuminaten zu erkennen geben, um desto leichter die Gesinnungen der Leute darüber auszuforschen.

Nota.

Der plötzliche Tod des Geistlichen Lanz war das Signal der Inquisition und Verfolgung der Freimaurer-Illuminaten von München.

Ohne zu untersuchen, was diese Instruktion eigentlich in sich enthalte, und wann sie ausgestellt worden, folgert man hieraus, dass die maurerischen Arbeiten fortgesetzt worden.

Hier wurde eine Kommission nach Arting zur Untersuchung der Lanzischen Schriften geschickt; und weil sich das Gerüchte verbreitet hatte, als hätte sich Graf Savioli derselben bemächtiget: so wurde auch darüber (obschon Graf Savioli neben dem geheimen Kanzler wohnte, und man wissen konnte, dass er nicht aus der Stadt kam) genau inquirieret.

Bey dieser Gelegenheit schrieb genannter Graf Savioli dem Herrn Minister, Grafen von Seinsheim, und erhielt den *sub. Lit. b.* angeführten Brief.

Litterae b.

Hochgeborner Graf!

Ich habe über den Inhalt Dero beeden an mich erlassenen Schreiben Seine kurfürstliche Durchlaucht nicht allein umständlich Vortrag gemacht, sondern Höchstdieselbe gaben sich noch über das die Mühe, beede diese selbsten zu durchlesen, und äußerten sich hierauf gegen mich, dass noch zurzeit gegen Euer Hochgeboren nichts klagwürdiges vorgekommen, man auch gegen dieselbe ungehörter niemal vorschreiten werde. Mein wohlmeinender Rat wäre also dieser: Euer Hochgeboren sollten sich ruhig und friedsam halten, in Sachen und dermaligen Vorgängen sich in geringsten nicht einmischen, sohin bedacht sein, dass man ihnen in keiner Sache etwas zu Last legen möge. Ich bin übrigens mit aller Hochachtung

Euer Hochgebornen

Dienstwillig ergebener Diener Johann Seinsheim

Von Haus des 13. August 1785.

Wenn ich Euer Hochgeboren einmal zu sehen die Ehre haben werde; will Ihnen mehr in Sachen sprechen.

Litterae c.

In der Ungewissheit, ob alle, die jemals Freimaurer und Illuminaten gewesen sind, oder nur diejenigen, so noch anhangen sollen, ihre Manifestation und Erklärung abgeben müssen, wage ich es doch, (obwohl ich in gar keiner Verbindung mehr stehe) diese meine untertänigste Erklärung Euer kurfürstlichen Durchlaucht zu Füssen zu legen.

Schon als die Gesellschaft noch existierte, als sie noch durch keinen gnädigsten Befehl unterdrücket war, hinderten mich meine Berufsgeschäfte den Versammlungen beizuwohnen, so, dass mich selbst die damaligen Brüder eines Kaltsinns und einer Nachlässigkeit beschuldigten. Umso mehr können es Eure kurfürstliche Durchlaucht glauben, und ich versichere es bei allem, was heilig ist, dass ich seitdem höchsten Verbote weder eine Loge noch Versammlung gehalten, noch einer derselben beigewohnt, sondern vielmehr alles aufgehoben, und die ehemaligen Mitglieder zur Ruhe und genauesten Befolgung der höchsten Willensmeinung angewiesen habe. Ich kann mich hierin auf das Zeugnis aller vorherigen Freimaurer und Illuminaten berufen.

Auch keine Konventikel habe ich gehalten, keinen beigewohnt. Es ist wahr, wenn ich zu Hause war, kamen immer Leute zu mir, deren Freund oder Arzt ich auch ohne Verbindung war, und bin, da ich meist eine Stunde gebe, die ich zu Hause zu bringen zu können glaube, so könnte sein, dass diejenigen, die meines Rats, oder meiner Hülfe zu bedürfen glauben, und die mich so besuchen wollen, folglich Leute von verschiedenen Stande, manchmal weniger, manchmal mehr zusammentrafen; das wird man wohl kein Konventikel nennen? – Aber erst nach dem höchsten Befehl andere zum Eintritt in den Orden verleiten, anzuwerben, oder Kontributionen einzutreiben, da bin ich zu sehr ehrlicher Mann, als dass ich den höchsten Verordnungen widerstreben sollte.

Auch an Engagierung bei auswärtigen Logen habe ich nie gedacht, werde nie daran denken. Auf meiner ganzen Reise (obwohl ich damals von diesem sich auch dahin erstreckenden Befehl nichts wusste) habe ich keinem Konventikel, keiner Versammlung, keiner Loge beigewohnt, um mit meiner gewohnten Geradheit, mit ruhigem Gewissen, mit einer öffentlichen Aufforderung mich wider Anklagen und Verleumdungen verteidigen und sicher stellen zu können; ich erfahre aber leider! durch tägliche nur ausgestreute Lügen und Gerüchte, dass es keine hinlängliche Schutzwehr wider diese gibt.

Ich submittiere mich also hierin so, wie in allen übrigen Verordnungen gänzlich der gnädigsten höchsten Willensmeinung, und verspreche, wie ich bereits bisher getan, die genaueste Folgeleistung. Bezeuge aber zugleich, dass ich im Orden nichts wider den Staat, wider die Religion, nichts wider die guten Sitten angetroffen habe.

Nur gelangt noch meine untertänigste Bitte an Euer kurfürstliche Durchlaucht nie einem unbekannten und zu verschweigenden Ankläger Gehör zu geben. Die Anschuldigung der abscheulichsten, die Menschheit entehrenden Verbrechen zeigt deutlich, dass die Sprache unsrer Ankläger, Sprache der Leidenschaft ist. Wer es einmal wagt, Leute, die durch Geburt, Stand und Verdienste weit über mich erhoben sind, anonymisch ohne Beweise anzutasten, wer Briefe erdichtet, und als wirklich geschriebene drucken lässt, der ist auch mehr ähnlicher Schlechtigkeiten fähig, vor dem ist nichts sicher. – Es ist hart, wenn man durch 2 Jahre gedruckte und mündliche Ehrabschneidungen, die niederträchtigsten Beschuldigungen statt Tageneuigkeiten, selbst von Kanzeln Verleumdungen unverschuldet aushalten muss, und dieses alles, ohne sich verteidigt zu sehen, ohne zu hoffen, dass man verstellte, anonymische Verleumder auffodert, ausforscht, und wenn sie nicht Beweise liefern, bestraffet.

Ich hoffe, und erwarte daher von der bekannten Güte und Gerechtigkeitsliebe Eurer kurfürstliche Durchlaucht dass nun auch die Ankläger werden verhört, und zum Beweise und Stillschweigen verwiesen werden. Die Ehre, die bei jedem Rechtschaffenen den Wert des Lebens aufwiegt, ist zu sehr angegriffen. Viele, die sich nichts vorzuwerfen haben, sind in den gedruckten 2 Pasquillen zu sehr verleumdet. Ich bin aber auch zu sehr auswärtig bekannt, als dass ich mich in einem so schandvollen Lichte vor der ganzen Welt auf den Pranger gestellt sehen könnte, und dass ich diese **einzige** Gelegenheit nicht benutzen sollte, Euer kurfürstliche Durchlaucht untertänigst um Untersuchung, und wenn ich unschuldig sollte befunden werden, um Genugtuung und Ruhe zu bitten.

Ich empfehle mich zu ferneren höchsten Hulden und Gnaden.

Baader.

Litterae d.

P. P.

Schon den 19. Augustmonats wurde mir ein gnädigstes Reskript verkündiget, kraft welchem ich so lang suspendieret sein sollte, bis ich das Archiv aushändigen, und anzeigen würde, ob seit den gnädigsten Mandaten Versammlungen gehalten wurden. Ich bin also seit dieser Zeit **unangehört verdammt, und dem Publikum als ein Verbrecher dargestellt,** das Dinge von mir ausstreuet, wo schon der Gedanke Schauder erwecket. Wie sehr dies dem Mann von Stande schmerze, der 24 Jahre vor dem Publikum ehrlich erschienen, und die Pflicht des treuen Dieners genau erfüllte, überlasse ich dem gnädigsten Urteile Euer kurfürstliche Durchlaucht – Unschuldig sein, und als Verbrecher erscheinen, ist gewiss die härteste Lage.

In der nach der Suspension abgegebenen Verantwortung erklärte ich, dass ich nur drei Illuminatengrade hätte, und diese nicht das geringste wider die Religion, den Staat und die Sitten enthielten, dass ich nur das untere Loge-Archiv besaß, und aus Mangel der übrigen Grade das obere nicht haben konnte: ich hatte dieses Archiv aus dem Grunde zerrissen, und verbrannt, weil keines von den verkündigten Mandaten die Schriften forderte, weil man sich selbige in einer Bittschrift vorzulegen erbot, und Euer kurfürstliche Durchlaucht selbige nicht annahmen, weil überhaupts diese Schriften nach dem gnädigsten Verbote unnütz waren, und die fernere Beibehaltung als ein Beweis des Ungehorsams erscheinen konnte. Seit der Verkündigung des ersten Mandats war mit meinem Wissen und Willen keine Versammlung gehalten worden, hatten aber andere das Verbot übertreten, so können nur selbige dafür haften. Ich erbot mich zum Beweis meiner Verantwortung, soweit es in meinen Kräften stand; ich berufte mich 1) über die Zernichtung des Archivs, auf das Zeugnis des Hofmeisters meines Sohnes, und erbote mich zum Jurament – Wollte man (wie es heißt) aus meiner Verantwortung einen Widerspruch folgern, weil ich einmal erinnerte, die Schriften wären zerrissen, und das andere mal sie wären verbrannt, so erwidere ich, dass beides geschah, und der vorgeschlagene Zeug beides bestätigen wird – Was ich noch in Handen hatte, wurde der hohen Kommission behändiget, und hierauf wurde der gnädigste Befehl so weit erfüllt, als es in meinen Kräften stand. Dass die zerrissenen Schriften nichts Widriges enthielten, berufte ich mich (2) auf das Zeugnis der Kapitularen, wovon der Präsident Graf von Seefeld Vorstand war. Alles, was in dem Kapitel gehandelt wurde, geschah mit gemeinschaftlicher Einwilligung. Entweder sind wir alle unschuldig, oder alle strafbar; im erstern Falle muss man uns alle lossprechen, im letztern alle gleichbehandeln und bestrafen. Und da Eure kurfürstlichen Durchlaucht nur einige suspendierten, und bei den übrigen sich mit einem Revers begnügten, so ist mein Schicksal das widrigste, weil ich weder einer der höchsten Obern war, noch das ganze System des Ordens kannte. Ich produzierte (3) über die vorgeblich gehaltene Versammlungen, einen Brief des Marquis Costanza, wodurch allen Gliedern nach dem Verbot abgeschrieben wurde, und verlangte, man sollte mir den Ort, die Ankläger, die Zeugen nennen, und dann würde ich mich näher verteidigen, und selbst *probationem negativam* antreten.

Gnädigster Herr! Ich Fürchte keine Untersuchung, stehe mit meinem Kopfe dafür, dass ich unschuldig bin, dass jede Beschuldigung nur Verleumdung meiner Feinde ist; so lang man sie nicht nennt, so lang sie nicht für die

Beschuldigungen haften müssen: so lang wird der Bedrückung ehrlicher Leute kein Ende sein. Da ich aber durch diese meine Verantwortung alles tat, was in meinen Kräften stand, da ich durch Aushändigung der noch gehabten Schriften dem gnädigsten Befehl nach Möglichkeit nachlebte, da ich endlich selbst die nähere Untersuchung wünsche, damit meine Unschuld, und die gegenteilige Verleumdung an den Tag komme: so bitte ich Eure kurfürstliche Durchlaucht gehorsamst, diese Untersuchung schleunigst anzuordnen, indessen aber die Suspension umso mehr aufzuheben, als unter der glorwürdigsten Regierung Euer kurfürstliche Durchlaucht noch Niemand ungehört bestraft wurde, und die Strafe Höchstdero angebornen Gerechtigkeit ganz widerspricht; auf diese baue ich, hoffe die gnädigste Erhörung, und empfehle mich gehorsamst zu höchsten Gnaden.

u. g. Graf Savioli.

Litterae e.

P. P.

Bereits den 19. vorigen Monats ließen mir Euer kurfürstliche Durchlaucht durch eine eigens dazu niedergesetzte Kommission bedeuten, dass ich die Logekorrespondenzen ausliefern, und bis dieses geschehen suspendiert sein solle.

Gnädigster Herr Herr! Mit schuldigstem Gehorsam, und mit pünktlichster Genauigkeit, würde ich keine Minute säumen, Höchstdero gnädigste Befehle in schuldigsten Vollzug zu bringen, wenn es anderst nur möglich, und ich im Stande wäre, die verbrannten Papiere aus ihren Aschen herzustellen. Euer kurfürstliche Durchlaucht erinnern Sich noch allerdings gnädigst, dass wir selbst Höchstdero Person, mittels eines untertänigsten Anlangens dahin anflehten, dass Höchstdieselbe erlauben mögten, alle unsere Papiere zu Höchstgnädigster Einsicht vorlegen zu dürfen, allein wir wurden nicht erhört. Die Freimaurerei wurde aufgehoben, und man sprach von einer Hausvisitation: was konnte ich also bei dieser Lage der Sachen anders tun, als alles dasjenige verbrennen, was mich bei einer allenfalsigen Hausvisitation als einen Verächter des Landesherrlichen Gebots, oder als einen ferneren Anhänger der verbotenen Maurerei verdächtig machen konnte. Bei Gott – bei meiner Ehre – und bei der Eurer kurfürstliche Durchlaucht geschwornen heiligen Pflicht, beteure ich nochmal, dass ich kein einziges von mir dermal anverlangtes Papier mehr in Handen habe, und ich berufe mich dieserwegen auf das eidliche Gezeugnis meines Bedienten, welcher beteuern wird und muss, dass ich im vorigen Winter nach und nach eine Menge Schriften, teils selbst verbrennt, teils ihm zum Verbrennen überreicht habe – oder warum sollte ich wohl wider Dero höchste Befehle für dermal diejenigen Papiere vorenthalten, welche wir selbst ohne gnädigste Anschaffung frei und ungezwungen zur höchsten Einsicht übergeben wollten. Gehorsam ist die erste Pflicht eines jeden Untertans, und mein Gewissen überzeugt mich, dass ich dieser Pflicht nie ungetreu gewesen. Es sind wirklich 10 Jahre, dass ich in Höchstdero Militär- dann Zivildienste stehe; nicht nur ich setzte mein weniges Vermögen mit Freuden zu, sondern auch Graf Baglioni, mein Schwager, widmete Höchstdero Kurhause mit ausgezeichnetem Eifer seine Dienste.

Gnädigster Herr Herr! wie schwer muss es mir also fallen, dass ich aller dieser Umstände ohngeachtet Höchstdero Ungnade fühlen solle, dass man die Herausgebung jener Schriften verlange, welche nicht mehr in meinen Händen sind, und dass man endlich mit einer schmerzlichen Suspension noch immer gegen mich anhalte, da ich doch durch den eingereichten Revers das Höchst Landesherrliche Gebot bereits erfüllt habe, und durch künftige Abstehung von aller Maurerei ewig befolgen werde! Mit untertänigstem Zutrauen flehe ich also die höchste Gnade meines Landesherrn an, mit getrösteter Hoffnung sehe ich der Erfüllung Dero höchsten in dem letzten Reskript gegebenen Gnadenwortes entgegen, und mit diesem trostvollen Zutrauen bitte ich untertänigst, die gegen mich verhängte Suspension in höchsten Gnaden aufheben zu lassen, und empfehle mich zu höchsten Hulden und Gnaden

u. g. Costanzo von Costanza.

Beilage D.

Anzeige eines aus dem Orden der Freimaurer und Illuminaten getretenen Mitglieds, mit Anmerkungen.

Diese merkwürdige Schrift führt den Titel:

Bekenntnis eines Freisingischen Geistlichen an seinen Bischof, die Illuminaten betreffend.

Die Bekenntnis eines **Geistlichen** an seinen **Bischof** sollte vorzüglich das Gepräg der Wahrheit an sich tragen, und der Bekenner, welcher einige Jahre in der Gesellschaft der Illuminaten gewesen, sollte vornehmlich **bekennen,** was er in dieser Gesellschaft **selbst** mit Gedanken, Worten oder Werken gesündiget hätte. Allein wer dieses hier sucht, findet sich in seiner Erwartung betrogen. Er scheint und zwar, welches sonderbar ist, einige Jahre lang ein bloßer Zuhörer, eine bloß stumme Person in diesem Zirkel gespielt zu haben; denn er **bekennt – nur auf andere Personen.**

Das Werk verliert also seinen Namen, und sollte Anzeige, Anklage, Denunziation, oder abgelegtes Zeugnis gegen die Illuminaten heißen. Eigentlich wurde er auch von Seiner Hochfürstliche Gnaden, dem Hochwürdigsten Bischoff zu Freisingen, in eigenem, und im Namen Seiner kurfürstlichen Durchlaucht zu Pfalz-Bayern, befragt, nicht, was er selbst während der Zeit, als er ein Mitglied des Ordens gewesen, verrichtet habe, sondern zu offenbaren **„was in der Gesellschaft der Illuminaten wider die christliche Moral und die katholische Religion vorkomme."**

Wir wollen sehen, ob und wie er diese Frage nach seiner von dem höchsten Oberhirten aufgelegten Pflicht, nach bestem Wissen und Gewissen beantwortet habe: und um dieses desto besser und deutlicher beurteilen zu können, wollen wir seine eigene Worte beifügen.

Er resümiert vorerst die Frage, und sagt undeutsch genug:

„sie **gründe sich** auf folgendes: Ist die geheime Gesellschaft der Illuminaten tätig, und vertragen sich Zweck und Mittel derselben mit den Pflichten **gegen** Moral und Religion?“

Wer hat denn, um des Himmels willen, den Denunzianten um die Tätigkeit des Instituts befragt, und zeigt es nicht einen großen Hang zur Geschwätzigkeit, mehr zu antworten, als man gefragt wird? Allein diese Ausdehnung der Frage geschah nur, um desto pathetischer antworten zu können:

„Von der Tätigkeit der Gesellschaft, welche bei den Obern und Unterobern bis zur Schwärmerei geht, war ich einige Jahre ein Augenzeuge, **und Bayern hat leider! nur allzu sichtbare Beweise davon.“**

Die Tätigkeit wird also in voller Masse bejaht, und sich mit dem Ausruf der Klage **(leider)** auf sichtbare, ja allzu sichtbare Beweise davon berufen: ohne jedoch, welches wohl zu merken ist, einen einzigen nur zum Beispiel anzuführen. Ein solches Beispiel hätte nicht nur einem Fremden, welcher nicht das Glück hat, sie in Bayern mit Augen **(sichtbar)** zu sehen, einen Begriff von dieser Tätigkeit gegeben, sondern wäre auch dazu nötig gewesen, um zu begreifen, was das **Leidige** an dieser Tätigkeit sei; denn Tätigkeit, an und für sich, ist doch wohl kein Laster, welches mit einen Seufzer genannt zu werden verdient. –

Sollte sich etwa der Beisatz, Leider! auf die Arreste, Dienstsentsetzungen und Landesverweisungen so vieler in und außer Lands in dem Rufe der Rechtschaffenheit, und vorzüglicher Talente stehender Männer beziehen, so verdient des Denunzianten christliches Mitleiden das gebührende Lob. Allein dieses sind Beispiele von der Tätigkeit der Verfolger der Illuminaten, nicht der Illuminaten selbst.

Jedoch, Herr Cosandey (wir wollen ihn lieber bei seinem Namen nennen) hat an diesem Eingang noch nicht genug; Er will, ehe er zur Beantwortung der Frage schreitet, dem Fragenden die Einrichtung des Instituts vor Augen legen, und fährt fort:

„Folgende Bemerkungen über die innere Einrichtung des Instituts, über die Wahl und Behandlung der Mitglieder, über das Betragen und **schändliche** Grundsätze der Obern, endlich über einige Absichten der Gesellschaft werden entscheiden, ob der Zweck und Mittel derselben sich mit den Pflichten des Menschen, des Bürgers und des Christen vereinigen lassen."

Wir bemerken aus dieser Überschrift des folgen sollenden Kapitels nur, dass der Angeber dem Leser und Richter vorgreife, und die Grundsätze der Obern mit dem Beiwort: **schändlich,** belege, ehe er einen dieser Grundsätze angeführt hat; ein Betragen, welches sich für ihn, weder in der Eigenschaft eines Angebers, noch eines Zeugen geziemt. Es verrät Leidenschaft, und Leidenschaft macht selbst Wahrheit verdächtig. Jedoch *au fait!*

„Die Freimaurerei ist bloß die Hülle und der Deckmantel der Illuminaten. Sie wird von ihnen dirigiert, **getäuscht, gemissbraucht."**

Auch dieses hatte der Hochwürdigste Fürst-Bischof nicht zu wissen verlangt. Allein darum scheint es auch dem Herrn Cosandey am wenigsten zu tun zu sein. Er nimmt diesen Umweg, um den Orden der Freimaurer gegen die Illuminaten aufzuhetzen. Denn, wer wird gern **getäuscht, gemissbraucht** sein wollen? Zum Glück bleibt er bei der bloßen Angabe, ohne Beweis, stehen. Ja, er widerspricht sich in der Folge selbst, denn, wenn alle Illuminaten zugleich Freimaurer sind, so müssten sie sich ja selbst täuschen und missbrauchen.

„Der Grad der Minervalen ist der unterste, folglich der unschuldigste. Er hat den Schein einer gelehrten Gesellschaft, einer Vorbereitungsschule für die Illuminaten. Taugt der Minerval hiezu nicht, so wird er bloß in die Loge der Freimaurerei, worin er keine Aufschlüsse bekommt, befördert. Alle Minervalen sind zugleich Freimaurer, nicht aber alle Freimaurer sind zugleich Minervalen. Deswegen sagen sie: *Multi vocati, pauci electi.* (Viel sind berufen, aber wenig sind auserwählt.)“

So wie der Angeber in dem vorhergehenden Satz den Zweck hatte, die Freimaurer zur Intoleranz gegen die Illuminaten aufzuhetzen: so sucht derselbe hier die Eiferer (Zeloten) der Christen dardurch wider die Illuminaten aufzubringen, weil sie einen biblischen Spruch **missbrauchten.** Allein, gesetzt auch, dass sich die Illuminaten dieses Ausdrucks bedienten, so weiß ein jeder unparteiischer Denker, dass der Gebrauch eines biblischen Ausdrucks ohne Spott, ohne ihn zum Gegenstand des Gelächters zu machen, noch kein Missbrauch der heil. Schrift genannt zu werden verdiene, und dass wir den Mund nicht mehr öffnen dürften, wenn wir uns der Worte nicht mehr bedienen sollten, welche in diesen heiligen Büchern vorkommen. Übrigens kann man ja diesem unschuldig gegebenen Ärgernis ausweichen, und ins künftige sagen: *Non ex quovis ligno fit Mercurius.*

„Sie nehmen junge, hoffnungsvolle Männer, lenksame, gutherzige, begierige, fähige Köpfe auf, ansehnliche, reiche, verschlagene Leute. Staatsbeamten und Geistliche sind ihnen willkommen, wie auch Mediziner, Professoren, Archivarii, Sekretarii, Bibliothekairs, Hofräte, Postoffiziers, Wirthe, Apotheker."

Gut! Was hat Cosandey an allen diesen Ständen, an dieser Auswahl von Menschen auszusetzen? Sind es gefährliche – verdächtige Leute? Als einst die Pharisäer und Schriftgelehrten Christum verdächtig machen wollten, so sagten sie von ihm: dieser nimmt die Sünder an; Er zieht die Zöllner und andere verrufene Personen in seine Versammlung. In der Tat hieß dieses die Sache seiner angreifen! Wenn Herr Cosandey, sagen könnte, alle Spieler, alle Banqueroutiers, alle Kandidaten des Schuld- oder Malefizturms, Landstreicher und Zigeuner, feine oder grobe Taugenichtse, kurz ein Katilinarischer Ausschuss, sind den Illuminaten willkommen – wenn er dieses mit Beispielen zu erweisen vermocht hätte: alsdenn würde er der Obrigkeit einen sehr triftigen Beweggrund an die Hand gegeben haben, auf diese Gesellschaft ein wachsames Auge zu haben. Aber so lang er sie nur beschuldigen kann, den Ausbund **guter** und **brauchbarer** Menschen zu sammlen: so lange hat sie selbst die Vermutung vor sich, ein gutes und brauchbares Institut zu sein. Nur Schade, dass auch die Obern der Illuminaten Menschen sind, die sich in ihrer Auswahl betrügen können, die sich an Cosandeys Kopf und Herzen (wie die Leser dieser Schrift vollkommen werden überzeugt werden) wirklich betrogen haben.

„In der Bildung und Behandlung der Novizen und Minervalen brauchen sie anfangs sehr sanfte und **verführerische** Mittel; die Larve der Tugend, der Menschenliebe, der Freundschaft; Versprechung großer moralischer und physischer Vorteile.“

Aber mahl ganz gut! Nur hätte der Angeber seine Leidenschaft mäßigen, und wenigstens hier noch nicht von **Larve** sprechen sollen. Sonderbar ist es auch, dass er die Tugend unter die **verführerische** Mittel zählt. In jenem schönen moralischen Gemälde des Altertums von dem jungen Herkules am Scheidewege, ist zwar die Tugend eine von den um ihn streitenden Personen, aber sie hat daselbst gewiss das **verführerische** nicht auf ihrer Seite, ungeachtet auch sie ihrem Verehrer große moralische und physische Vorteile verspricht und mit Grund versprechen kann.

„Sie geben sich und ihrer Gesellschaft den **Schein** von Macht, von Ansehen, von Weisheit, und vom Besitz wichtiger Mysterien; Sie suchen durch **erkünstelte** Aufrichtigkeit seine schwache Seite auszuspüren, und ihm seine Gesinnungen abzulocken; Sie legen ihm häufig **verfängliche Fragen** vor, die er schriftlich beantworten, und wodurch er sich bloß geben muss. **Sie verleiten ihn zu Fehltritten,** forschen seine begangene Fehler aus, und halten seine eingegebene Schriften und Bekenntnisse sorgfältig zurück; Sie fodern von ihm seine eigene Lebensgeschichte, wie auch umständliche, mit Tatsachen bewiesene **Schilderungen von der guten und bösen Seite seiner Bekannten.** Dadurch muss er sich und andere notwendig entziffern, und schriftlich **kompromittieren.** Kurz, sie versichern sich seiner durch alle mögliche und feinste Grundsätze.“

Nimmt man aus diesem ganzen Satz dasjenige hinweg, was der Angeber nur eingestreut hat, um einen Richter und Beurteiler vor der Hand, und ehe die Angeklagten darüber gehört worden, in sein Interesse zu ziehen, so bleibt nichts übrig, als: "Sie prüfen den moralischen Charakter, und die Kenntnisse oder Talente des Kandidaten." Hieran ist wieder an und für sich nichts Schlimmes, und kann man denn heutzutag, wo die ganze Erziehung des feinern Teils der Menschen darauf abzweckt, sie zu Komödianten zu machen, sie zu gewöhnen, wenigstens eine gute Außenseite zu zeigen, sorgfältig genug in Prüfung derjenigen sein, die man zu seinen vertrautesten Freunden wählen will? Nur die **Verleitung zu Fehltritten,** und die **Verführung, durch Schilderung der schlimmen Seite unserer Bekannten zu Denunzianten und Kalumnianten zu werden,** würden unedle Prüfungsmittel heißen können, und Herr Cosandey hätte solche zu beweisen. Übrigens hat sichs jeder kluge und tugendhafte, oder rechtschaffene Mann zum Grundsatz gemacht, nichts seiner Feder anzuvertrauen, was er nicht im erforderlichen Fall mündlich zu behaupten vermöchte. Er wird sich also niemals **kompromittieren.** Wer aber, wie Herr Cosandey, ohne allen Beweis, eine ganze Gesellschaft solcher Grundsätze beschuldigt, wie wir in der Folge hören werden, der kompromittiert freilich sich und seinen Charakter vor den Augen der ganzen aufgeklärten und billigdenkenden Welt.

„Das ist oft einige Jahre. Indessen steht er schon, und auf **immer,** unter **blindem** Gehorsam der ihm vollkommen unbekannten erlauchten Obern, die er als vollkommen gute Menschen, **ja als Halbgötter,** zu verehren und anzusehen **gezwungen** ist. Er steht mit ihnen in einem unmittelbaren Briefwechsel, doch mit dem Unterschied, dass die Obern die seine Vorsicht gebrauchen, seine Originalien sorgfältig zurückzubehalten, und zugleich die ihrigen zurückzufodern."

Wie schwer es hält, Unwahrheiten zu behaupten, ohne sich selbst zu widersprechen, davon gibt diese Stelle wiederholte Beispiele. – Wenn je ein Jahrhundert dem blinden Gehorsam den unversöhnlichsten Hass geschworen hatte, so war es unser gegenwärtiges. Und eine ganze Gesellschaft junger, hoffnungsvoller Männer, fähiger Köpfe, in geist- und weltlichen Ehrenämtern stehender Personen, sollte sichs freiwillig gefallen lassen, irgendjemand, geschweige für sie unsichtbaren Obern, einem **Dalai-Lama, blinden Gehorsam** zu schwören? Dieses müssen sie Kindern weißmachen, Herr Cosandey.

Unter diesem blinden Gehorsam sollen eben diese Glieder der Gesellschaft **auf immer** gefesselt sein, und Sie, Herr Cosandey und noch mehrere konnten diese Fesseln abschüttlen? Diese Obern sollten vernünftige Männer, **fähige Köpfe,** als **Halbgötter** (aber mahl ein boshaft ausgesuchter Ausdruck) verehren? und zu dieser Verehrung gezwungen sein? – Nein mein Freund! innige wahre Verehrung leidet keinen Zwang, und zu äußerlich abgenötigten Ehrenbezeugungen gehört äußerliche Gewalt, von welcher die Obern der Illuminaten, was die Gesellschaft anbetrifft, ganz entblößt sind, und sie, wenn sie solche auch haben könnten, nie verlangen.

„In diesem Briefwechsel ist er schuldig, alles, **was immer ihm für diesen Orden wichtiges vorkommt,** den Obern zu entdecken; er kann diesen monatlichen Bericht dem Provinzialkollegio unter der Aufschrift: *Quibus licet* – dem Provinzial unter der Aufschrift: *Soli* – und dem General unter der Aufschrift: *Primo* einsenden. Niemand als der Obere und Er, wissen die Details, die darin vorkommen, denn alle Briefe laufen durch den Unterobern unerbrochen hinauf, und wieder herunter; Ja ein Unteroberer, der solche Briefe nicht getreulich besorgt, würde gewiss suspendiert oder gar ausgeschlossen werden. Auf diese Art erfahren die Oberen alles, was sie immer zu erfahren verlangen. Daher sagen sie von sich selbsten: **Wir sind im Stand mehr zu wissen, als andere, mehr zu wirken, als andere."**

An diesem ganzen Korrespondenzsystem ist nichts Anstößiges, und ein jeder Kaufmann, der einen ausgebreiteten Briefwechsel hat, kann auch von sich sagen: "Ich bin im Stand mehr zu wissen, als andere, mehr zu wirken, als andere." Man verliere nur nicht aus dem Gesicht, was der Angeber selbst im Eingang dieses Satzes vorausschickt, dass nämlich ein Mitglied nur schuldig sei, dasjenige zu entdecken, was ihm für den Orden wichtiges vorkommt. Erstreckt er seine Entdeckungen auf andere Gegenstände, so ist dieses seine, und nicht des Ordens Sache. Doch hievon gleich ein mehreres.

„Gesetzt nun, ein einziger unter den Obern wäre ein Bösewicht, oder gar ein Landesverräter, was könnte er nicht unternehmen?"

Eine saubere Unterstellung! *(Supposition)* Gesetzt, der Obere wäre der Groß-Sultan, so könnte ihm ein Minerval die ganze Christenheit verraten. Hat aber der Minerval nicht noch andere Pflichten, als Bürger, als Diener der Kirche, oder des Staats? – Und wo hat der Angeber bewiesen, oder kann es beweisen, dass die Illuminatenpflichten, wenn wir einem ganz freiwilligen Bande diesen Namen geben wollen, diesen Pflichten vorgehen? – Dass ein Oberer die auf den untern Graden stehende Glieder dieser heiligen Pflichten entbinden könne? Oder es sich nur habe träumen lassen, einen einzigen Menschen seiner Pflichten

entbinden zu wollen? Freilich liefert uns die Geschichte
Beispiele ganzer vom Eid der Treue losgesprochener Völker, aber weder der Lossprecher noch die Losgesprochene
waren Illuminaten, und diese Beispiele werden nie wie-
derkommen. Es bleibt also nichts von dieser Exklamation
übrig, als eine Warnung, welche sich auf jeden Briefwechsel erstreckt, und eine Ähnlichkeit mit der Ermahnung jenes treuherzigen Bauern an seinen Jungen hat, als er auf
dem Markt einen falschen Briefmacher am Pranger stehen sah, und ausrief: Siehe, Hans! wie unglücklich man
werden kann, wann man schreiben gelernt hat!

„Eine Maxime der Obern ist: *Nil agenti similis,
multa agens*. Kann ein solches System wohl geduldet werden?“

Wer die Schlussfolge hievon einsieht, dem dürfen
wie eine Prämie versprechen. Und überdies, wer hat den
Herrn Cosandey über die Frage der Duldung und Nicht-
duldung dieses Systems gefragt?

„In Rücksicht seiner (Hier kommt der Angeber wieder auf den Minerval zurück, den er im Eifer ganz aus
dem Gesicht verloren hatte) gibt es sichtbare und garan-
tierte Mitglieder. Man macht ihn nur mit jenen wenigen
bekannt, die er als rechtschaffene Leute hochschätzt und
liebt, und welche eine Aszendenz über ihn haben. Alle übrige müssen das strenge Inkognito gegen ihn beobachten,
so dass er niemals wissen kann, ob Personen, die er sonst
kennt, seine Mitglieder sind, oder nicht. Auf diese Art bekommt mancher Maurer und Minerval sein ganzes Leben
hindurch keine Gelegenheit, die Hälfte seiner Ordensbrü-
der kennen zu lernen. Er muss sich immer mit literari-
schen Arbeiten, spionieren und scheinbarer Einleitung
der Tyronen, mit unschuldigen, für ihn ganz rätselhaften
Zeremonien beschäftigen.“

Liegt hierunter etwas wider die christliche Moral oder die katholische Religion?

„Ist er hinlänglich **gefesselt,** geprüft und vorbereitet, so wird er in der Illumination befördert. Hier lernt er das eigentliche System des Ordens etwas näher kennen. Doch geschieht dies wieder sehr langsam, und mit möglichster Behutsamkeit. Hier lernt er mehrere Mitglieder und weitere Obern kennen; doch sind die erlauchten höchsten Obern für ihn immer unsichtbar.“

Noch immer eine unschuldige Erzählung.

„Zu dieser Beförderung muss er, nach ihrer Sprache zu reden, **die Religionsvorurteile abgelegt haben,** oder ihnen dieselbe ablegen; denn **kein Religionär** (es ist ihr Ausdruck) **wird in die höheren Grade aufgenommen.“**

Hier fängt endlich Cosandey an, der Beantwortung der ihm vorgelegten Frage näher zu kommen. Er erlaube uns aber folgende weitere Fragen:

Was heißt, Religionsvorurteile ablegen? Und was verstehen die Illuminaten unter einem Religionär? Begreifen sie unter dem Wort, Religions-**Vorurteil,** jene unglückliche Meinungen, dass wir berechtigt, ja verbunden seien, diejenigen, welche in Sachen, die Geheimnisse unserer christlichen Religion betreffend, eine von unserer Meinung verschiedene Meinung haben, zu verfolgen, ihre Rechte zu kränken, ihnen das gegebene Wort nicht zu halten: – Verstehen sie diese barbarische Lehrsätze, welche Ströme von Blut fließen machten, ganze Länder entvölkerten: so verdienen die Illuminaten erleuchtet zu heißen; denn alle aufgeklärte Regenten, Minister und Gottesgelehrte selbst denken ebenso. Verstehen sie unter dem

Wort Religionär eben das, was man ehedessen in Frankreich darunter verstand, nämlich einen Schwärmer, der ein neues Religionssystem stiften will, und zu diesem Ende Anhänger sucht: So haben die Illuminaten nicht weniger guten Grund, einem solchen den Zutritt in ihr Inneres, wo er nichts, als Zwietracht stiften würde, zu versagen. Allein Cosandey ist boshaft genug, sich über keinen dieser Ausdrücke näher zu erklären; Er scheint sie vielmehr mit Fleiß gewählt zu haben, um auf der einen Seite diejenige, welche nicht gewohnt sind, bestimmte Begriffe mit dem Gehörten zu verbinden, auf den Wahn zu bringen, als ob die Illuminaten der christlichen Religion den Scheidebrief zu schreiben verbunden wären, oder wenigstens eine Gleichgültigkeit gegen die Religion ihres Landes zu bezeugen; auf der andern Seite aber auch einen Ausweg zu behalten, wenn er, wegen seiner auf diese Art erklärten Aussage der offenbaren Unwahrheit beschuldigt würde. Um ihn zum Leugnen der letztgedachten Erklärung zu bringen, dürfte man ihn nur fragen: warum er – ein Priester – dieses abscheulichen Grundsatzes ungeachtet, **einige Jahre lang,** bei den Illuminaten geblieben sei?

Doch wir wollen ihn weiter hören.

„Die erlauchten Obern sind es, die durch alle Grade den Ton angeben. Ihre Befehle, ihre Maximen, ihre Meinungen, ihre Lehren machen überall die Seele, die Vorschrift, den Geist, und alle Triebfedern der Gesellschaft aus.“

Insofern gut, und es müssen unstreitig Männer von besondern Talenten sein, die es bei einer so zahlreichen Gesellschaft, unter welcher sich ebenfalls denkende Köpfe befinden, soweit bringen können. Aber hier ist ihre Schilderung in Cosandeys Manier:

„Die Obern und Unterobern sind entweder künstliche Betrüger, oder schwere systematische Bösewichter, oder sie sind von andern beseelte, oft sehr gut meinende Enthusiasten, oder schändlich betrogene Schwärmer."

Ein so plumper Ausfall allein, eine so schändliche Beschuldigung vieler Menschen auf einmal, die er, nach demjenigen selbst, was er vorhin gesagt hat, (**„doch sind die erlauchten höchsten Obern für ihn immer unsichtbar")** nicht einmal alle kennt, benimmt allein diesem so betitelten Bekanntnis allen Glauben, und könnte uns der Mühe überheben, dieses grundlose Geschwätz weiter zu zergliedern.

Der Denunziant scheint es selbst zu fühlen, denn jetzt erst fängt er an, von Beweisen zu reden.

„Beweise hievon sind folgende **Gespräche** und Grundsätze, die sie **zwar bloß mündlich,** (das versteht sich) ihren Untergebenen unaufhörlich einpredigen."

Gespräche und Grundsätze sind himmelweit voneinander unterschieden. Es würde jedem ehrlichen Mann sehr leidtun, wenn man alle seine Gespräche, Einfälle, welche oft bloß vorgebracht wurden, eine Gesellschaft munter zu erhalten, oder auch um einem andern Gelegenheit zu geben, sich in Widerlegung derselben zu zeigen, für seine Grundsätze annehmen wollte.

Sein eigener Genius raunt dem Angeber auch noch ins Ohr, dass man ihm diese Grundsätze nicht glauben, dass man schriftliche Beweise von ihm fordern werde. Er verwahrt sich deswegen sorgfältig, dass diese *Theses* **nur mündlich** mitgeteilt würden, und schreitet sofort zu der ersten:

„Wann die Natur uns eine allzu schwere Bürde auflegt, so muss der Selbstmord uns davon befreien."

„So geneigt ich bin (fährt der Denunziant fort) die Selbstmörder als Verzweifler und Kleinmütige, oder wahnsinnige Leute zu entschuldigen, so sehr halte ich die Ehre des Selbstmörders für gefährlich und verabscheuungswert."

„Doch Selbstmörder müssen den Obern zur Ausführung wichtiger Dinge unentbehrlich sein. Denn, was wird derjenige fürchten, der den Tod und die Folgen des Tods nicht fürchtet?"

„Man sagt uns, ein Illuminat müsse den Tod sich eher antun, als die Gesellschaft verraten, und den Selbstmord preiset man als eine heimliche Wollust an."

Wir wissen, dass man die Tempelherrn beschuldigte, dass sie Christum verleugneten, und in ihren Logen den Teufel oder wenigstens den Mahomet anbeteten; Eben so bekannt ist die Beschuldigung des aufgehobenen Jesuitenordens, den Königsmord gelehrt und verteidigt zu haben. Allein der Denunziant der Illuminaten hat auf ein neues Verbrechen studiert, und macht sie zu **Lehrern des Selbstmords.**

Beinahe sollte man dem Herrn Cosandey für diesen glücklichen Einfall ein Danksagungskompliment machen, denn er hätte in allen Kriminalisten kein Verbrechen finden können, welches seine Angabe lächerlicher gemacht, – ihr allen Glauben bei der ganzen vernünftigen Welt benommen hätte.

Wenn wir das Glimpflichste von seiner Angabe denken wollten, so sollte man glauben er habe einmal in einer Übungsloge eine Übersetzung aus dem Seneca, oder einem andern alten klassischen Schriftsteller deklamieren hören, und sei schwach genug gewesen, es für eine moralische Vorlesung zu halten.

In der Tat bleiben auch die Beispiele **edler** Selbstmörder des Altertums, welche uns die Geschichte aufbehalten hat, (wohin aber der Tor, der sich im Angesicht Lucians selbst verbrannte, und eine Menge anderer, die sich aus Eitelkeit, Feigheit oder dem Bewusstsein eines Verbrechens entleibten, ja nicht zu zählen sind) immer für einen jungen feurigen Kopf ein reichhaltiger Stoff zu einer **Redeübung.** Wenn **Cato,** den wir nicht als einen Privatmann, sondern als einen Fürsten des freien Roms, ansehen müssen, sich von der ganzen Welt verlassen, und keinen Ausweg sieht, als entweder sie wieder zu verlassen, oder mit dem verblendeten Haufen der gemeinen Römer den Staub zu den Füssen des Unterdrückers seines Vaterlands zu lecken, und den stolzen, aber glücklichen Cäsar, den er vorhin so oft beleidigt hatte, mit Hohn auf sich herabblicken zu sehen –; wenn **Paetus** mit seiner heldenmütigen **Arria** in einen solchen Zeitpunkt verfallen sind, von welchem **Dio Cassius** sagt, **dass ein Zusammenfluss von Übeln keiner Tugend, als der einzigen, tapfer zu sterben, Raum übrig gelassen habe** –; wer schenkt nicht diesen, sowohl durch ihre Eigenschaften, als durch ihren Stand erlauchten Unglücklichen eine mitleidige Träne, wenn sie zu dem Dolch ihre letzte Zuflucht nehmen? – Freilich gab es traurige Regierungen, wo es für den Redner gefährlich war diese Männer zu loben[i].

---

[i] „Complures – – interemit – – Junium Rusticum, quod Paeti Thraseae & Helvidii Prisci laudes edidisset, appellassetque eos Sanctissimos viros: cujus criminis occasione Philosophos omnes urbe Italiaque summovit. Sueton. Lib. VIII. C. 10.“

Allein für den Zuhörer ist niemals dabei etwas zu befürchten; denn, welcher vernünftige Mensch wird nicht in dem nämlichen Augenblick, wenn ihn der Schauspieldichter, der Redner, oder der bildende Künstler durch Vorstellungen dieser Art auf das Äußerste gespannt hätte, das Glück unserer Zeiten, (ein Glück, das allein der christlichen Religion zu verdanken ist) segnen, wo Fälle von jener – Regierungen von dieser Art **sich ganz nicht mehr denken lassen!**

Neben jenen nicht mehr möglichen Umständen, war Nachruhm, ewiger Name, diesen Römern ein Sporn zum letzten Schritt[j]. Mit welcher glorreichen Verewigung aber würde sich bei uns ein Selbstmörder, wenn er auch von der ersten Klasse der Menschen wäre, schmeicheln können, da, seitdem unsere Könige selbst Schlachten gewinnen, und unsere Fürsten selbst regieren, sogar die Namen ihrer Heerführer und Minister kaum der Vergessenheit der Nachwelt entrissen werden?

Das niederschlagendste Mittel gegen den Selbstmord endlich (die Gründe unserer Religion nicht hieher gerechnet) ist unstreitig die Betrachtung derjenigen Personen, welche sich in unsern Tagen zu demselben hinreißen lassen. Wir haben dergleichen angestellt, und gefunden, dass unter funfzig (wann wir die Schwermütige, als kranke Menschen davon absondern) nicht einer ist, welchen wir bei seinem Leben des Umgangs einer einzigen Stunde, geschweige unserer Freundschaft gewürdigt haben würden. Wer wird aber Lust bekommen, einen so verächtlichen Trupp zu vergrößern, oder nur Gefahr zu laufen, nach seinem Tod seinen Namen mit den Namen von solchen Auswürflingen vermischt zu sehen? So viel kann

---

[j] Ista facienti – gloria & aeternitas ante oculos erant. Plin. III. Ep. 16.

man sich von selbstdenkenden Gliedern nicht nur der Illuminaten- sondern der Menschengesellschaft versprechen.

Aber möchte nicht bei dem schwächern Haufen ein Versuch der Beredsamkeit über jene Gegenstände eine verführerische Würkung haben?

Nein! Durst nach Ehre, oder Nachruhm, Unzufriedenheit mit der physischen, moralischen, oder politischen und bürgerlichen Einrichtung erreichen bei der gemeinen Klasse von Menschen niemals den Grad, der einen solchen Entschluss veranlassen könnte. Es gibt für sie keine so schwere Bürde, welche die von der Natur uns so weislich eingepflanzte Liebe zum Leben überwiegen könnte. Das aufrichtige Bekenntnis des einst berühmten Mäcenas:[27]

„Es lähmt zwar alle Glieder mir die Gicht;
Doch, Dank dem Himmel! tödlich ist es nicht.
Lass aufgehängt mich selbst am Kreuze schweben;
Nur, liebes Schicksal, lass mich, lass mich leben!"

ist nach unleugbarer Erfahrung, der allgemeine Wahlspruch des Volks, und bleibt (im Vorbeigehen gesagt) der stärkste Grund gegen die gänzliche Aufhebung der Todesstrafen.

Man kann also keinen albernern Einfall träumen, als dass die Illuminaten durch Vorspieglung **einer geheimen Wollust** die Lehre vom Selbstmord zu verbreiten suchen wollten. Eine, von jemand, **der sie selbst nicht gekostet hat,** angerühmte, **und nie zweimal zu kostende** Wollust ist keine Speise, die den Gaumen reizt. Von den Kanzeln selbst dürfte man diese Ungereimtheit predigen, und man würde keine Schüler finden, wenn nicht ein höherer Grad von Seligkeit in jenem Leben dabei versprochen würde. Ja, dieses sogar würde von tausenden kaum

einen schwärmerischen Schwindelkopf verführen, Hand an sich selbst zu legen. Und da Cosandey die Illuminaten nicht beschuldigt, Kronen im Himmel auszuteilen, so wird sie dessen wohl keine andere menschliche Seele bezüchtigen.

Überhaupt war gewiss in unsern Zeiten der Selbstmord selten, oder nie, das Werk einer fremden Überredung. Er ist die leidige Geburt einer unglücklichen Minute, in welcher es einer auf den höchsten Gipfel gestiegenen Leidenschaft, – meistens der Furcht vor sich selbst zugezogener Beschimpfung –, gelingt, die Vernunft gänzlich zu unterdrücken.

So lächerlich also diese Beschuldigung an und für sich ist, und so wenig sie irgendwo Eindruck machen kann: so abscheulich ist sie, von Seiten der boshaften Absicht des Denunzianten betrachtet, welcher dadurch den Fürsten die Illuminaten als verzweifelte, alles zu unternehmen fähige, Leute vorspiegeln will, und die Frechheit hat, zu sagen: „Selbstmörder **müssen** den Obern, **zu Ausführung wichtiger Absichten**, unentbehrlich sein.“

Man erinnere sich des Unglücklichen, welcher vor ungefähr 24 Jahren, um eine Pension oder Beförderung zu erlangen, sich selbst, als er vor den Zimmern Ludwigs XV. die Wache hatte, einige Federmesserstiche gab, und erdichtete, dass sie ihm von einem unbekannten Menschen, dem er den Eintritt zum König verweigert habe, beigebracht worden seien. Er wurde zum Tod verdammt, und die Strafe an ihm vollzogen: weil er einen von seinem Volk geliebten Monarchen beunruhiget, und veranlasst hatte, dass einige Personen in Verdacht gezogen, und gefangen genommen wurden.

Sollte ein Mann, der seinem Fürsten eine ganze ansehnliche Gesellschaft, als Leute, die alles, selbst Fürstenmord, (denn dahin zielt ganz deutlich diese verruchte Bezüchtigung) zu unternehmen fähig wären, anschwärzt, weniger verdienen?

Jener log ein vorgehabtes Verbrechen auf eine erdichtete Person: dieser beschuldigt wirkliche Personen des nämlichen, wenn es die Konvenienz ihrer Verbindung erfordern würde.

Wenn schon derjenige, der einem Vater seine Kinder verdächtig macht, ein schändlicher Mann ist: welcher Name ist hinreichend, denjenigen zu brandmarken, der einen Fürsten gegen seine getreueste Untertanen misstrauisch machen will?

Doch wir schreiten zur zweiten Maxime.

„Rien par raison, tout par passion." Nach Cosandeyischer Übersetzung: „Der Zweck, das Wachstum, und der Nutzen des Ordens sind ihnen **Gott, Vaterland** und das **Gewissen.** Pflicht ist alles, was dem Orden vorteilhaft ist, und das Gegenteil ist Laster, schwarze Verräterei."

Was den französischen Text betrifft, so ist solcher ein wahres Motto über ein Irrhaus: Und wenn er ein Illuminatensymbolum wäre, so verdiente diese Gesellschaft die Schellenkappe. Das darunter stehende Deutsche passt auch darauf, oder hängt damit zusammen, wie die Rede eines in der Fieberhitze liegenden Kranken. Übrigens hat letzteres allein genommen keinen Verstand; denn, so lange der Angeber nicht gesagt hat, worin der Zweck und der Nutzen des Ordens bestehe, und so lange er nicht gezeigt hat, dass dieser Zweck für die Glieder des Ordens, und jedes derselben von einem ganz überwiegenden Vorteil sei, so lässt sich nicht begreifen, wie ein Mensch von gesunder Vernunft, geschweige denn eine ganze Gesellschaft, demselben alles, was heilig ist, Gott, Pflicht und Gewissen, nachsetzen und aufopfern könne. *Verba sunt*, möchte man ausrufen; *praetereaque nihil!*

„3) **Der Zweck heiligt die Mittel**; also Verleumdungen, Giftmischereien, Todschläge, Verrätereien, Rebellierungen, alle Schandtaten sind erlaubt, wenn sie nur zum Zweck führen."

Wäre Cosandey nur im Stand, die erste fünf Worte dieses Perioden als eine Grundmaxime der Illuminaten zu beweisen, so wäre es hinreichend, nicht nur diese Gesellschaft als gemeinschädlich aufzuheben, sondern einem jeden einzelnen Glied desselben, gleich einem Aussätzigen, aus dem Weg zu gehen. Allein anstatt dessen gibt er sich die unnötige Mühe, die Folgerungen aus dieser Maxime seinem Oberhirten, vorzubuchstabieren. Auch dieses ist also eitles Geschwätz, außer dass man aus der überflüssigen Erklärung dieses pestilenzialischen Satzes auf die Animosität des Denunzianten, folglich auf seine geringe Glaubwürdigkeit schließen kann.

„4) **Den, der uns verrät, kann kein Fürst schützen.** – Also gehen Dinge bei dieser Gesellschaft vor, welche dem Interesse der Fürsten entgegengesetzt sind; Dinge, die ihrer Wichtigkeit halber verdienen entdeckt zu werden, und diese Entdeckung wäre in den Augen der Illuminaten eine Verräterei, welche sie im Voraus zu rächen drohen? Vor ihrer Rachgier können also weder Fürsten schützen, weder Gerechtigkeit, weder Polizei den **Rechtschaffenen** schützen? Sie müssen also Mittel besitzen, ihre Ankläger aus dem Wege zu räumen. Diese Mittel lassen sich erraten."

Gesetz, dass die ersten acht Worte aus dem Munde eines Illuminaten gekommen sein sollten, so wären sie, in dem Verstande, den ihnen der Angeber gibt, die armseligste Gaskonade, welche je gesagt worden wäre: Und man kommt in Versuchung, herzlich über die Ängstlichkeit des Herrn Cosandey zu lachen, wenn er mit Zittern und im weinerlichen Ton sagt: „Vor ihrer Rachgier können also weder Fürsten schützen, weder Gerechtigkeit, weder Polizei den **Rechtschaffenen** (ein Kompliment, das er sich selbst im Vorbeigehen macht) schützen."

Sein sie ruhig, armer Mann! wenn Ihnen sonst kein Unglück, als durch die Rachgier der Illuminaten wiederfährt, so können sie Methusalems Alter erreichen. Das Banditenhandwerk nährt, Gottlob! in Deutschland seinen Mann nicht, und es ist dieses einer von den Vorzügen unserer Nation, worauf wir stolz sein können.

Aber ich will Ihnen einen andern Aufschluss von der Sache geben. Verräterei war bei allen gesitteten Völkern, und bei den biedern Deutschen vorzüglich, ein Laster, das seine Strafe, **eine allgemeine Verachtung,** auf dem Rücken nach sich trug; ein selbst bei dem, vielleicht mit Unrecht, so genannten gemeinen Mann unvertilgbares Gefühl von Rechtschaffenheit unterhält diese Strafe durch alle Jahrhunderte, und vor ihrer Rute kann kein Fürst schützen. Sie trifft ohne Schonung den mit Ordensbändern behängten Liebling der Großen, bis auf den zerlumpten Bettler herab, der, um seinen Hunger zu stillen, zum Verräter wird. Auch Sie würden dieser Strafe nicht entgehen können, wenn sie bloß ein Verräter wären. Allein dies sind Sie nicht.

Ein Mann, der einer ganzen Gesellschaft ohne den mindesten Beweis, Religionsverleugnung, Selbstmordslehre, Lands- und Fürstenverräterei, Meuchelmord und Giftmischerei zur Last legt, ist noch etwas mehr, ist ein

von der ganzen billigdenkenden Welt verabscheuungswürdiger **Verleumder,** gegen welchen die Kriminalge-
setze aufzurufen sind.

„5) [*Tous les Rois, & tous les Prêtres
Sont des Fripons & des Traitres.*"

Aber mahl ein Reimgen eines aus Bedlam entlaufe-
nen Poetens, mit welchem sich gar nicht aufzuhalten ist.

„Religions- Vaterlands- und Fürstenliebe müssen
sie" (fährt Cosandey nun wieder aus dem eigenen Herzen
sprechend fort) **"ihrem Plan gemäß** untergraben, weil
durch Religions- Vaterlands- und Fürstenliebe die Menschen für einzelne Staaten nur **allzu sehr** eingenommen,
und von weitangehenden Gesichtspunkten der Illuminaten (alles nach ihrer Sprache gesagt) abgeführt werden."

Dieses bezieht sich auf eine andere Beschuldigung,
und zwar des abscheulichen Lasters des – – erschrecken
sie nicht, meine Leser! – **Kosmopolitismus,** zu Deutsch,
der **Weltbürgerschaft.**

Es ist auf diese Anschuldigung schon anderwärts
hinlänglich geantwortet worden, und wir können also
darüber umso kürzer sein.

Wäre es, wie Cosandey vorgibt, in dem Plan der Illuminaten, Religions- Fürsten- und Vaterlandsliebe zu untergraben, so wäre ihr Plan so toll, als das Projekt eines
Ingenieurs sein würde, alle Festungen in den Österreichischen Staaten niederzureißen, und dafür eine Chinesische
Mauer um alle Länder dieser Monarchie zu ziehen. Der
göttliche Stifter unserer geheiligten Religion sagt, aus der
tiefsten Kenntnis der menschlichen Natur, treffend: „wie
kann der Gott lieben, **den er nicht siehet,** der seinen Bruder nicht liebet, **den er siehet:**" Und die natürlichste Fol-
gerung aus diesem Axiom ist: „Wie sollte der ein guter

Weltbürger sein können, der kein guter Hausvater, kein guter Bürger des Staats ist, in welchem er wohnet!"

Ein so ungereimtes Vorhaben also, wie der Angeber den Illuminaten andichtet, würde vielmehr ein Zeichen einer Ägyptischen Verfinsterung, als einer Erleuchtung sein, und lässt sich von vernünftigen Menschen gar nicht gedenken.

Wie aber, wenn der Zweck der Illuminaten wäre, die **allzu enge** Schranken niederzureißen, womit Eigennutz und kleinliche Denkungsart die Herzen so mancher Menschen verschanzt hat, welche alles nur auf ihr Ich, auf ihre Familie, auf das Städtgen, worin sie vegetieren, wenn's hochkommt, auf das Land ziehen und begrenzen, zu dessen Bedürfnissen sie gezwungener, und zum Beweis, wie weit ihr Patriotismus reiche, öfters betrüglicherweise, kontribuieren? Wenn er dahinginge, Menschen zu belehren, dass auch Menschen, welche eine andere Religion, eine andere Sprache, andere Regierungsform und Sitten haben, Anspruch auf unsere Liebe, unsere Achtung, und, wenn es ohne Abbruch der uns näherliegenden Pflichten geschehen kann, unsere Hülfe und Beistand zu machen berechtiget sind? Ist nicht jener kleinstädtische Egoismus die Quelle der Dummheit, die wir noch in so manchen Gegenden finden, weil er jederzeit mit Geringschätzung alles dessen, was außer seiner kleinen Peripherie liegt, verknüpft ist, und die äußerste Vollkommenheit allein in dasjenige setzt, was seine kurzsichtige Augen erblicken? War nicht ebenderselbe bei den sonst aufgeklärten Römern, selbst zu den Zeiten, wo noch Tugend in ihren Mauren geschätzt und gefunden wurde, die Quelle der niederträchtigsten Gewalttätigkeiten, die sie sich in den eroberten Provinzen außer Italien – der unerhörten Grausamkeiten, und unmenschlichen Behandlungen, die sie sich gegen ihre Sklaven erlaubten?

Gewiss, ein solcher Zweck müsste eher Lob, als Tadel verdienen, und ächte Patrioten bilden, welche das auswärtige Gute, wo sie es auch finden, in ihr Vaterland verpflanzen, an fremden Fehlern sich spiegeln, und solche zu vermeiden suchen, die wahre Vorzüge ihres Vaterlandes aber gedoppelt zu schätzen wissen, und solches also umso inniger, aus Überzeugung, nicht aus Vorurteilen, lieben würden. Man hat öfters bemerkt, dass der Krieg (damit auch dieses Übel, wie, nach der weisesten Einrichtung der Vorsehung, alle andere, seine gute Seite habe) mittelbarerweise die Folgen hatte, dass Nationen, welche sich von alten Zeiten her hassten, oder verachteten, einander kennen lernten, und wechselseitige Vorurteile ablegten. Sollte es nicht erlaubt sein, auf Mittel zu denken, eben diesen Vorteil zu den Zeiten des Friedens zu ziehen? Oder wollen wir nur Trauben von den Disteln lesen?

Doch wir eilen zu dem letzten Verbrechen.

„Unter andern Absichten suchten sie ein **Sittenregiment** einzuführen, welches sie in jedem Lande unter ihrer Gewalt hätten. Von diesen Kollegien würden alle Gnadensachen, Dienstverleihung, Beförderung, wie auch alle Anweisung, *sine appellatione ad Principes*, abhängen; dadurch würden sie sich ein unbegrenztes Recht anmaßen, über **die Ehrlichkeit** und Brauchbarkeit der Individuen das Endurteil zu sprechen, **dadurch würden sie alle Profanen von den Höfen und wichtigen Ämtern entfernen;** dadurch würden sie den Fürsten (nach ihrer Sprache) durch eine geheiligte Legion ihrer getreuen Anhänger umringen, und nach Willkür beherrschen; durch ein solches systematisches Regiment, auch systematische Kommission, oder auch *Fiscalat* genannt, würde diese Gesellschaft die **fürchterliche Despoten** der 4 Weltteile, **und die Regenten verächtliche, ohnmächtige Phantomen, und gekrönte Sklaven derselben werden.“**

Ein Sittenregiment also gedenken die Illuminaten zu errichten, welche vorher als Religionsverächter, Landesverräter, Giftmischer und Meuchelmörder geschildert, oder vielmehr verdächtig zu machen gesucht worden: Und zwar sollten diese vortreffliche Archonten **über die Ehrlichkeit** der Individuen sprechen, welche Dienste und Beförderung suchten. Was für ein unsinniger Widerspruch! – Man sieht hier, dass der Angeber aber mahl vielleicht eine moralische Abhandlung vorlesen hören, worin der schon von mehreren Moralisten aufs Tapet gebrachte Gedanke einer Sittenzensur wieder aufgewärmt wurde[28]. Über diesem Vorschlag scheint er alle seine vorherige Beschuldigungen vergessen zu haben; denn, wenn er unter dieser sogenannten **geheiligten Legion,** oder auch **Fiskalat** genannt, eine Rotte von Schurken versteht, welche über die Ehrlichkeit und Brauchbarkeit der Individuen das Endurteil sprechen sollten; so würde solche lauter Personen ihres Gelichters begünstigen, und es wäre (welches seine Hauptbedenklichkeit bei der Sache ist, und in seiner Sprache der **fürchterlichste Despotismus** heißt) nicht zu besorgen, dass alle Profanen oder Nichtilluminaten, von den Höfen und wichtigen Ämtern entfernt werden würden; weil doch immer auch noch außer dem Orden Bösewichter übrig bleiben müssten. – Ist es aber jenes schöne Ideal, welches Cosandey für einen wirklichen Entwurf, den die Illuminaten zur Ausführung zu bringen sich vorgesetzt hätten, ausgibt, nämlich die Fürsten mit lauter würdigen Männern zu umringen, nach deren, auf Kenntnis der Talente und Verdienste der Individuen sich gründenden, Rat Belohnungen und Gnaden ausgeteilt, und die untere Ämter besetzt werden sollten; so hat noch kein Mensch unter der Sonne unsern Fürsten eine kränkendere Beleidigung gesagt, als Cosandey, wenn er daraus folgert, dass sie dadurch zu **verächtlichen, unmächtigen Phantomen, zu gekrönten Sklaven** werden würden.

Hält nicht jeder gute Regent es für seine höchste Glückseligkeit, nur einen einzigen Einsichtsvollen und zugleich rechtschaffenen Mann zu seinem Vertrauten zu finden? Wie stolz würde also ein solcher nicht sein, mehrere solche Männer zu haben; da doch der größeste und weiseste Monarch auf Erden nicht alles mit eigenen Augen sehen, nicht alles mit eigenen Händen ausrichten kann!

Die Leidenschaften der Fürsten (hörte ich einst aus dem Munde eines der würdigsten Ministers) **sind ihre schlimmsten Minister.** Nur diese können sie in gekrönte Sklaven verwandeln, und der schwächste Regent, wenn es erlaubt ist, sich dieses Beiworts zu bedienen, behält immer noch so viel Stärke im Reservat, eine ganze ihn ungebende Legion guter oder böser Räte in die Flucht zu schlagen, wenn er solches zu tun gnädigst geruhen will.

Genug! – Nun sehen wir der Frage unserer Leser entgegen: „Ob es denn möglich sei, dass dieses sogenannte Bekänntnis, oder vielmehr eine Denunziation dieser Art, alle die Auftritte in Bayern habe **veranlassen** können, womit uns die Zeitungen unterhalten haben?" Es ist schwer, diese Frage bestimmt zu beantworten. Als Ausländer wissen wir nichts, als: „Diese Cosandeyische Anzeige ist **unterschrieben vom 3ten April** 1785. und die Auftritte **erfolgten."** – Diejenigen Glieder, die davon betroffen wurden, **leiden;** Sie trösten sich aber mit dem Ausspruch des **Phädrus:**

Id demum homini est turpe, quod meruit pati.

Beilage E.

Über
die Schrecken des Todes.
Eine philosophische Rede.

Nachdem es dem Herrn Abbé Cosandey gefallen, mich als einen der ersten, wo nicht gar als den allerersten Illuminaten in Bayern bekannt zu machen; nachdem man die Obern der Illuminaten als Gottesverleugner, Materialisten, Epikureer, Sitten- und Tugendverderber vorgestellt: so scheint es mir sehr zweckmäßig zu sein, dass ich das Publikum von meiner innern Überzeugung näher unterrichte, und ihm Beweise vor Augen lege, nach welchen es mich beurteilen mag, in wie ferne ich diese Beschuldigung verdiene, oder die Jugend zu einem Verderbnis der Sitten gemissbraucht. Meine kleine Schrift über den Materialismus und Idealismus wäre zwar ohne weiters im Stande, diese Kalumnie von mir zu entfernen: beigedruckter Aufsatz kann aber vielleicht noch näher dienen, den Leser zu überführen, dass Grundsätze dieser Art in meine ganze Denkungsart verflochten seien. Dabei kann diese Schrift zugleich die Beschuldigungen von der Lehre des Selbstmords und andere dahin einschlagende Innzichten näher erläutern. Auch über meine politischen Grundsätze hoffe ich dem Publikum in ähnlichen Schriften eine nicht minder vollgültige Rechtfertigung dereinst vorzulegen. Inzwischen mag der Leser zum Voraus vermuten, in wie fern solche Grundsätze, die von Cosandey samt seinem Anhang, als meine und der Illuminaten Grundsätze angegeben werden, in einem konsequenten und systematischen Kopf sich mit einander vertragen oder auf einige Art vereinigen lassen.

die Schrecken des Todes.
Eine philosophische Rede.

In der Mitte von wohlgeratenen Kindern, an der Seite einer treuen geliebten Gattin, bei guten Kräften des Leibes, frei von körperlichen Übeln, versehen mit allen Notwendigkeiten des Lebens, oft sogar in häuslichem Überfluss, geehrt von seinen Freunden, weil er allen dient, gesichert gegen seine Feinde, weil er niemand beleidigt, im Wandel eines tugendhaften Lebens und ungekränkten Rufs, durchwandert der ehrliche Mann diese irdische Laufbahn sorgenfrei und heiter; findet auf allen seinen Wegen Blumen gestreuet; findet, dass die Natur mit diesem seligen Zustand keine so unmöglichen Bedingnisse verbunden, dass solcher nicht eben so gut von allen oder doch wenigstens von den meisten der Menschen könne erreicht werden, wenn sie der Stimme der Leidenschaft und Phantasie weniger, aber umso fleißiger und getreuer den Forderungen der Vernunft und einer kältern Überlegung zu folgen geneigt sind. – Durch diese gelehrt, seine Begierden zu beschränken und nichts Unmögliches zu begehren, würde jeder andere auf diese Art die Tage seiner Wanderschaft ebenso sorgenfrei beschließen. Sein ganzes Leben hindurch würde das Vergnügen sich in überwiegender Menge bei ihm einfinden, und sein Zustand der Zustand einer beneidenswürdigen Glückseligkeit sein.

Aber unzufrieden mit den kleinen, stillen häuslichen Freuden, geblendet und getäuscht durch die Torheiten der Welt, durch das rauschende und lärmende Leben derer, die um uns sind, eifersüchtig über das Wohlergehen anderer, begierig jeden andern zu übertreffen, unersättlich in Erwerbung eines sehr entbehrlichen Eigentums, stolz und aufgeblasen über das Gefühl eigener

Kraft, lüstern nach dem Zuwachs von Macht und Herrschaft, empört sich unsre Einbildungskraft, tritt an die
Stelle der von ihr übertäubten und verdrängten Vernunft,
schiebt uns falsche Bilder und Ideale unter, stellt uns unmögliche Dinge als sehr möglich und erreichbar vor, kehrt
den Blick von dem ab, was wir wirklich genießen, wendet
ihn und unsre Aufmerksamkeit dorthin, wo uns noch so
vieles mangelt und erweckt uns durch diesen Vergleich
gegen unsre gegenwärtige, dauerhafte, minder blendende
Güter unüberwindlichen Ekel und Abscheu. Auf diese Art
wird die Ruhe unsrer Tage untergraben; Unzufriedenheit
und marternde Unruhe treten an ihre Stelle; in uns selbst
entstehen Entwürfe und Anstalten, die uns zu Taten und
Handlungen reizen, ehe wir die Folgen, die gleichgegrün-
deten Ansprüche anderer, den daher zu erfahrenden Widerstand, samt dem gehörigen Verhältnis der zum Hin-
wegschaffen nötiger Kräfte berechnet. Die dabei vorfal-
lenden unübersteiglichen Hindernisse müssen sodann
notwendig in uns das Gefühl von unsrer Schwäche erwecken; Neid und Schadenfreude müssen das natürliche
Wohlwollen verdrängen; Gewalt und Arglistigkeit müssen
gesucht werden; alles Gute außer uns muss seinen Reiz
verlieren, uns zur Qual und Peinigung dienen; unsre
Feinde müssen sich in dem Maaß vermehren, als sich mit
der Abnahme unsers Wohlwollens, mit dem Steigen und
Zuwachs unserer Forderungen, unsre Freunde vermindern; Eigennutz allein muss unsre Handlungen bestimmen, Unwille über die Einrichtung der Welt entstehen,
und am Ende muss uns bei so sehr geänderter Lage und
Stimmung unsers Geistes die zu unsrer Seligkeit bestimmte Erde als ein Tal des Jammers erscheinen: denn
wir selbst waren es, welche durch unser Betragen das
reinste, so allgemein verbreitete Vergnügen in seiner ersten Quelle vergiftet. – Und so wird jeder Mensch aus zu
übermäßiger Liebe gegen sich selbst sein eigner Henker,

Peiniger und Feind; so entzieht ihm eine zu unordentliche, zu sehr überspannte, zu sehr überhandnehmende, zügellose Phantasie diese Ruhe seiner Tage, dieses selige wonnevolle und patriarchalische Leben, wozu er durch Leitung der Vernunft und durch zweckmäßige Beschränkung seiner Phantasie und Begierden unausbleiblich hätte gelangen sollen.

Es ist mehr als redender Beweis von unsrer Verkehrtheit und Geistesschwäche, dass wir bei solcher Beschaffenheit der Sachen den Feind unsrer Ruhe nur außer uns suchen; es ist offenbar, dass wir die Vorsicht mit Unrecht beschuldigen; es ist strafbarer Mangel einer Gottesverehrung, dass wir gleich bösen Kindern über die Einrichtung der Welt murren, dass wir, um uns zu entschuldigen, unsre Fehler zu decken und unsern Begierden umso ungehinderter nachzuhängen, alle Schuld von uns hinweg, hinüber auf ein allweises, allgütiges Wesen zu leiten bedacht sind. Wir, wir ganz allein sind es, welche die so häufig uns vorliegende Güter mutwillig hinwegstoßen und ungenossen vorbeilassen. Wir sind, wer sollte es glauben? unsre ärgsten und unversöhnlichsten Feinde; denn wir machen uns zum Mittelpunkt aller Wesen, zum Zweck der ganzen Natur; wir übertreiben unsre Forderungen; wir begehren zu viele und unmögliche Dinge; wir werden durch das Gegenwärtige zu sehr dahingerissen, schauen zu wenig auf die entferntern Folgen, verachten die Stimme der Vernunft, und vernachlässigen zu sehr die Erhöhung unsers Geistes, die Einsicht und Überzeugung von dem Plane Gottes und einem allgemeinen wundervollen Zusammenhang der Dinge; betrachten dabei alle Weltbegebenheiten aus einem falschen Gesichtspunkt und Standort, alles bloß allein in Beziehung auf uns; finden daher in dieser falschen Rücksicht freilich alles mangelhaft, bös, zweckwidrig; müssen daher eben darum von dem Urheber des Ganzen die schwärzesten Vorstellungen erhalten, uns solchen als ein Wesen vorstellen, welches das Elend und den Untergang seiner Geschöpfe will, daran Freude hat, nicht geliebt sondern gefürchtet sein will, und der Tyrann aller Tyrannen ist, der vorsätzlich uns unmögliche Dinge gebeut, um Stoff und Gelegenheit zu unsrer Verwerfung und Peinigung auch für die Zukunft zu erhalten.

Bei solchen Begriffen von der Gottheit, von der Einrichtung der Welt, von der Zukunft, welche alle, notwendige Folgen unserer übertriebenen Eigenliebe sind, ist es freilich nicht zu verwundern, wenn Missvergnügen und Elend unter Menschen der herrschende Zustand sind. Nur von der Schwächung oder gänzlichen Vertilgung dieser unserm Vergnügen so nachtheiligen Vorstellungen hängt unsre ganze Ruhe und Zufriedenheit ab. Die Mittel sind vorhanden, sie liegen in der Abänderung unsrer Begriffe; und wenn sie erkannt aber nicht gebraucht werden: so ist unser Murren ohne Grund, so ist unser Leiden frei gewähltes und wohlverschuldetes Elend. Und insofern muss alle Bemühung der wenigen darüber aufgeklärten Weisen, muss die Weltweisheit selbst als die größte Wohltäterin der Menschen betrachtet werden. Sie ist es, welche den Menschen über seine wahren Vorteile aufklärt, und die Grenzen seiner Liebe vorzeichnet, über welche hinaus das Reich des Schmerzens beginnt. Sie lehrt uns, gegen diesen alten hinterlistigen Erbfeind unserer Ruhe auf der Hut zu stehen, sein tückisches Anerbieten zu verachten, und ihm weniger Macht auf Unkosten der Vernunft zu gestatten. Sie überzeugt uns von der Güte und Weisheit Gottes, von der Ordnung und dem Zusammenhang und der wahren Beschaffenheit aller Dinge. Dadurch reißt sie jedem Übel seine Larve ab; und sie beweist uns, dass alles, was Wirkung der besten und allervollkommensten Ursache ist, nicht anders als gut und vollkommen sein könne; dass alles zu unserm Besten vorhanden sei; dass alles auf eine gewisse Stimmung des Geistes, auf gewisse herrschendgewordene Grundsätze ankomme, um in allen Übeln einen unerschöpflichen Vorrat von Gütern zu finden. Auf diese Art, indem sie jedem Hässlichen seine Hässlichkeit raubt, und uns auf den Standort stellt, woraus wir alle Wesen gehörig überschauen, vervielfältigt sie die Quellen des Vergnügens, verbannt die Unlust aus unserer Seele, und öffnet sie der Ruhe, Heiterkeit und Freude.

Unter diesen folternden Spielen der Einbildungskraft sind gewiss die allerentsetzlichsten, **die Schrecken des Todes.** Vor diesen Phantom unsers Gehirns beugt sich die Philosophie der meisten Menschen. Alle Hoheit der Erde fühlt sich klein, und der größte Monarch der Erde sieht mit schauervollen Blicken dem Augenblick entgegen, der ihn von seiner Größe trennen, seine ganze Hoheit wie eine Seifenblase hinweghauchen, und den nackten übrig gebliebenen Menschen dort hinüber in das unbekannte Land versetzen soll, wo er sich unter dem ungeheuern Haufen vorausgegangener Menschen wie ein Tropfen Wasser im Weltmeer verlieren wird, wofern ihn nicht solche Handlungen begleiten, welche im Reich der Geister Platz und Stelle bestimmen; denn im Sterben gibt es keinen König. Dies weiß und fühlt er, und kehrt den Blick mit Abscheu von dem Gegenstand ab, dessen Erinnerung ihn aus dem Traume seiner irdischen Hoheit weckt. Ein Mensch, der mit diesem Jammer befallen ist, stirbt tausend- und tausendmal, in dem törichten Verlangen niemals zu sterben. Sein ganzes Leben ist ein unaufhörlicher Tod, alle Süßigkeiten des Lebens werden ihm zur bittersten Galle. Seine Furcht beschleunigt, was er fürchtet, statt zu entfernen. In einer solchen Seele kann kein heiterer Augenblick sein. Das schreckliche Bild dieses knochichten Ungeheuers begleitet ihn auf allen Wegen und drängt sich in jede seiner Freuden. Es säuselt in der Luft, es rauscht in dem Bach, er findet es bei seinen Schätzen, es springt hinter ihm in seinen Tänzen, und es hängt sogar an den Lippen seiner Geliebten. Seine Seele kann sich nie so rein zur Freude hinaufarbeiten, dass sie nicht sogleich wieder durch die Erinnerung des Todes verdrängt oder vergiftet würde. Ein solcher Mensch wird, so lang er lebt, der feigste und abhängigste Knecht sein, unfähig zu jeder großen heroischen Handlung. Oder wer von allen, die den Tod gefürchtet, hat darum ein zufriedners Leben geführt, ruhiger geschlafen, sein Leben mehr und häufiger genossen? wer hat durch diese Furcht dieses unausbleibliche Übel entfernt? wer ist dadurch mutiger, entschlossener geworden? Im Gegenteil sind alle großen Handlungen aus der Verachtung des Todes hervorgegangen. Es ist sogar bei großen Seelen zum Grundsatz geworden, das Leben als ein geliehenes, vorübergehendes Gut, nicht als Zweck, sondern als Mittel zu betrachten, um das Leben recht und sorgenfreier zu genießen. Zu keiner Zeit hat ein zu übermäßiger Anhänger des Lebens der wütenden Flamme Einhalt getan, gedrückte Unschuld beschützt, für seinen Gott, sein Vaterland, seinen Freund gestritten, für höhere Pflichten gekämpft, Abgründe erforscht, die Eingeweide der Erde durchwühlt, Meere durchschifft, oder ganze Weltteile entdeckt. Nicht einmal zu ausgezeichneten Schandtaten, zum Straßenraub hat er Größe genug. Selbst unter die Tiere fällt seine Würde herab. Die liebevolle Natur hat diesen, ob sie gleich solche mit uns einem ähnlichen Schicksal unterworfen, wohltätig das Vermögen geraubt, ihre Zerstörung vorher zu sehen, weil sie ihnen nicht zugleich die Vernunft als Gegenmittel erteilen konnte, um diesen unangenehmen Eindruck zu schwächen. Sie würde uns Menschen stiefmütterlich unter die Tiere herabgesetzt haben, wenn sie uns mit der Notwendigkeit unsre Auflösung vorherzusehen, nicht zugleich an eben dieser Vernunft das Mittel dargeboten hätte, diesen widrigen Eindruck zu entfernen. Sie entschädigt uns dabei, dass sie uns zugleich höhere Aussichten in die Zukunft, in ein höheres Leben gewährt, welche sie Wesen verbergen musste, die in der Naturreihe eine Stufe unter uns stehen, und darum wollte sie den Tieren die Vorhersicht ihrer Auflösung lieber gänzlich entziehen, als sie Verdruss über das Vorhersehen eines Übels empfinden lassen, gegen welches sie in dieser Stufe kein Gegengewicht verleihen konnte, ohne sie durch Mittheilung der Vernunft zu uns zu erheben, und folglich in der großen Leiter der Dinge eine unnötige und eben darum unmögliche Lücke zu veranlassen.

So wenig befremdendes aber auch nach diesem Vortrag der Tod in den Augen des vernünftigen Mannes hat, so erwünscht und begehrt er ihm erscheinen muss: (denn welcher Sterbliche sollte sich nicht öfters nach Ruhe sehnen?) so sehr haben sich im Gegenteil seine Schrecken der meisten Menschen bemächtigt. Daher weil Philosophie die Lehre des Vergnügens und der Glückseligkeit ist, und ohne Verachtung des Todes zu dieser Glückseligkeit niemand gelangen kann: so haben alle Schüler der ältern und neuern Weisen das Leben zu einer langen, anhaltenden Betrachtung des Todes gemacht, uns gelehrt, ihm kühn unter die Augen zu treten, seinen Anblick nicht zu scheuen, sondern sich mit ihm durch nähern Umgang vertrauter zu machen. Ja sogar niemand kann auf diesen hohen Titel eines wahren Weisen gegründeten Anspruch machen, so lang er nicht von ganzer Seele geneigt ist, der Natur freudig und ohne Murren ihre Schuld zurückzuzahlen, und jede Minute fertig und bereitsteht, diesen Aufenthalt hienieden zu verlassen und in seligere Gegenden hinüberzuschlummern. Aus der Seelenruhe, aus der Gleichheit des Geistes ganz allein kann der echte Schüler der Weisheit erkannt werden. Und du, der du auf diese hohe

Namen eines Christen und Weisen so gerne Anspruch machest, lass es dir gesagt sein: so lang du noch unruhig bist, den Neid fühlest, vor den Schrecken des Todes erzitterst; so lang du dich noch ärgerst, und nicht die Kunst verstehest, aus allen Vorfallenheiten des Lebens Vergnügen zu ziehen: so lang ist deine Weisheit sowohl als Glückseligkeit schwach und unvollendet. Dieser so schwachen gibt es noch sehr viele, und zur Schande der Vernunft muss die Weltweisheit selbst ihre Bekenner erst verachten lehren, was schon so oft der ungeübteste Denker, der niedrigste Knecht und Sklave, mit solcher Gleichgültigkeit und Unerschrockenheit ertragen. Darum verdient aber auch kein Thema der Weltweisheit, von allen Rednern der Welt, so häufig, mit mehrerer Stärke und Nachdruck behandelt zu werden, um uns aus feigen Memmen zu festen, unerschütterlichen, Göttergleichen Männern umzuschaffen. Darin besteht die wahre Erleuchtung unsers Geistes. Aus dieser allein entstehen unsre Freuden und unser Wohlergehen; nach dieser werden sich unsre Begierden ordnen, und wir werden sodann nichts begehren, was nicht Wille Gottes und Wink der Natur ist; dann werden wir der unerfüllten Wünsche beständig weniger zählen, und keinen Schmerz in diesem Leben empfinden, der nicht von unsrer Natur unzertrennlich und darum vorhanden ist, weil er zur Vorübung, zur Abstufung, zur Erhöhung unsrer Vergnügungen dienen soll; weil ein durchaus schmerzenfreies Leben das unangenehmste, ekelhafteste Leben, folglich eine unmögliche Forderung wäre.

Warum fürchten denn also Menschen den Tod so sehr? Wo um aller Welt willen mag sich doch diese widersinnige Lust herschreiben, seine Ruhe zu töten, sein eigner lebenslänglicher Henker zu werden, nicht nur an Freuden keinen auch nur den geringsten Zuwachs zu erhalten, sondern sogar darüber den Genuss des Gegenwärtigen zu verlieren? ein unvermeidliches, augenblicklich vorübergehendes und eben darum gar nicht oder kaum fühlbares Übel so lang und anhaltend zu empfinden? – Nicht die Vernunft, Mangel von Vernunft, irrige Begriffe, Schattenbilder, eine zu geschäftige, lebhafte, überspannte Einbildungskraft machen uns zu Mördern unsrer Ruhe, zu Mördern unsrer Freuden. Wenn du ein Leben führst zur Schande der Menschheit, zum Schaden und zur Qual deiner Mitmenschen; wenn du Gewalt zur Unterdrückung missbrauchst, die dir zum Wohltun gegeben war: o! dann martre und peitsche dich immerhin, der Verlust von diesem Leben, und die Schrecken der Zukunft mögen mit zentnerschwerer Last auf deiner Seele liegen! Dann quäle und peinige dich immerhin das finstre Tal des Todes; rächende Furien, das Geschrei der Unterdrückten und das Blut der Getöteten mögen dich an jedem Ort verfolgen, und die Straffen der Ixion, Sisyphos und Tantalus, die Furcht vor Teufel und Hölle, oder was sonst immer das Heiden- und Christentum schreckliches von Pein und Straffen erdacht, oder dem zur Menschenqual so erfinderischen Geist der Erdentyrannen abgeborgt, um den Ort der Rache für Verbrecher mit den entsetzlichsten Bildern auszumalen, sollen sich in jedem Augenblick deines Lebens deiner Phantasie darstellen, und den Genuss deiner Freuden zernichten. Keine Sophismen von erleichterter Aussöhnung mit Gott sollen dich beruhigen, und keine Schätze loskaufen von der Strafe, die deiner wartet. Ich selbst will deine Einbildungskraft noch mehr erhitzen und dir Bilder vorzeichnen, die aus allen Schrecken der Natur zusammengesetzt sind, vor welchen deine Seele zurückschaudern soll; ich selbst, wenn du das getan, will dir beweisen, dass keine augenblickliche, in deiner Lage abgedrungene Reue ein halbes Jahrhundert von Ungerechtigkeiten vernichten könne; ich selbst will deinen Irrtum erhalten, und den Gegenstand deiner Qual mit aller Beredsamkeit verstärken. Du Bösewicht, Freund der Ungerechtigkeit, Unterdrücker der Unschuld, wenn du bei den Gedanken des Todes erzitterst; so finde ich diese Schrecken sehr natürlich, ich finde sie sogar notwendig. Aber du, edler Vater, treuer Ehegatte, treuer Bürger, Menschenfreund, Vater und Lehrer deines Volks, dessen ganzes Leben in Unschuld und Wohlwollen vorübergegangen, der du hienieden, unter allen Stürmen und Anfällen des Unglücks, voll Vertrauen auf deinen Gott und dein reines Gewissen aufrecht gestanden, gekämpft, ausgeharrt, der du hierunten so oft und so manches bitteres Unrecht erlitten, warum zagest du? warum scheuest du dich, und zauderst, die Fesseln dieses Lebens von dir zu werfen und in eine ewige Freiheit hinüber zu springen? warum fürchtest du dich, deine Belohnung zu erhalten, schmerzenfreier zu werden, deinem Urheber näher zu kommen, in eine schon hier vorausgesehene bessere Welt hinüber zu wandern, deinen Verfolgern zu entgehen, und dich da hinüber zu flüchten, wo dich dein Unterdrücker nicht erreichen kann, außer um seine längst verdiente Straffe zu finden? O! mache dich auf, sammle dich, sporne dich an! Diese Aussicht muss dich so sehr stärken, als sie jeden Bösewicht quälen und in dem Innersten seiner Seele kränken und ängstigen muss. Er allein ist es, der sich mit Sophismen einwiegen, die Zernichtung seiner Seele wünschen, und nichts hoffen muss, weil er alles zu fürchten hat. Ihm ist dieses Leben sein höchster und einziger Wunsch, darum zaudert er solches zu verlassen, weil er mit solchem alles verliert; darum kann und will er nichts weiter vermuten, will sich vergeblich bereden, als ob das hier unten alles wäre, die Natur erschöpft wäre, ihren ganzen Reichtum und Vorrat ihm zu Gefallen verschwendet hätte. Er will sich und andere überreden, als ob Gott Menschen geschaffen hätte, um sie hier unten zu quälen, als ob er ein Gott der Qual und Leiden, kein Geber und Verleiher der

Freuden wäre; als ob Gerechte geboren würden, um das Glück andrer durch ihre Leiden zu erhöhen, um vom Unrecht nach Willkür gemisshandelt zu werden. Aber bei allem Zwang, den er sich antut, schreit aus dem innersten, tiefsten Hinterhalt seiner Seele eine unverkennbare, auf keine Art zu unterdrückende, beunruhigende, marternde Stimme hervor, dass dies alles Lüge gegen sich selbst, und Wunsch der Torheit, des Lasters und des glücklichen Übermuts sei, welcher der Tugend ihre Belohnung missgönnt, und eher gänzliches Vergehen und Vernichtung wünscht, als den Lohn und die Erhöhung der leidenden Tugend zu sehen.

Dies mag also er zweifeln, wünschen, der dein Unterdrücker war. Aber du, du hast hier unten Nachstellungen und bittre Verleumdung von deinen Feinden erfahren; üppige Schwelger haben dir den Lohn deiner Arbeit vorenthalten und unter dem Schein und dem erborgten Namen des Rechts dein rechtmäßiges Eigentum entzogen. Falsche Freunde haben dich auf allen Seiten hintergangen, und eitle Weltkinder haben die Unterscheidungen genossen, die allein dem so verkannten Verdienst gebühren. Oft ist die Sonne über deinem Haupt niedergegangen und die ersten Bedürfnisse des Lebens haben dir gemangelt, um deine Blöße zu decken, und deinen Hunger zu stillen. Das gegenwärtige und künftige Elend der kleinen Unmündigen, die aus deinen Lenden hervorgegangen, hat dir oft dein Herz durchschnitten, und manche mitleidige Träne hat in deinem Auge über die Hülflosen gezittert. Du hast die Hülfe vieler angefleht, die sich einst in deinem Sonnenschein gewärmt; und du hast verschlossene Türen und harte Herzen gefunden. Hohngelächter und Verachtung sind dir statt der Hülfe zu Teil geworden. Mit jedem Morgen bist du zu neuem Elend erwacht; der Schlaf ganz allein war der einzige, obgleich nicht allezeit geschäftige Teilnehmer deiner Sorgen. In einem siechen Körper hast du alle Foltern des Geistes und einer kranken Seele geduldig und standhaft ertragen. Aber Vertrauen auf den, der die Lilien kleidet und für die Vögel des Felds sorgt, festes Vertrauen auf deinen Herrn und Gott, hat dich niemals verlassen; hat, wenn alles von dir gewichen, allein noch deine Seele beruhigt; dann hast du in vollem Drang deines Herzens dich zu ihm gewandt und gerufen: "Gott! mein Vater! du hast mich bittern Unfällen ausgesetzt, und ich bin doch auf deinen Wegen nach deiner Vorschrift gewandelt. Ich habe Gutes getan, so viel ich konnte, und mich durchaus, so viel meine schwachen Kräfte litten, nach deinen Vorschriften betragen. Deine Güte berechtigt mich, von dir besseres Leben zu hoffen; denn du kannst es, willst es: oder du hörst auf Gott zu sein, und alle drückende Erdengewalt würde mit der deinigen nicht zu vergleichen sein; denn du hättest sogar schuldlose Wesen geschaffen, um sie Lieblingen Preis zu geben, die zur Vergeltung dich und deine Gesetze verkennen"

Du also, der du dies alles erfahren, warum stößest du deinen Wohltäter, deinen Erretter, den Tod von dir, der dich entweder in dein voriges Schmerzen loses Nichts zurückbringt, oder dem Aufenthalt der Seligen einverleibt? Sollte es möglich sein, dass dir keines von beiden gefiele? Du magst aber das eine oder das andere wollen, so bleibt das finstere Tal des Todes der einzige Weg, um sicher dazu zu gelangen. Oder ängstigt dich vielleicht die Zukunft, weil du dich von einem oder mehrern Grundsätzen deiner angebornen Religion, von dem Glauben deiner Voreltern nicht hinlänglich überzeugen konntest? weil du über Gegenstände einen Zweifel gewagt, über deren Wahrheit sich Menschen so wenig vereinigen können? Aber du hast dich doch von einem Urheber dieser Welt überzeugt: du warst bemüht, in allem wohl und recht zu handeln, weil dieses sein Wille, dein und aller, so um dich sind, dauerhaftester Vorteil ist! Dein ganzes Leben hast du in Tugend und Erforschung der Wahrheit dahingelebt. Um zu dieser letztern zu gelangen, hast du kein Mittel unversucht gelassen; warst und bist dabei noch voll von Bereitwilligkeit, jeder besser erkannten Wahrheit willig anzuhangen. Du hast niemand darüber gescholten, belacht, dass seine Art zu sehen nicht die deinige ist, dass er näherer Verheißungen und sinnlicherer Vorschriften bedarf, um den Vorschriften der Vernunft zu folgen, und rechtschaffen zu handeln. Du hast sogar so viele verschiedene Anstalten gut und zweckmäßig gefunden, sie wenigstens als Vehikel der Vernunft, für Schwächere als Anstrich der nackten Wahrheit, für den nur durch andere und durch Bilder denkenden und folgsamen Haufen als einen Fingerzeig und Zurechtweisung gegen die Verirrungen einer übermütigen, sich selbst überlassenen Vernunft betrachtet; glaubst doch insofern, dass sie göttlichen Ursprungs sind, und als verschiedene Mittel zu einerlei Zweck nach der so verschiedenen Empfänglichkeit der Menschen in den Zusammenhang dieses Weltalls sehr weislich gelegt worden. – Und wenn du dies getan, warum zitterst, warum zagst du sodann? Was kann alle Welt- und Volksreligion mehr verlangen, um wahre Religion zu sein und zu heißen? Wozu soll aller Glaube sein, als um des Rechtverhaltens willen? wenn du das schon getan, was Folge und Zweck jedes Glaubens ist, wozu jeder Glaube und Offenbarung nur stärkere und nähere, mehr anziehende Bewegungsgründe sind, um den zu leiten, der einer nähern Führung bedarf? – Handle rechtschaffen. Bei dieser Verschiedenheit der Meinungen, deren jede von ihren Anhängern mit Anschein, mit gleicher Wärme und Überzeugung verteidigt wird, erlauben dir dein Amt, deine übrigen Pflichten, bei allem Mangel der dazu nötigen Hülfsmittel, auf keine Art den Richter zu machen, oder Widersprüche über Gegenstände zu vereinigen, welche sich zum Handeln und zur Glückseligkeit der Menschen gleichgültiger verhalten, die vielleicht solcher vollends entgegen und eben darum nicht göttlichen Ursprungs sind. Nach deinen, nicht nach dabei interessierter Menschen Grundsätzen, Meinungen und Überzeugung wird dich Gott richten und beurteilen; nach dem, was dir mit diesen von ihm dir verliehenen Kräften, mit diesem Hunger und Bestreben nach Wahrheit möglich war. Verwechsle also auf keine Art den Gott der Schulen mit dem Gott, mit dem Vater der Natur, der ganz Liebe ist, aber von Menschen mehr als ein Gott des Schreckens und der Rache vorgestellt wird, um sich sodann als Mittler zwischen ihm und seinen Kreaturen aufzuwerfen, schwache Seelen von sich abhängiger, und die Erde zu Erreichung ihrer oft sehr weltlichen Absichten sich unterwürfig zu machen. Wenn du noch vollends nähere und positive Verheißungen glaubst, wenn anders dein Glaube, deine Begriffe von Gott rein und lauter sind, dein Vertrauen auf seine Güte unbegrenzt ist: so muss dir diese deine Auflösung so wenig schrecklich erscheinen, dass du sie vielmehr hoffen, wünschen, verlangen musst. Jede Minute von Verzögerung, mit der Quelle alles Guten so spät näher vereiniget zu werden, muss dir Marter, Verlust sein. Deine Schrecken selbst, deine Furcht vor dem Tode sind dein größter und sträflichster Unglaube. Hier erscheint es, dass du noch sehr an der Erde hängst, dass dir Gott unwert, und dein Glaube und Vertrauen an ihn nicht lebhaft sei, dass dir dein Leben nicht so schuld- und tadelfrei vorübergegangen, als dass du dir nicht selbst innerlich bewusst wärst, mehr ein Gegenstand der Strafe und Verwerfung als der Belohnung Gottes zu sein. Oder woher sollte sonst dieses Zaudern, Zagen und Fürchten entstehen, wo dich sonst alles zur Hoffnung eines bessern Lebens berechtigt? in einem Zustand hinüber zu gehen, wo nach Vernunft und Offenbarung Gerechte nur glücklich sein können? Warum soll der vernünftige, tugendhafte Mann sich bedenken, ein Leben zu verlassen, das voll von Trübsalen ist, weil es Vorhof, Vorgeschmack, Vorübung zu höhern Scenen, Prüfung der Geduld und Beharrlichkeit, und Gelegenheit zu Verdiensten sein soll? Wäre das nicht, wem wäre dieses Leben, das du so sehr liebst und so ungern verlassen willst, nur in etwas erträglich? Oder sage mir, wer hat nicht mehrmals die Stunde seiner Geburt verabscheut? Wie viele haben nicht sogar gezweifelt, ob Leben ein Gut sei, ob gar nicht sein nicht besser wäre? Wie viele haben nicht bei vielen Vorfällen des Lebens den Tod als ihren Erretter herbeigerufen? Und doch finden wir Bedenken von hinnen zu scheiden? – Entweder unsre unaufhörlichen Klagen über dieses Leben sind ungerecht, oder eben dieses Leben verdient nicht, dass wir uns über seinen Verlust entsetzen, und die Träne, die auf den Grabhügel unsrer vorausgegangenen Freunde fällt, sollte keine Träne des Mitleides, sie sollte eine Träne der Freude, Glückwunsch zu ihrer Freiheit, zu ihrer Errettung, zum ausgestrittenen Kampf sein. – Seelig und dreimal selig derjenige, der dem Wechsel dieser Dinge, der Gefahr zu fehlen, ungerecht zu sein, lieblos zu handeln, zu zürnen, und andern menschlichen Gebrechen so frühzeitig entgangen! Alles ist hier unstet; der kommende Tag kann jahrelanges Glück und die größte Herrlichkeit mit einem Mal vernichten. Wie mancher hat einen Tag zu viel und eben darum sein Glück und seine Ehre überlebt? Welcher Mensch ist so sehr ein Liebling des Glücks, dass er im Mangel würklicher Übel auch gegen alle Zukunft gesichert wäre? Das ist eben das höchste Unglück des größten Glücks, dass es so viel zu fürchten, so viel zu verlieren, und so wenig zu hoffen hat. Kronen helfen nicht vor Kopfweh, und die nagende Sorge geht die Paläste der Großen nicht vorüber. Hier sitzt sie mit ihnen auf dem Tron, begleitet sie zur Ruhe, und umflattert ihre Schlafstätte, und gaukelt in ihren Träumen. Sie erhebt sich mit ihnen, und weicht nie von ihrer Seite: denn ihr ganzes Leben ist unersättlich an Forderungen, deren die wenigsten befriediget werden, voll von ehrgeizigen Entwürfen, Absichten, und fruchtlosen, fehlgeschlagenen, zweifelhaften, gefährlichen Versuchen. Ihre Sinnen sind stumpf und abgenützt, und ihre für uns so seltenen Freuden sind für sie zu oft wiederholt. Daher dieser Überdruss und Ekel; daher die Unvermögenheit sich immer höhere und lebhaftere Vergnügen zu verschaffen; daher die damit verbundene Leere des Herzens und des Kopfs, und der marterndste aller Zustände, diese irdische Hölle der Großen und Reichen – die Langeweile. Missvergnügte Ehen, zerrüttete Familienumstände, Liebeshändel, Furcht vor Gift und Nachstellungen, Murren und Unzufriedenheit des Volks, samt der Unmöglichkeit dem abzuhelfen, sind nur einige der häufigen höchst unangenehmen Vorfälle, welche die hellen Tage unsrer Erdengötter verfinstern, sie durch innerlichen Gram verzehren, und, statt unsern Neid zu erwecken, sie zum Gegenstand unsers Mitleidens herabsetzen. Alles erinnert sie, dass sie Menschen sind, von der Natur begünstigt und hoch erhoben, um vielleicht dereinst umso härter und empfindlicher zu fallen. Von keinem einzigen menschlichen Unglück hat sie die Natur freigesprochen. Was dem elendesten Bettler widerfahren kann, kann dem Größten der Erde ebenso gut widerfahren. Welcher Monarch hat noch dem Blitz geboten: „Töte mich nicht," und dem Feuer gesagt: „Brenne mich nicht." Es gibt sogar über diese allgemeine Übel noch Unfälle, die ihrem Stand allein eigen sind; und der höchste und empfindlichste Grad des menschlichen Elends scheint daher nur den höhern Menschenklassen vorbehalten, um uns zum Gehorsam und zur Dankbarkeit geneigter, und ihren Stand minder begehrungswert zu machen. Es gibt Unfälle, die nur ein König empfinden kann; und auch um ein gewöhnliches, für uns in unsrer Lage weniger empfindliches Übel stärker, lebhafter und zweifach zu fühlen, alle Foltern der Einbildungskraft häufiger und anhaltender und nachdrücklicher zu fühlen, dazu wird ein höherer Stand, eine Krone erfordert. Niemand von uns kann so tief fallen, seinen Fall so sehr empfinden, mit solcher Wehmut sich seiner vorigen Größe erinnern, diesen Fall so oft fürchten, so oft und leicht vorhersehen, so sehr sich mit Verdacht und Misstrauen martern, so viele Unzufriedene und Missvergnügte machen, sich so sehr mit eigenen und fremden Sorgen beladen: so dass es wahrlich zur Glückseligkeit des Lebens gehört, kein Monarch, kein Großer der Erde zu sein, dass es mehr Bewunderung verdient, wenn es noch Menschen gibt, die sich dieser Bürde unterziehen, und um andrer Wohl ihre Ruhe dahingeben. Nur der Privatstand allein kann gegen solche Gefahren und Unfälle sichern. Wenn ein Nero und andere ihm ähnliche Ungeheuer den Nachstellungen der Missvergnügten unterliegen, und Pygmalion, aus Furcht ermordet zu werden, jede Nacht seine Schlafstätte verwechselt: so lässt sich das wohl noch begreifen, und zum Teil als wohlverdiente Züchtigung betrachten. Aber wenn gegen das Leben eines Titus, die Freude des menschlichen Geschlechts, Anschläge gemacht werden, wenn Heinrich der Vierte, Frankreichs Zierde und Stolz, davon ein Opfer wird, dann muss das Leben der besten Fürsten ein martervolles und unsichres Leben sein. Priamus und Hekuba, Krösus und der makedonische Perseus, selbst der sonst so glückliche Cäsar, der Überwinder der Deutschen in den Sümpfen von Minturnum, und der Rumpf des Pompeius an den Küsten von Afrika, Mauritius und Conradin, Carl der Erste und Maria von Schottland, und wie sonst immer das unzählbare Heer von verunglückten ältern und neuern Monarchen heißen mag, waren alle aus der höhern

Menschenklasse und haben das Schicksal des letzten aller Sterblichen erfahren. Solche schwere Unglücksfälle kommen nicht allein in der Geschichte von Asien und dem Byzantinischen Kaisertum, sondern auch in jeder Europäischen Ländergeschichte zu häufig vor, als dass sie nicht die beten Regenten auf ihr Schicksal aufmerksam machen und die Ruhe ihrer Tage untergraben sollten.

Zur Glückseligkeit gehört etwas mehr als hoher Stand und Überfluss an äußerlichen Gütern. Denn sie ist ein innerlicher Zustand. Fähigkeit zu genießen, ist eins ihrer Grunderfordernisse. Las alle Güter und Macht der Erde um dich versammelt sein, aber Furcht und Unruhe sollen dich dabei verzehren, deine Projekte, wie die unüberwindliche Flotte Philipps scheitern, deine Frau und Kinder dahin sterben, Stein, Podagra, und andere stechende Schmerzen dich quälen, ein hektisches Fieber soll dich verzehren; alle diese Freuden sollen für dich den Reiz der Neuheit verlieren, du sollst dich nach neuen höhern Vergnügungen sehnen, und mit aller Macht und Geld nicht erhalten können; dein Gehör oder Gesicht sollen sich vermindern, ein Sturz vom Pferd eine Quetschung verursachen, ein Glied abgenommen, oder die Trepane angesetzt werden: was helfen dir sodann alle diese reichhaltigen Gegenstände der Freude? Wenn ein Sokrates den Giftbecher trinken muss, selbst ein Cato nach dem Dolch greift, und der jüngere Brutus, noch ehe er in das Schwert fällt, an der Tugend zweifelt, oh sie kein bloßer Name und eine Buhlerin des Glücks sei: dann muss wahrlich das Leben nicht so reizend sein, dann müssen der Ursachen genug vorhanden sein, welche den Tod auch in den besten äußerlichen Glücksumständen begehrungswert machen. Dann muss jeder Sterbende seinen am Ufer zurückbleibenden Fremden, noch ehe er den Fuß in Charons Nachen setzt, den Auftrag machen, dem Äskulap einen Hahn zu opfern, sich glücklich preisen, dass er dem allen entgangen ist, und beim letzten Händeschlag sie zur Nachreise auffordern und wünschen, dass sie bald ein gleiches erfahren. In einem Leben, dessen ungleich größerer Teil von den allermeisten Menschen zwischen den Beschwerden der Kindheit und des Alters, den gefährlichen Ausschweifungen der Jugend und den Kabalen des männlichen Alters, zwischen Krankheit und Leidenschaften in ewiger Abwechslung von Neid, Zorn, Traurigkeit, Furcht, und marternder Ungewissheit, zwischen Verleumdung und erlittenem Unrecht, zwischen Langeweile und gefahrvoller Tätigkeit geteilt und dahin gelebt wird; in einer Welt, wo der Großen selbst solche Schicksale warten, wo man täglich von dem pestilenzialischen Hauch der Luft, dem Toben der Meere, von Stürmen und Orkanen, dem Wüten der Flamme, dem Donner des Himmels, dem Krachen und Spalten der Erde und dem Toben aller Elemente zu fürchten hat, wo anbei der ärgste unversöhnlichste Feind des Menschen der Mensch selbst ist, alles voll von Nachstellungen, Freiheit so selten, und Druck und Knechtschaft der herrschende Zustand sind, wo Despotismus und Intoleranz Religionskriege und bürgerliche Unruhen, Bartholomäusnächte und sizilianische Vespern hervorbringen, und des Säuglings an der Brust der Mutter nicht schonen, Meinungen mit Feuer und Schwert aufgedrungen, und Gedanken zum Verbrechen werden; in einer Welt, wo für die Bekenner der Wahrheit, für die Freunde der Tugend Ketten und Kerker, lebenslängliche Gefängnisse, Blutgerüste bereit stehen, Metallgruben, Galeeren, Latomien, Bastillen und Inquisitionstribunalien ihren allverschlingenden Rachen aufreißen: da in einem solchen Leben hat offenbar der Scheidende vor jedem Bleibenden den Vorzug. In einem solchen Leben ist es hohe Zeit, nicht zu zaudern, sich um offne Tore, um einen sichern Hafen gegen die Stürme des Lebens umzuschauen, sich zu diesem Ende dem Tod, wenn er kommt, als seinem Erretter, mutig, getrost und unerschrocken in die Arme zu werfen, um dadurch den noch bevorstehenden weit größern Übeln zu einer Zeit zu entgehen, wo die Natur uns von selbst ruft, und die Krone aus der Ferne zeigt, die sie nur dem mutigen Kämpfer zugedacht, der unter so wiederholten Anfällen nicht von seiner ihm angewiesenen Stelle gewichen und gegen alle Gefahren standhaft ausgedauert.

Oder zu welchem Ende, unersättlicher Lebensgast, bettelst du um noch fernere Lebensjahre? Glaubst du denn, dass mit diesen täglich sich vermindernden Lebenskräften die so seltenen Freuden des Lebens noch das Anziehende für dich haben werden, das sie bishero gehabt? Schau doch einmal diesen unbehülfsamen Greis, dieses Ideal deiner Wünsche und Begierden, diesen Spott der leichtsinnigen Jugend, diese Last seiner selbst und aller, die um ihn sind, dieses Altertum in einer verjüngten, ihm ganz heterogenen Welt, diesen traurigen Überrest eines feurigen Jünglings, diesen Schatten eines Lebenden, diesen lebenden Toden. Schau seine triefenden Augen, in welchen alles Feuer des Lebens verloschen, die keinen Gegenstand unterscheiden, diesen zahnlosen Mund, der nur mit Hülfe anderer genießt. Schau, wie sein gebeugter, siecher Körper der Grube zuwankt, in welcher er verwesen soll. Haben dieses verlorne Gedächtnis, diese Blödsinnigkeit des Verstands, der Verlust aller Leibes- und Seelenkräfte, diese zweite Kindheit denn so gar viel Reizendes, Begehrungswertes für dich? Oder sei immerhin noch bei guten Kräften, willst du, Einziger deiner vorigen Welt, noch fernerhin die Leichen deiner neuen Freunde begleiten? Wende deine Augen wohin du willst: die vorigen Teilnehmer deiner Freuden sind nicht mehr; du allein bist noch; deine Welt ist nicht mehr; sie hat sich erneuert; vorausgegangen sind die Gefährten deiner Jugend, die Gehülfen deiner Anschläge; vorüber sind deine Freuden; vorüber ist deine Fähigkeit zu genießen, du Fremdling unter den Menschen. Gehe von hinnen, deine Rolle ist vollendet. Wozu willst du den Nachfolger in deiner Stelle erwarten, der dir kärglichen Unterhalt zuwirft und die Augenblicke berechnet, die ihn vollends von dir befreien? und ein Leben dieser Art ist das Ziel deiner Wünsche?

Wenn du nun, furchtsamer Sterblicher! an diesem Leben nichts verlierst; in der Zukunft nichts zu fürchten hat; hier dem Übel entgehst; das Deinige verlierst, um dort alles zu gewinnen; wenn der Tod selbst allgemeines, unveränderliches, wesentliches Gesetz der Natur ist; dieses Zagen nicht nur allein den Tod auf keine Art von dir entfernet, sondern wohl gar beschleunigt; der Genuss aller Lebensfreuden dir darüber unschmackhaft und bitter wird; zu heftige Liebe des Lebens dich von allem abhängig, ungeheuchelter Verzicht auf das Leben ganz allein dich frei und unabhängig, und zum Herrn der Natur macht; wenn eben diese Furcht eines so schnell vorübergehenden, notwendigen, allgemeinen Übels von der Kleinheit deines Geistes, von deinem eingeschränkten Verstand, von deinem ungeordneten Willen und mutlosen Herzen zeigt; wenn mit dieser überwiegenden Liebe des Lebens keine reine, lautere Gottesverehrung bestehen kann, dabei Glaube und Vernunft zu schwach und ohnmächtig wirken, sich dadurch der Mensch seiner Verherrlichung und nähern Vereinigung mit Gott sträflich widersetzt, um hier unten zu bleiben, sogar auf alle Güter der Vernunft der Zukunft und einer bessern Weit töricht Verzicht tut, weil er entweder solche nicht glaubt, oder zu ungewiss darüber, zu sehr an den ihm bekannten gegenwärtigen Gütern der Erde hängt, oder sich wohl gar die Zukunft als eine Zeit und Ort der Qual, und Gott als einen Tyrannen und Peiniger der Gerechten vorstellt; wenn noch überdies diesen Tod, diesen bösen Augenblick so viele ungleich Schwächere mit solcher Heiterkeit und Gleichheit des Gemüts vorhergesehen, gewünschet, sogar herausgefordert und ertragen: warum zagt sodann der Mann von Einsicht, Vernunft, von geprüfter Rechtschaffenheit und Tugend? warum wirkt helle Menschenvernunft geringer und schwächer als Ehrgeiz, Melancholie, Vaterlandsliebe, Fanatismus, Verzweiflung? Warum bleibt die gegen alles Gute so empfängliche, reizbare Seele des Menschen gegen ein solches Verherrlichungsmittel nicht bloß kalt und gleichgültig, warum schaudert sie sogar vor dem Gedanken des Todes zurück?

Wir fürchten den Tod, nicht weil er in den Augen der Vernunft schrecklich und fürchterlich ist: wir fürchten ihn, weil er uns von unsrer zartesten Jugend an von selbst furchsamen, unerfahrnen oder dabei interessierten Erziehern und Lehrmeistern unter falschen schrecklichen Bildern vorgestellt worden. Diese Bilder haben sich unsrer ungebildeten und ungeübten Seele zu früh und zu tief eingeprägt, sie sind uns zur Fertigkeit, zum Bedürfnis geworden. Mit diesen Bildern hat nun unsre Vernunft zu kämpfen. Sie haben sich unsrer Seele durch öftere Wiederholung zu sehr bemächtigt, als dass sie den spätern Ankömmlingen, den Gründen der Vernunft, ein so lang und ruhig besessenes Eigentum so gutwillig abtretten sollten. Nur allein durch langes, anhaltendes, oft wiederholtes, Jahre lange wiederholtes Denken der Gegengründe gelangt unser Geist zu seiner Herrschaft, und auf diese Art können diese ersten Eindrücke geschwächt werden. Unsre ersten Jahre, unsre ersten Erzieher sind die wahren Urheber einer so unvernünftigen Qual; mit andern, bessern, uns in unsrer Jugend beigebrachten Grundsätzen würden wir bei heranwachsenden Jahren dem Tod mit so großer Entschlossenheit entgegengehen, als wir dermalen vor dem bloßen Namen erblassen.

In der zartesten Jugend, wo das Herz und der Kopf noch unverdorben sind, und jedem guten sowohl, als bösen Eindruck offenstehen, sollte der mutige, standhafte Verächter des Todes gebildet werden. Von dieser zartesten Jugend an werden noch über das durch eigene Erfahrung und durch ansteckendes Beispiel mit dem bloßen Schall des Todes unangenehme Ideen verbunden, die nur Foltern der Lebenden sind, von welchen allen der Sterbende nichts fühlt, denen er eben durch den Tod selbst entgeht. Dieses Bild von diesem oder jenem Sterbenden, von der Freundin unsers Herzens; ihre Angst, ihr Bitten und Flehen und Händeringen; dieses Missvergnügen, das wir bei ihrem Hinscheiden empfunden, diese Leere der Seele, welche durch die so plötzlich unterbrochene Gewohnheit mit ihr zu leben, zu sprechen, aus ihrem Umgang Vergnügen zu schöpfen, in uns entstanden; unser Bleiben, ihr Hinweggehen, die Einsamkeit der Örter, wo sie nun mangelt, und nicht wiederkommt, dieses Weinen und Jammern der Zurückgebliebenen; jener düstre Ton der Sterbeglocke, samt dem kalten, erstarrten Körper, der soeben seinen Bewohner verloren, und dem kläglichen Leichengesang, und das Hinabsenken der Leiche in die Finsternis des Grabs, und der dumpfe, widerhallende Schaufelwurf der ersten Erde, die in dem Grab herrschende Einsamkeit, und die dem Toden von unsrer Einbildungskraft geliehene Furcht vor dem hülflosen Wiedererwachen fährt in unsrer Seele mit einem mal zusammengenommen bei dem bloßen Namen des Todes auf. Mit diesem allen, was wir bei unserm Hinscheiden nie empfinden werden, verfinstern wir unsre heitersten Tage; aus diesen Bildern der Phantasie setzen wir jenes grässliche Unding zusammen, das wir uns in dem Tod vorstellen; vor diesem Bild unsers Gehirns und unsrer Phantasie zittern und zagen wir.

Im Grund ist der Unwille und Abscheu, mit welchem wir dieses Leben verlassen, kein andrer, als mit welchem wir in ein fremdes Land ziehen, oder unsre ehemalige, lang bewohnte, obgleich uns selbst unangenehme Heimat verlassen. Es ist der Unwille und Abscheu, mit welchem sich der Lappländer und Grönländer von seinen Rentieren, von seinem trüben und kalten Himmel, und von seinen ewigen Nächten getrennt, und in schönere und wonnevollere Weltgegenden unter einen mildern Himmelsstrich versetzt sieht. Es ist der Abscheu, mit welchem wir alten, eingewurzelten Vorurteilen und Grundsätzen jeder auch noch so falsch erkannten angebornen Religion unserer Voreltern entsagen und uns zu einer bessern bekennen. Wenn einmal der menschliche Geist einen gewissen Gang genommen, eine gewisse bestimmte Ideenreihe zu durchlaufen gewohnt ist: so entschließen wir uns selbst zum bessern nicht ohne Widerwillen und Abscheu. So kann lange Gewohnheit mit dem Übel aussöhnen und vertraut machen, und das Angenehmste missfällt, wenn der Übergang zu auffallend ist. Nur der Lauf der Zeit und öftere Wiederholung samt einem vertrautern Umgang mit dem neuen Gegenstand söhnen uns mit solchem aus, gründen eine neue Fähigkeit, machen uns den ältern vergessen, und wir können ohne Mühe vorhersehen, dass wir uns dereinst von diesem Gegenstand unsrer Abneigung mit gleichem Unwillen entfernen würden. Auf diese Art sind uns unsre Übel selbst zum Bedürfnis geworden, und ein besserer Zustand zur Qual. Gewohnheit zu leben bindet uns mit Sklavenketten an das unglücklichste Leben, und wir verlassen solches so ungern, als der Galeerensklav des Richelieu seine Ruderbank. Wir haben an das Leben beständig, beinahe gar nicht an den Tod gedacht. Wir haben vergessen, dass wir Wanderer auf Erden sind, dass unser Aufenthalt hier unten kurz und vorübergehend ist. Wir betrachten unsre äußerlichen Güter als Teile von uns selbst, die uns überall begleiten. Wir wissen, dass ohne sie der Genuss des Lebens kummervoll und elend ist, und vermuten, der Tod, der uns ewig davon trennt, werde ein gleiches Elend veranlassen. Aus dieser Vergessenheit unsrer Sterblichkeit schreiben sich unsre Entwürfe und Plane her; diese bleiben unvollendet, denn sie reichen über unsre Jahre hinaus, und erschweren den Übergang in ein Leben, wo höhere Gegenstände unsre Kräfte beschäftigen, und alle Geschäftigkeit der Erde bis zum Kinderspiel herabsetzen. Dazu kommt noch die Sorge für unsre zurückgelassenen Freunde und Kinder. Dieser Kummer, der zu nichts weiter nützt, als beiden Teilen die Trennung zu erschweren, nagt an unsrer Seele. Wir vergessen darüber, dass wir sie bald wiederfinden; dass sie alle den Weg noch zu wandern haben, den wir so eben vorausgehen; dass Gott für sie sorgen wird; dass ihnen kein Übel widerfahren kann, das nicht Gott in dem Zusammenhang dieses Weltalls zu ihrem Besten geordnet.

Diese von uns selbst verkannten Ursachen sind es, welche uns das Scheiden von dieser Erde erschweren. Deiss verabscheuen wir in dem Tod. Aber dieser Abscheu ist keine Wirkung der Vernunft, er ist das Kind des Vorurteils, der Leidenschaft, der Gewohnheit und der Unvernunft. Ja! lieber Freund, wenn du dereinst in die Gefilde eines ewigen Friedens hinüber schlummern wirst, dann wirst du ganz gewiss deine Frau, Kinder, Eltern, Freunde, auf eine Zeit; deine irdischen großen Titel, Rang, Vermögen, deine Paläste, Landgüter und Gärten, deine leckerhaften Mahlzeiten und weiche Ruhestätte, samt deinen politischen Einfluss auf ewig verlieren. Deine Klienten und Anhänger werden noch bei deinen Lebzeiten, so bald aller Zweifel über dein Wiedergenesen verschwindet, deiner untergehenden Sonne den Rücken kehren, und sich um deinen Nachfolger versammeln, der aus deinen Ruinen emporsteigt. Die Täuschung wird verschwinden, und der Taumel deines Glücks vorübergehen, und du wirst fühlen, dass du ein hülfloser Einziger bist, verlassen von Kunst und Menschen. Von dem allen, was dich hier über andere erhoben, wird dir nichts folgen; von deinen weiten Länderbesitzungen wird dir nicht mehr zu Teil werden, als dein Körper nötig hat, um darin zu verwesen; und deine häufige Dienerschaft kann dir zu nichts weiter dienen, als deinen Leichenzug zu verherrlichen. – Eine Eitelkeit, die du nicht mehr empfinden wirst, die bald von einem größern, freudigern Auftritt übertroffen wird, die dich höchstens nur um einige Tage länger in dem Andenken der Menschen erhalten wird, wenn dir nicht deine guten Taten und wohltätigen fortdauernden Anstalten ein bleibenderes Denkmal in den Gemütern deiner Zeitgenossen und Nachkommen errichten; oder vollends gar mit jeder Erdenscholle zentnerschwere Flüche der durch dich verunglückten Menschen auf deinen Leichnam hinabfallen. – Ja, ganz gewiss, dies alles bleibt zurück; so wie du nackt und schwach aus dem Schoß deiner Mutter hervorgegangen, ebenso von allem verlassen, entkleidet und beraubt, was die Meinung der Menschen aus dir gemacht, wirst du in den Schoß der mütterlichen Erde zurückkehren.

Aber sind denn endlich alle diese die letzten und höchsten Güter des Menschen? Wozu bedarfst du ihrer, wenn mit dir zugleich das Bedürfnis stirbt, wodurch sie dir wert und notwendig geworden? Wenn für dich der Vorhang fällt und deine Fabel hier unten vollendet ist, so las immerhin diesen dir geliehenen szenischen Prunk dem neuen Schauspieler zurück, den das Schicksal nun statt deiner auf die Bühne ruft. Nimm stattdessen deine guten Handlungen und die Tränen der Edlen mit. Diese allein werden dir in deiner neuen Heimat die Aufnahme erleichtern, und einem solchen Galt, mit einem solchen Gefolg, werden sich die Tore einer glücklichen Ewigkeit von selbst eröffnen, Unternimm etwas, das ewig dein ist, was keine Zeit und Ewigkeit von dir trennen kann. Und was ist so sehr dein, als du selbst, als die Äußerungen und Entwicklungen deiner Kräfte, als die innre Vollkommenheit, die du hier unten erworben? Überlass diese deine hinfällige Hütte, samt dem Flitterstaat, der sie verstaltet, der mütterlichen Erde und dem Heer von Toren, die alles Bessere verkennen. Dafür schwinge sich dein ausgebildeter Geist im Engelkleid zu den Höhen empor, wo keine Tugend verkannt wird, und jeder Kämpfer seine Belohnung erhält. Um diesen Preis kannst und wirst du dort alles erhalten, was deine neuen Bedürfnisse fordern, was dir die Güter der Erde entbehrlich und ekelhaft macht. Wenn du aber ernsthaft glauben kannst, dass ohne diesen alles Hiersein samt der ganzen Zukunft elend sei; wenn du glauben kannst, deine obgleich sehr beschränkte Herrlichkeit hier unten sei der Zweck, du aber der Schöpfung Mittelpunkt: o! dann bedaure ich dich sehr. Bleib immerhin dein eigner Peiniger; und es würde hohes Unrecht sein, wenn du nicht zur Strafe mit allen Foltern deiner von dir selbst zu deinem Schaden verderbten Einbildungskraft von hinnen gingst.

Aber sammle dich, kehre zu dir selbst: was hält dich zurück in den Fesseln des Lebens? "Die Vorbereitung zum Tod ist die Vorbereitung zur Freiheit; und wer sterben gelernt hat, hat ein Sklave zu sein verlernt." Was hindert dich also mit dem Tod dich näher bekannt zu machen? Warum bist du es noch nicht? Oder ist dir dieser jedem Menschen so unvermeidliche Vorfall unerwartet und neu? Was ist auf der ganzen weiten Erde, das dich nicht beständig daran erinnern sollte? Jeden Augenblick kann dir widerfahren, was dir einmal widerfahren muss. Keine Zeit, kein Ort, kein Stand und kein Alter versichern dich dagegen. Der Tod versteckt sich gern hinter Rosen und er lauert ohne Schonung aus jedem Winkel auf seine Beute.

Die ganze Geschichte ist, so zu sagen, ein Wörterbuch von Namen der Menschen, die waren, und – nicht mehr sind. Wir selbst sterben täglich, stündlich, sind das nicht mehr, was wir waren. Du stirbst für jeden Augenblick, der kommt, und der Tod vollendet nur das Werk deiner Geburt. Die Freuden unsrer Jugend sind von uns geschieden und wir von ihnen. Langes Leben ist langer Tod. Schau um dich herum! Wo sind nun die großen und weisen Männer der ältern Welt? Wo sind nun deine Eltern, Wohltäter und Freunde? wo deine Kinder? wo die Freundin deines Herzens? – Vorausgegangen, da hinübergegangen, wo niemand zurückkommt, alles deiner wartet. Du allein fehlst ihnen noch, ihnen, um welche du trauerst. Dort wirst du dich auf einmal in der Gesellschaft aller großen, edlen Menschen, in der Mitte deiner vorausgegangenen Lieblinge finden. Diese werden sich über das Dasein ihres neuen Gastes freuen, dich mit den Herrlichkeiten und Freuden dieses neuen Lebens bekannt machen; sie werden mit dir die spätere Ankunft deiner zurückgelassenen Freunde erwarten, mit dir über sie wachen, wahrnehmen, wie ihr vermeintes Leiden Prüfung, Vorbereitung zur künftigen Herrlichkeit sei; sie werden sich mit dir freuen, dass ihnen sogenanntes Unglück zu Teil wird, um ihr Verlangen nach der Zukunft lebhafter zu machen, um sie zu belehren, dass für Wesen höhern Ursprungs hier unten keine bleibende Stätte sei, dass sie für höhere Scenen geschaffen sind, weil Gott nichts von Lieblingen weiß, er ungerecht, sein Werk mit aller Harmonie und Ordnung äußerst unvollkommen wäre, wenn ewiges Unglück eines einzigen Gerechten zu Erreichung des höchsten Zwecks notwendiges Mittel wäre, weil niemand Übel widerfahren kann, aus dem nicht Bessersein und höheres Glück für den Leidenden hervorkeimt; weil in Gottes Schöpfung niemand geschaffen ist, um der Schatten eines andern zu sein, und dann auf ewig zu vergehen.

Nicht Menschen allein, alles, was um dich ist, muss dich an deine Sterblichkeit erinnern. Alles ist mit dir und uns allen gleichem Schicksal unterworfen. Auch deine Güter sind mit dir alt geworden und nähern sich mit dir der Hinfälligkeit. Auch dieser schattenreiche Baum, den du als Knabe gepflanzt, unter dessen Schatten du als Jüngling geliebt, und als Mann geruht, ist nicht mehr, was er war. Noch einige wenige Jahre, und der ermüdete Wanderer hat dieses Obdach verloren, das ihn gegen die brennende Mittagshitze, und gegen den Ungestüm des Himmels so gutwillig geschützt. Du lebst in einer neuen Stadt, unter einem erneuten Menschengeschlecht: denn die Männer deiner Jugend sind dahin; an ihre Stelle sind neue Menschengestalten getreten, und die Gefährten deiner Jugend sind mit dir zu Männern herangewachsen. Die schönsten, blühendsten Städte der vorigen Zeiten sind verlassen oder zerstört, und der Landmann treibt den Pflug über die Ebnen, wo Troia gestanden. Kaum eine Spur ist davon übrig. Die Macht Assyriens und die Größe Alexanders sind dahin; alle Reiche der Vorwelt sind verschwunden; die ganze Oberfläche der Erde ist geändert; nichts von allem ist in seiner vorigen Lage. Und auch du, blasser Mond, samt deinem Sternenheer, und sogar du, Leben der Natur, allerquickende Sonne! ihr geht zwar unter und erscheint wieder in verjüngter Gestalt, und findet nie die selbigen Wesen wieder, und werdet auch mich einst nie wiedersehen: aber niemals kommet ihr ganz als die selbigen zurück! Man will sogar wissen, dass auch euch dereinst das Schicksal treffen soll, dass die allverzehrende Zeit euch aus euern Angeln reißt, dass eure leuchtende Scheibe verlöschen wird, wenn die ganze materielle Natur zu Trümmern geht. – Und du allein, elender Sterblicher! du allein wunderst dich, wenn der Herbst herbeikommt und deine Blätter herabstürmt? Du allein bist stolz genug, für dich, so wie du dermalen bist, eine Ausnahme von dem allgemeinen Schicksal aller Wesen zu fordern? Selbst dieser so hinfällige Bau deines Körpers, samt der alltäglichen Erfahrung, und dem aus ihr so allgemein und unveränderlich hervorleuchtenden Gesetz der Natur sollten dich im Mangel höherer Vernunftgründe an deine Sterblichkeit erinnern. Aber diese Gewohnheit zu leben, diese jedem Menschensohn so natürliche Eigenliebe samt den daraus entstehenden grenzenlosen, widernatürlichen Forderungen, diese verführerischen Bilder einer durch das Totengepräng empörten Phantasie setzen uns mit uns selbst in Widerspruch, machen die so hell und laut rufende Stimme der Natur unhörbar und unvernehmlich, reißen unsre Vernunft mit sich fort, und verengen uns die weite herrliche Aussicht. Wüssten die Menschen mit Zuversicht die Herrlichkeit, so ihrer nach diesem Leben wartet, die Erde sollte bald ohne Bewohner sein; und statt die Menschen mit diesem ihren unvermeidlichen Schicksal bekannter zu machen, müsste vielmehr die Beredsamkeit ihre Kunst und Stärke verwenden, der Ungeduld und dem zu raschen Eifer Einhalt zu tun, und sie von der Beschleunigung des ihnen dermalen so verhassten Todes zurück zu halten.

Hast du denn, zaghafter Sterblicher, ganz vergessen, oder nie bedacht, wozu dieses Leben, wozu dieser Tod ist? – Hast du vergessen, dass dieses Leben hier unten Vorbereitung, Vorhof, Vorgeschmack der Zukunft sei? Hast du vergessen, dass es in jedem Menschenleben gewisse Lagen gibt – auch im größten Übermut des Glücks finden sie sich nicht selten ein, und jeder mag sein eignes Herz befragen, ob, und wie oft er sie erfahren, und wie er sich dabei befunden – Lagen, wo sich alles zu unserm Missvergnügen vereinigt, wo alle Aussichten auf Wohlergehen verschwinden, wo wahres oder eingebildetes Unglück Schlag auf Schlag kommt, wo die ganze Tätigkeit unsrer

Seele stockt, wo Freunde und Gegenstände vor uns fliehen, und wir selbst wie eine Insel in der ungeheuern Welt
stehen, und nur durch Stürme, Unfälle, Verachtung und
fehlgeschlagene Entwürfe, durch den bittersten, lebhaftesten Kummer und Verdruss noch mit der übrigen Welt
zusammenhängen, wo unsre tierische Natur mit einem so
betäubenden Getöse ruft, dass Vernunft und Weltweisheit
gänzlich verstummen? Dort, in diesen Situationen ist der
Gedanke an einen Gott und Rächer des erlittenen Un-
rechts Balsam in die blutende Wunde; dort wird der Tod
herbeigerufen und mit schmachtender Sehnsucht erwartet; dort erscheint er als Schlaf, als Ruhe für den durch die
Qualen des Lebens ermüdeten Wandrer, als Freistätte gegen die Unterdrückung, Hoffnung für den Elenden, Gene-
sung für den Kranken, Übergang in ein besseres Leben,
Einleitung in höhere Weltkenntnisse, Annäherung zu seinem Urheber, Tribut der Menschheit, notwendiges,
zweckmäßiges Fortrücken auf der großen Leiter aller Wesen, anscheinendes Stillestehen, Befreiung aus dem Ge-
fängnis, Pforte der Freiheit, Rückkehr in seine Heimat, Sie-
gel des Lebens und Triumph der Natur. Was er dir dort, in
dieser Lage scheint, das ist er in der Tat auch außer derselben. Aber der Taumel deines Glücks verrückt dir den
Sehepunkt, und wirkt in dir diese Vergessenheit und Geringschätzung der höhern Güter, die er gewährt; denn er
gibt mehr, als er nimmt. – O Mensch! dir sind hohe Gaben
zu Teil geworden! Aber unfähig, in Furcht oder Hoffnung
das Mittel zu halten, und dich nach der allein sicher füh-
renden Vernunft zu betragen, missbrauchst du sie
schändlich. Du bist ganz zur Weisheit und Glückseligkeit
geschaffen, und dein ganzes Leben ist Torheit, verkannter
Vorteil, und selbst gemachte Qual. Wisse also, und erinnere dich oft, sehr oft daran: Sterben heißt das Gesetz erfüllen, zu dem wir alle geboren sind; sterben heißt die
große, breite Straffe wandern, auf welcher unaufhörlich

in gedrängter Menge, seitdem es lebende Wesen und Unterschied der Stände gibt, der Hohe an der Seite des Niedrigen, der Reiche in Begleitung des Armen, und der Unterdrücker an der Seite des Unterdrückten, ohne Stolz und Verachtung zu dem Ort ihrer Bestimmung gehen. Sterben heißt, eine schlechtere Natur gegen eine bessere verändern, seine irdische Hülle von sich werfen, sich verklären, in ein höheres Leben hervorgehen. Sterben heißt, die Gesellschaft von Toren Wohllüstlingen, Verleumdern, ungerechten Richtern, von hochmütigen, ehrgeizigen, eigennützigen Menschen verlassen, um sich mit allen edeln Seelen und großen Geistern, mit den Würdigsten unsers Geschlechts in eine unzertrennbare Verbindung zu vereinigen. – Er, der Tod verursacht, dass uns das Leben nicht zur Qual und Strafe wird; er ist uns als die größte Wohltat gegen die Beschwerden des Lebens verliehen; er gibt dem Kranken Gesundheit, und dem Leidenden Stärke. Er ist es, der dem Gefangenen seine Ketten abnimmt, das aufgehobene Gleichgewicht wiederherstellt, und alle Hoheit und Unterschied der Stände hinwegschafft; er macht, dass wir als Kinder Eines Vaters uns auch als Untertanen eines einzigen Herrn fühlen. Er ist es, dem noch kein Sterblicher entgangen, welchen die größten Männer des Altertums so gleichgültig ertragen, so viele gewünscht, so manche beschleunigt, so viele auch schwache Menschen, noch erst gestern dein Knecht, deine Magd, so majestätisch verachtet. Kein Auftritt der unermesslichen Natur ist mit ihm an Majestät und Größe zu vergleichen. Meine ganze Natur gerät in Gehrung, Bewegung und Streit; alle Kräfte meines Körpers arbeiten an seiner Zerstörung. – Nun zerreißen auf einmal alle Bande dieses Lebens; und – dieser Körper ist noch da, fühllos und kalt; Ich aber – bin hinweg. Ich gehe fort, las alles zurück, kann alles entbehren, worüber die Welt sich hasst, beneidet, verfolgt. Ich werde allenthalben gesucht und – vermisst; werde durch meine Abwesenheit erst erkannt für den, der ich war; bin noch gegenwärtig durch meine Taten. Man wünscht mich zurück, und wünscht es umsonst. Welche Würde in diesem Austritt! – Und dann erst, wenn Gott auf dem Sturm herabfährt, oder dem Südwind befiehlt, böse Dünste zu sammeln und über ganze Erdstriche zu verbreiten! – Verwelken muss sogleich jede Blume des Lebens, sich beugen jeder Stolz, sich schwach fühlen jede Stärke, und herabsteigen jede Größe, und wanken jede Krone! Dort brütet ein Monarch in schlaflosen Nächten über dem Schicksal ganzer Völker: und der Tod schleicht sich an seine Ruhestätte, ritzt eine kleine Ader im Gehirn, und – hin sind alle Entwürfe; ein ganzer Weltteil ist gerettet oder zerstört. Hier erweicht keine Schönheit; hier rettet kein Reichtum; hier schützt keine Macht; hier hilft kein Winseln und Flehen. Sei wer du willst, deine Zeit ist gekommen, und deine Rolle vollendet. Also – hinweg von dieser Erde, und hinüber in das Land, wo sich alle Lebende seit Jahrtausenden versammeln, wo nur ein Herr ist, und – dieser Herr ist Gott. Hier gibt's keine Lieblinge, keine Ausnahme von den ewigen Gesetzen der Welt und Natur.

Gott ruft jedem der geboren werden soll, beim ersten Eintritt in das Leben zu:

„Komm hervor zum Leben an die Stelle dessen, der soeben abgetreten ist, um dir Raum zu machen. Diese Teile, aus welchen ich deine irdische Hülle gestalte, waren schon vor dem Teile derer, die vor dir waren. Diese habe ich abgerufen, um dich auftreten zu lassen. Diese Teile, diese Hülle leihe ich dir, um die Rolle zu spielen, welche der Zusammenhang des Ganzen, der letzte Zweck und das Wohl aller Wesen erfordern. Sei kein böser, Schuldner, der seine Schuld verläugnet, wenn die Zeit kommen wird, das Geliehene wieder zurück zu fordern. Betrachte dich nicht weiter als einen Teil eines ungeheuern Ganzen, nach dessen Ordnung und Gesetzen du dich zu fügen hast. Fordre daher keine Unmöglichketten von mir, nichts was ich andern Bessern und Edlern vor dir und nach dir, kraft meiner ewigen Gesetze, mitteilen konnte. Mäßige daher deine Ansprüche, denn sie werden und können dir nicht befriediget werden. Wirst du diesen meinen Wink verachten, so schreibe es nicht auf meine Rechnung, dass der Aufenthalt da unten nicht so angenehm vorübergehen wird, als er dir außerdem gewesen wäre. Verliebe dich nicht zu sehr in dieses Leben: denn es ist nur Vorhof. Glaube ja nicht, dass alle meine Reichtümer schon hier verschwendet seien. Länger hier zu bleiben zaudern, diese Erde, diese Gestalt zu verlassen und deine Hülle zurückzugeben, hieße die Gesetze der Natur aufhalten, und auf alle künftige höhere Seligkeit Verzicht tun. Es würde dabei die Schwäche und Niedrigkeit deines Geistes verraten, der sich in das Gegenwärtige so sehr verliebt, dass er nichts weiter vermutet, und mir sogar die Möglichkeit abspricht, dem Menschen eine höhere Seligkeit zu bereiten. Klage nicht über mich, dass ich ein harter, unerbittlicher Gläubiger bin; ich fordre nur diese Form zurück, die ich dir verliehen habe, um deinem Geist in diesem Leben zu dienen. Dieses Leben deines Geistes lasse ich dir; werde es dir auch forterhalten, indessen Königreiche zerfallen, Weltteile vergehen, die Erde selbst sich zerstören wird. Diese Königreiche zernichte ich, diese Weltteile zerstöre, und verwüste, und verändere ich, um dich, so lang du hier unten bist, nicht zu ermüden, um deinem Erkenntnisvermögen Mannigfaltigkeit und Gegenstände unaufhörlich darzubieten, und wenn du einst diese Hülle abgelegt hast, in dieser Zerstörung selbst zu zeigen, dass ich kein Gott der Verwüstung, dass ich ein Gott der Ordnung und Harmonie bin; dass ich für Wesen deiner Art beständig arbeite und baue, und herrlicher baue indem ich zerstöre; dass, indem sich die Erde spaltet, die See tobt, und ganze

Erdstriche in sich verschlingt, dies alles um deinetwillen geschehe, um aller Wesen, und selbst um derer willen, welche am meisten dadurch leiden. Jede Geburt ist Tod, jeder Tod ist Geburt; so wie das eine sich endet, fängt das andere an. Ich kann nichts zerstören, ohne sogleich ein andres herzustellen. Du hast keine Wahl. Hier gibt es kein Mittel. Entweder du musst dich entschließen, immer einerlei zu sehen, zu hören, zu empfinden, folglich ermüden, und Ekel und Überdruss erfahren; oder, wenn ich deinem Geist Stoff zur Erkenntnis, neue Gegenstände und dadurch Ideen über Ideen darbiete, und diesen Grundtrieb deiner Seele befriedigen soll: so muss ich das auf Unkosten der vorhandenen Formen tun. Dies fordert jedes Wesen deiner Art von mir; und damit könnte ich nicht zu Stande kommen, ich könnte selbst deine eigenen Wünsche nicht befriedigen, wenn ich eines jeden schonen wollte. Ich muss also auch deine Form dereinst angreifen, weil ich kein parteiischer Gott bin, und keine Lieblinge habe, weil ich alle liebe. Und weil ich noch dazu ein Gott der Güte und ohne Mangel bin: so kann ich nichts ins Schlechtere, ich muss alles ins Bessere verändern. Meine anscheinende Härte ist Güte und Gnade, und meine anscheinenden Fehler höchste Weisheit. Ich würde euch niemals durch diese niedern Grade, durch das Gebiet des Schmerzens geführt haben, euch den Tod bereitet haben; ich würde euch alle gleich beim ersten Entstehen zum höchsten Grad von Glückseligkeit geschaffen haben, wenn diese Art von Glückseligkeit möglich gewesen, und nicht vielmehr für euch alle Qual und empfindlichstes Elend wäre. Ich habe also getan, was noch allein möglich war: ich habe euch klein und schwach gemacht, damit ihr wachsen und stark werden sollt; ich habe euch Unvollkommenheiten gegeben, aber auch Fähigkeit und Kräfte, um sie zu vermindern; ich habe euch Mängel gegeben, aber auch den Abscheu gegen jede, umso mehr gegen eigne, Unvollkommenheit eingepflanzt, um eure Kraft zu reizen und zur Verminderung dieser Mängel in Bewegung zu setzen. Vergleicht euch nicht mit falschen Idealen; vergleicht euch mit dem Zweck der Welt: und ihr werdet finden, dass euch nichts mangle, dass ihr alles seid, was dieser erfordert; und dieser erfordert euer stufenweises Bessersein. Und dieses stufenweise Besserwerden erfordert, dass ihr nicht schon im Anfang seid, was ihr später werden sollt; und erst später werden sollt, weil es mir unmöglich ist, meines gleichen hervorzubringen; weil es also in der Natur eines endlichen Wesens liegt, dass es nicht auf einmal sei, was es sein kann; weil ihm allezeit etwas mangeln muss, und dieser Mangel selbst zur Triebfeder wird, durch die es sich verbessert. Diesen führe ich durch Krankheit zur Mäßigkeit; einen andern durch Verachtung zur vernünftigen Selbstschätzung und Erwerbung größerer Verdienste; einen dritten durch Mangel zur Arbeitsamkeit, durch Unvorsichtigkeit zur Klugheit, und durch anhaltende Übel zur Weisheit, zur Geduld, zur Ergebung in meinen Willen. Ich habe Menschen; diesen habe ich allen Überfluss und Macht zugeworfen. Andere, die ich in diesem Stück weniger bedacht, glauben, diese wären meine Lieblinge. Ich habe andere, die ich durch Unglück näher an mich ziehe. Alle Übel, die ich euch zuschicke, sind Zurechtweisungen, Warnungen gegen ärgere Vergehen, Aufforderungen zur Selbstkenntnis, zur Entwicklung eurer Kräfte, zur Erinnerung an mich. Unter diesen Übeln habe ich euch sogar den Tod gegeben, um euch gewaltsam von einem Aufenthalt zu reißen, in welchen ich vorhersah, dass ihr euch aus Mangel besserer, dort schon unmöglich mitzuteilender Einsicht, zu sehr verlieben würdet.

Wenn ich aber auch ein parteiischer Gott, ein Gott für dich allein sein wollte: so bedenk einmal, und sei billig:

wie vieles hätte ich nicht zu ändern, weil in diesem meinen Werk keine Veränderung einseitig ist. Nimm ein einziges Sandkorn aus diesem Weltall, und du hast eine neue Welt, und die vorhergehende zernichtet. Und dann wie ungerecht würde ich handeln, wenn ich andern nicht ein gleiches gewähren würde? Oder soll ich dir nur allein tun, was ich ungleich bessern verweigert? Ich? – der ich nicht allein dein, sondern aller, aller Vater bin? Wie wenig würdest du dich mit dieser meiner Willfährigkeit begnügen! Mit deinem Übermut würden deine Forderungen immer höher und höher steigen. Du wärst noch am Ende bösartig genug, mich zu schelten, dass ich dich nicht auch zugleich zum Herrn der Welt gemacht und alle übrige dir untergeordnet. Ewige Alleinherrschaft wäre das Ziel deiner Wünsche. Was hättest du wohl dadurch gewonnen? Glaubest du, dass sodann deine Untergebenen nicht suchen würden, sich deiner Herrschaft zu entledigen, und es wenigstens versuchen wollten, einen unsterblichen Despoten unwirksam zu machen? Oder sollen diese ohne alles Gefühl, in allem dir zu jedem Wink bereitstehen? Elender Tor! welchen Ekel würde dir am Ende diese puppenmässige, mechanische Bereitwilligkeit dieser dir so unähnlichen Mitgeschöpfe verursachen! Wie sehr würde dieser Mangel von allem Widerstand deine Geisteskräfte und Tätigkeit beschränken! Dies alles, was du zu deiner Glückseligkeit verlangst, würde ich tun, wenn ich dein Feind wäre, dich strafen, einschläfern, zernichten wollte. Ein todähnlicher Schlaf wäre also das Ziel deiner Wünsche und Begierden? Also nicht ich, du selbst tötest dich, indem du von mir hier unten ewiges Leben verlangst.

Da du also, dir selbst überlassen, bei so törichten und widersprechenden Wünschen, nicht dein Glück, sondern dein Elend, nicht dein Leben, sondern deinen Tod würdest befördert haben: so konnte ich, der ich nicht dein

Unglück, deinen Tod, sondern dein wahres Glück, dein Leben will, bei der Anordnung dieses Weltalls, deine Stimme und Forderungen unmöglich mit in Anschlag bringen. Ich habe daher nach weisern Gesetzen dies alangeordnet, dich dabei gewisslich nicht vergessen. Ich habe statt deiner gewollt, und bin zum Voraus versichert, dass du mir dereinst danken wirst, dass ich dich klein, schwach, endlich, veränderlich, sterblich gemacht. Ich habe dir zu diesem Ende selbst diese törichten Wünsche gelassen; habe dir erlaubt, dein Interesse zu verkennen; habe dich unzufrieden und murrend gegen mich geschaffen: damit du dereinst nach erhaltenen hellern Einsichten einsehen sollst, dass ich dort am meisten um dich besorgt war, dich am zärtlichsten geliebt habe, wo ich hart und ungerecht geschienen; dass dein vermeintes Unglück dein größtes Glück, der einzige mögliche Weg gewesen sei, um dich zu dem zu machen, dessen du dich zu seiner Zeit so sehr erfreuen wirst; dass ich mit meinen Wohltaten sparsam gewesen, nicht alles auf einmal mitgeteilt, um dir mehr, und oft, und länger mitzuteilen; dass endlich die Weisheit der Menschen nicht die Weisheit Gottes sei.

Höre also auf, törichte Wünsche zu fassen; füge dich als ein Teil in die Ordnung und Gesetze des Ganzen; höre auf mich zu bitten, dass ich dich hassen, andre mehr lieben soll, als dich. Kein Insekt, noch weniger einen Menschen habe ich so empfindlich gestraft, als ich dich auf dein eignes Verlangen misshandeln soll. Du bist mir lieber, als dir selbst. Schließe vielmehr daraus, dass ich Vater, Vater aller Wesen bin, weil ich Stärke genug habe, dir dieses abzuschlagen. Dort in jenem Winkel dieser Erde habe ich dem Tod befohlen, den einzigen Erben dieses Reichs in seiner Blüte abzurufen. Mich hat keine Macht, kein Glanz geblendet; alle Schätze dieses Reichs sind mir zum Lösegeld angeboten worden, und sie haben mich wie ihre Richter bestechen wollen. Hunderttausende von

Menschen sind auf ihre Kniee gefallen und haben sich erinnert, dass ich ihr Herr bin, der das Leben gibt und nimmt. Das Leben von vielen Tausenden hat von diesem einzigen Leben abgehangen; Krieg und Vernichtung eines halben Weltteils waren die unvermeidliche Folge davon: und – Ich habe mich nicht erbitten lassen. Der Zusammenhang des Ganzen hat das Verblühen dieser Blume zu laut, zu unwiderstehlich gefordert. Ich habe keinen andern Willen als diesen, und dieser Wille ist unabänderlich, ist ewig, denn bei mir hat keine Übereilung statt. Kein Bitten, kein Händeringen kann mich bewegen, willkürliche Ausnahmen vom Gang der Natur zu machen, und um eines einzelnen Wesens willen, zu dessen eigenem Schaden, den Gang der Welt ins Schlechtere zu verändern; oder ich müsste nicht Gott sein, wenn mich erst das Flehen der Menschen des Bessern belehren, und an Mängel meiner Einrichtung erinnern sollte. Darum geschehe mein Wille! weil dadurch der Wille aller geschieht. Darum stirb, weil du geboren bist!"

So lautet der Vertrag des Lebens; dieses sind die Aussichten, die sich uns eröffnen. Schön ist dieser Vertrag: trostreich sind diese Aussichten. Durch sie wird diese Welt ein Ganzes, der Mensch erhält eine Würde, alles eine Bestimmung, das Übel hat seinen Zweck, und Gott erscheint als ein Gott, als Urheber der Natur. Ich weiß wozu ich da bin, ich weiß warum ich leide. Alles hat seinen Zweck. Es soll immerhin unter Gottes Würde sein, sich Zwecke zu denken: so liegen doch diese Zwecke und Erwartungen in der Welt; sie lassen sich daraus erkennen, die Welt selbst erhält dadurch eine neue bessere Gestalt; sie gründen den Zusammenhang; sie verhalten sich als würkende Ursachen, bestimmen die Handlungen denkender Wesen, werden die Quelle ihres Vergnügens, und ihre Glückseligkeit richtet sich darnach. Ohne Zweck ist diese Welt kein Ganzes; durch ihn ist jeder, was er ist.

Wenn einst die Stunde herbeikommt, wo auch mich die Reihe meiner Auflösung treffen wird, und der Tod auf mich, als seine Beute, hereinstürmen soll; wenn der Arzt die Achsel zuckt, und in den Augen meiner Freunde manche ängstliche verstohlne Träne sichtbar wird; wenn jeder von ihnen mit der Miene des Mitleidens und der Trauer auf mich herabschaut, und die Augenblicke berechnet, wo diese Gestalt, in welcher noch, obwohl schwacher Ausdruck des Lebens von der Gegenwart des in ihm wohnenden und zum Aufbruch fertigen Geistes zeigt, blass, kalt, starr und fühllos da liegen wird, öd, wie eine Wohnung, die erst kurz ihren Bewohner verloren: dann, o Herr! las mich diese Grundsätze nicht vergessen; dann las mich nicht schwach erscheinen, an meiner Lehre zum Lügner, und meinem Leben ungetreu werden; dann gebiete dem Schmerzen, noch auf eine kleine Zeit zu schweigen, damit ich noch meine Kinder versammle, ihnen mein Leben als ein Beispiel, als ihr bestes Erbteil hinterlasse, sie zur Tugend auffordre, und ihnen sage: dass ich zwar von hinnen gehe, dass aber du, o Herr! für sie sorgen wirst. Dann las mich noch zuvor der edlen, treuen Gefährtin meines Lebens für ihre Zärtlichkeit danken, Mut zusprechen, sie versichern, dass ich nicht ewig für sie verloren bin; dann las mich unter den Betrübten den Heitern sein; las diesen Geist meiner Heiterkeit auch auf meine herumstehenden Freunde hinübergehen, sie dadurch einsehen und lernen, dass diese Heiterkeit und Gleichheit des Gemüts auf dem Sterbebette ganz allein Folge eines wohlverbrachten Lebens sei; dass die Tugend, wenigstens in diesem so entscheidenden Augenblick an der Grenze dieses Lebens niemals verlasse, obgleich ihre treuen Bekenner im Lauf des Lebens selbst mit sehr bittern Unfällen zu kämpfen haben. Und weil ein Unterricht vom Sterbebette, unterstützt mit eignem Beispiel, auf die Seelen der Umstehenden unverlöschlichen Eindruck macht: o, so las um der Tugend willen mich diese wenigen Stunden, die mir noch gegeben sind, in lehrreichen Unterredungen über das Glück und die Macht der Tugend, über das Unglück des Lasters, über den Wert der Güter, über die Aussichten in eine sich mir bald näher öffnende Zukunft, dahinbringen. Und dann, dann, wenn ich dies alles mit Anstand und Erbauung vollendet habe: dann las mich von der Erde weg, zu dir, dem ich bald eine Stufe näher rücken soll, hinwenden, die letzten Lebenskräfte sammeln, von der Fülle meines Herzens rufen, mit dem stärksten mir noch möglichen Ausdruck meines Vertrauens auf dich rufen:

„Herr! die Tage meiner Wanderschaft auf Erden sind vollendet! Dein ist es nun, über mich zu richten, ob ich sie wohl oder übel vollbracht habe, ob ich deine Gnade oder Verwerfung verdiene. Ich habe die Wahrheit eifrig gesucht, weil sie dir, der du ganz Wahrheit bist, unmöglich missfallen kann. Ich habe allezeit nach meinen Grundsätzen und Überzeugung gehandelt, mit völliger Bereitwilligkeit jeder besser erkannten Wahrheit eifrig nachzuhängen. Ich habe getan, was an mir war. Habe ich geirrt, so war dieser Irrtum unfreiwillig. Meine um nichts bessere oder klügere Mitmenschen haben sich freilich meines Verstandes bemeistern und mir manches als Wahrheit aufdringen wollen, was nur ihnen bewiesen schien. Sie haben mir daher aus Gründen, die nur für sie, nicht für mich überzeugend waren, meine Verwerfung angekündigt. Aber ich weiß es, Herr! dass die Urteile der Menschen nicht die deinigen sind. Schau also vielmehr auf meine Taten. Habe ich deine Vorschriften nicht befolgt: o! so denke, Unerfahrenheit, jugendliche Hitze und Leidenschaften haben sich meiner zu sehr, und so lang bemeistert, bis ich erst in spätern Jahren durch wiederholte Fehltritte und widrige Erfahrungen nachdrücklich belehrt worden, dass du, Herr! uns nichts gebietest, uns nichts verbietest, was nicht jeder Mensch sich selbst gebieten, selbst verbieten würde, wenn helle, reine Vernunft allzeit die einzige Führerin seiner Handlungen wäre. Aber dann, als meine Erfahrungen reifer geworden: hab ich auch dann noch deine Gaben gemissbraucht? meine Sinne, Wünsche und Meinungen dir nicht allezeit willig unterworfen? Habe ich jemals unter allen bittern Schicksalen des Lebens über deine Vorsicht gemurrt? Ich war krank, denn du hast es gewollt; ich war arm, denn du hast es gewollt: und ich habe mich gefreut, krank und arm zu sein. Ich war in Niedrigkeit und Verachtung: und sie waren mir willkommen, weil ich wusste, dass dieses dein Wille war. Ich habe bittres Unrecht erlitten: aber ich habe auf dich vertraut, weil du weißt, warum du mir dies alles beschieden. Ich habe gewusst, dass mir hier weder Gutes noch Böses widerfahren kann, das nicht durch den Zusammenhang des Ganzen notwendig geworden. Ich habe aber auch gewusst, dass dieser Zusammenhang nicht allezeit und ewig mein Unglück erfordert. – Hast du mich, o Herr! mit meinem Stand unzufrieden gesehen? oder wann war ich kleinmütig, und habe nicht auf dich vertraut? Ich war allezeit bereit, alles zu leiden, was dir gefällig war, und bin es noch. Der geringste deiner Winke ist für mich heiliges, unverbrüchliches Gesetz. Du willst nun, dass ich, des Lebens müde oder nicht, von diesem so herrlichen Schauspiel abtrete, und ich komme sogleich, und danke dir tausendmal, dass mich deine Güte würdig gefunden, mich daran Anteil nehmen zu lassen, mir deine großen Werke zu zeigen, und vor meinen Augen diese erstaunliche Ordnung und Weisheit, nach dem Maaß meiner schwachen Kräfte, zum Teil zu entwickeln, mit welcher du dieses Weltall beherrschest. – Und nun öffne sich immerhin der Schoß der Erde, empfange diese meine zurückbleibende Hülle, und vereinige mich näher mit dir, Wesen aller Wesen!"

Endnoten

¹ Dieser Kylon, ein reicher Krotoniate, verlangte, ein Mitglied des Pythagoreischen Bundes zu werden; er wurde aber abgewiesen, weil er ein kühner, unruhiger und herrschsüchtiger Kopf war. Diese Beschimpfung schmerzte ihn so sehr, dass er eine Verschwörung wider sie zu Stande brachte, der die Pythagoräer lange widerstanden, die ihnen aber doch endlich den Untergang brachte.

² Pythagoras selbst entwischte und wandte sich zuerst nach Lokri. Sobald die Einwohner dieser Stadt seine Annäherung vernahmen, sandten sie ihm einige Mitglieder des regierenden Raths mit dem Bedeuten entgegen: dass sie ihn zwar für einen außerordentlichen und weisen Mann erkennten, dass sie aber mit ihrer gegenwärtigen Verfassung zufrieden wären, und hinfort auch über ihre Gesetze halten wollten. Sie ersuchten ihn daher, sich einen andern Aufenthalt zu wählen, als ihre Stadt; doch seien sie bereit, ihn mit allem was er brauchte zu unterstützen. Ebenso wurde Pythagoras in Tarent empfangen und abgewiesen, und kam also endlich nach Metapontum. Denn (so schließt Dikaiarchos) allenthalben entstanden große Aufruhren, von denen man unter dem Namen der Verschwörungen wider die Pythagoräer bis auf den heutigen Tag redet. **Siehe Meiners Geschichte des Ursprungs, Fortgang und Verfalls der Wissenschaften in Griechenland und Rom. I. Band.** Ich habe in dieser so wie in der folgenden Erzählung geflissentlich die eigenen Worte des Herrn

Verfassers beibehalten, um bei dieser außerordentlichen Ähnlichkeit mit dem Schicksal der Illuminaten den Verdacht zu vermeiden, als ob ich die Geschichte so vorgetragen hätte, wie ich ihrer zu meinem Vorhaben bedarf. Besonders bitte ich jeden unbefangenen Leser, die mit einer anderen Schrift gedruckten Stellen in Überlegung zu ziehen. Er wird finden, dass schlechte Menschen zu allen Zeiten sich derselbigen Wege und Mittel bedienten, um tugendhafte Menschen und alle zum Menschenwohl abzweckende Anstalten zu verschreien und dem größeren Haufen verdächtig zu machen. Er braucht sodann nur die Namen der beiderseitigen Kläger und Beklagten gegen einander zu verändern und ihre Angaben, Gründe, ihre Verdrehungen und Konsequenzen mit einander zu vergleichen, so glaubt er nicht eine verschiedene, sondern eine und die selbige Geschichte zu lesen. Nun fehlt ihm nur noch, um vollen Beifall zu geben, die Überzeugung von der Güte der inneren Einrichtung und Zwecke im System der Illuminaten. Eine Überzeugung, die ihm vielleicht diese Schrift, nebst den übrigen schon vorhandenen, so ziemlich verschaffen kann.

3 Wäre Athen eine Monarchie gewesen, so würden sie ohne Zweifel ihre Anklage in dem Cabinet des Fürsten gemacht und eine geheime Anklage übergeben haben, die sodann nicht durch die ordentlichen Gerichtshöfe, sondern durch eigne sehr zweckmäßige Kommissarien zum Schein allenfalls wäre untersucht worden. Da aber Athen eine demokratische Verfassung hatte, so musste die Klage dahin gebracht werden, wo sie für ihre Verleumdung sich den besten Erfolg versprechen konnte. Dies war sodann ein Volksgericht. Die Verleumder in Athen kommen also mit den Verleumdern in Bayern in der Hauptsache überein. Beide übergehen die ordentlichen Gerichte, und wenden sich dahin, wo ihnen am leichtesten geglaubt wird. Ich wollte wetten, wenn Utschneider zu den Zeiten des Anytus und Melitos gelebt hätte, er hätte diesen selbst aus eigner Erfindung den Vorschlag gemacht, sich an die Heliaia zu wenden.

4 Ein Utschneider hätte in einer geheimen Anzeige noch mehr daraus gefolgert; er hätte gesagt, Verschwörung gegen den Staat, Ermordung derer, so einem im Wege stehen, der Sturz seiner Gegner und Feinde, Unterdrückung und Verdrehung der Justiz, jeder unrechtmäßige Erwerb von Geld und Vermögen etc. seien auch

Unternehmen. Folglich habe Sokrates gelehrt, dass alle diese Verbrechen dem, der sie begeht, keine Schande bringen. Wenn man nur tätig sei, so sei alles recht, die Tätigkeit möge sodann von was immer für einer Art sein. Er hätte Personen zu nennen gewusst, die dies alles aus dem eigenen Mund des Sokrates gehört hätten; er hätte sich mit diesen zu einem Eid erboten.

[5] Hat es je eine Sekte gegeben, deren Grundsätze so ganz der Menschheit würdig und so geschickt waren, edle Männer zu bilden, so war es gewiss die Stoische. Könnte ich einen Augenblick vergessen, dass ich ein Christ bin, so würde ich mich nicht enthalten können, den Untergang dieser Sekte unter die unglücklichen Begebenheiten des menschlichen Geschlechts zu setzen.
Sie übertrieb nichts, als wozu eine gewisse Größe gehört, die Verachtung der Vergnügungen und des Schmerzens.
Sie allein verstund gute Bürger zu bilden; sie allein zog große Männer, große Regenten.
Für die bürgerliche Gesellschaft geboren, glaubten sie nicht sowohl für sich selbst, als für den Staat leben zu müssen; und diesem waren sie umso weniger lästig da sie ihre Belohnung in sich selbst fanden, und mit den Schätzen der Weisheit zufrieden, nur in dem Glück ihrer Mitbürger einen Zuwachs ihres eignen Glücks zu finden schienen. *Montesquieu in Vom Geist der Gesetze XXIV. 12.*

[6] Dürftig, unbekannt, unruhigen Geistes, mit geheimen Klageschriften in des Tyrannen Gunst sich einen Platz erkriechend, brachte er bald jeden, der berühmt war, in Gefahr; so von mächtigem Einfluss bei dem Einen, verhasst bei Allen, gab er ein Beispiel, dessen Befolgung Arme reich, Verachtete gefürchtet und zu des Verderbens Quelle Andern erst, zuletzt sich selbst machte. *Tacitus in den Annalen I.*
Wenn diejenigen, welche jemanden anklagen, es in Rücksicht auf das gemeine Beste täten, so würden sie ihn nicht bei dem Regenten anklagen, der leicht eingenommen werden kann, sondern bei der Obrigkeit, die Vorschriften hat, welche nur den Verleumdern furchtbar sind. Wollen sie aber die Gesetze nicht zwischen sich und dem Beklagten stehen lassen, so ist es ein Beweis, dass sie Ursache haben, dieselben zu fürchten; und die geringste Strafe, mit der man sie belegen kann, ist, ihnen nicht zu glauben. *Montesquieu in Vom Geist der Gesetze XII. 24.*

Braucht man Spionen in einer Monarchie? Gute Regenten bedienen sich ihrer nicht. Ist ein Mann den Gesetzen treu, so hat er den Pflichten gegen seinen Fürsten ein Genüge geleistet; sein Haus muss ihm wenigstens eine Freistatt, und seine übrige Aufführung in Sicherheit sein. Das Spionieren würde vielleicht zu dulden sein, wenn es von ehrliebenden Personen ausgeübt werden könnte; aber von der notwendigen Ehrlosigkeit der Person kann man auf die Niederträchtigkeit der Sache schließen. *Montesquieu in Vom Geist der Gesetze XII. 23.*

So wurden die Angeber, diese zum öffentlichen Verderben aufgekommene und nicht einmal durch Strafen je genugsam in Schranken gehaltene Menschenklasse, durch Belohnungen hervorgelockt. *Tacitus in den Annalen IV. 30.*

[7] Ich habe von meinem Vater gehört: Diocletian hätte noch als Privatmann gesagt, es wäre nichts schwerer, als gut zu regieren. Vier oder fünf vereinigen sich und fassen den einmütigen Schluss, den Regenten zu betrügen, diese geben den Ton an. Der Kaiser, der zwischen vier Wänden sitzt, erfährt die Wahrheit nicht, sondern nur das, was jene ihm vorschwatzen. Er besetze die obrigkeitlichen Stellen mit unverdienten Leuten, und schafft Männer ab, die er hätte behalten sollen. Kurz: wie Diocletian selbst sagte: der vorsichtigste, beste Regent ist verraten und verkauft. *Vopiscus in der Historia Augusta, Vita Divi Aureliani 43.*

[8] Das eben war das Allerverderblichste, was jene Zeiten mit sich brachten, da selbst die Häupter des Senats sich auch mit den allerniedrigsten Angebereien befassten, einige ganz öffentlich, viele insgeheim; und dabei war zwischen Fremden und Angehörigen, zwischen Freunden und Unbekannten, zwischen plötzlich sich Ereignendem und dem, was hinter alte Zeiten sich versteckte, keine Unterscheidung möglich: gleichviel, ob man auf dem Forum, beim Mahle, oder wovon immer gesprochen hatte, man wurde angeklagt, je nachdem Einer zuvorzukommen und den Andern zum Schuldigen zu bestimmen eilte, Manche um sich selbst zu retten, der größere Teil wie von einer Krankheit und Ansteckung ergriffen. *Tacitus in den Annalen VI. 7.*

Zusammenkünfte und Gespräche, bekannte und unbekannte Ohren mied man; sogar auf stumme und leblose Gegenstände, auf Decke und Wände warf man argwöhnische Blicke. *Tacitus in den Annalen IV. 69.*

Adel, Reichtum, Ehrenämter, ein Verbrechen, Verdienste der sicherste Weg zum Verderben *Tacitus in den Historien I. 2.*
Indessen eilen Konsuln, Väter und Ritterschaft der Knechtschaft entgegen: gerade die angesehensten mit der größten Heuchelei und Eilfertigkeit, - die ihren Glanz durch Ergebenheitsbeweise zu sichern suchen mussten, *Tacitus in den Annalen I. 7. – III. 65.*
Frauen wurden um ihrer Tränen angeklagt; und so ward hingerichtet die hochbetagte Vitia, des Fusius Geminus Mutter, weil sie des Sohnes Hinrichtung beweint. Nicht einmal die Frauen blieben ungefährdet; weil man sie der Absicht, sich der Staatsgewalt zu bemächtigen, nicht bezichtigen konnte, so wurden sie um ihrer Tränen angeklagt. *Tacitus in den Annalen VI. 10.*
Um eben diese Zeit wird aus dem Geschlecht der Scribonier Libo Drusus angezeigt, als gehe er mit einer Staatsumwälzung um. Über dieses Handels Ursprung, Verlauf und Ende will ich sorgfältiger mich verbreiten, weil damals zuerst aufkam, was so viele Jahre hindurch den Staat zernagt hat. Inzwischen geht Libo im Trauergewand, begleitet von angesehenen Frauen, von Haus zu Haus, spricht seine Verwandten an, verlangt Fürsprache gegen die Gefahr, abschläglich von allen insgesamt beschieden unter mannigfachem Vorwand, aus gleicher Scheu. *Tacitus in den Annalen II. 27., 29.*
Der so grausamen und Tugenden so feindlichen Zeiten auftreten. Wir haben es gelesen, dass, als von Arulenus Rusticus Paetus Thrasea, von Herennius Senecio Priscus Helvidius gelobt worden waren, dieses las Kapitalverbrechen galt, und dass nicht bloß wider die Verfasser selbst, sondern auch gegen ihre Bücher gewütet wurde, indem man den Triumvirn das Geschäft übertrug, auf dem Comitium und Forum die Denkmäler der ausgezeichnetsten Geister zu verbrennen. Nichts Geringeres meinte man durch jenes Feuer zu vernichten, als die Stimme des römischen Volks, die Freiheit des Senates und die Mitkunde der Menschheit; und vertrieben wurden überdies der Weisheit Lehrer auch und jene edle Kunst verbannt, damit man nirgends noch auf etwas Ehrenwertes stieße. Wahrlich einen starken Beweis von Geduld haben wir gegeben; und wie die Vorzeit sah, was das Äußerste in der Freiheit, so wir, was in der Knechtschaft, da uns durch Nachspähungen selbst der Sprache und des Ohres Verkehr geraubt war. Auch selbst die Erinnerungskraft hätten wir mit der Stimme verloren,

stände es ebenso in unserer Macht zu vergessen wie zu schweigen. *Tacitus in der Agricola I. 1., 2.*

Sub Tiberio Caesare suit accusandi frequens & paene publica rabies, quae omni civili bello gravius togatam civitatem confecit. Excipiebatur ebriorum sermo, simplicitas iocantium; nihil erat tutum: omnis saeviendi placebat occasio. *Seneca de Benesiciis L. 3. cap. 26.*

[9] Ward ein Mann von Geburt beim Volk beliebt, so war er ein Nebenbuhler des Fürsten, fähig einen bürgerlichen Krieg zu erregen. Studia civium in se verteret, secessionem iam & partes, &, si multi idem audeant, bellum esse. – Trug ein Mann von Geburt Bedenken, sich als einen Volksfreund zu zeigen, lebte er in der Einsamkeit, so erregte seine Entfernung selbst Aufsehen, und machte ihn verdächtig. Quanto metu occultior, tanto plus famae adeptus, und der beste Entschluss, den er ergreifen konnte, war, sein Vaterland zu verlassen. Consuleret quieti urbis, esse illi per Asiam avitos agros. War aber der Entwichene ein Mann von großer Wichtigkeit, so ermangelte man selten, ihm auf der Ferse einen Henker nachzuschicken. War es ein tugendhafter Mann von strengen Grundsätzen, so war er ein zweiter Brutus, dessen untadelhaftes Leben ein lebendiger Tadel der verdorbenen Sitten des Regenten war. Gliscere ac vigere Brutorum aemulos; rigidi ac tristes, quo tibi lasciviam exprobrent. Hatte jemand einen finstern Charakter, so war der gute Fortgang der Staatsgeschäfte daran schuld. Hominem bonis publicis moestum. Lebte er herrlich und prächtig, so war die Krankheit des Regenten die Hoffnung seines nahen Todes die Ursache. War er begütert, so war er für einen Untertan zu reich. Große Schätze in den Händen von Privatpersonen, sind eine schlimme Vorbedeutung für den Fürsten. Plautum magnis opibus – auri vim atque opes principibus infensus. War er arm, so war er um so viel verzweifelter. Syllam inopem, unde praecipuam audaciam War es ein träger, untätiger Mann, so nahm er nur die Maske der Dummheit und Trägheit an, um bei Gelegenheit ein blutiges Projekt auszuführen. Simulatorem segnitiae, dum temeritati locum reperiret. War es hingegen ein feuriger tätiger Mann, so sah man deutlich, dass er nicht willens sei, ein von Geschäften entferntes Privatleben zu führen; er zeigte sich als einen hitzigen Republikaner, der sich in Staatsgeschäfte mischte. Plautum ne fingere quidem cupidinem otii, sed

veterum Romanorum imitamenta, praeferre, assumta etiam sto-
icorum arrogantia sectaque, quae turbidos & negotiorum appe-
tentes faciat. War er dem Luxus, der Pracht ergeben, so bestrebte
er sich, den Fürsten in den äußern Zeichen der Größe zu verdun-
keln. Hortorum amoenitate & villarum magnificentia quasi prin-
cipem supergrederetur. War es ein Weiser, ein Philosoph, ein
Redner, der in Ansehen stand, so verdunkelte der Glanz seines
Rufs den Fürsten. Verginium & Rufum claritudo nominis expulit,
nam Verginius studia iuvenum eloquentia, Musonius praeceptis
sapientiae fovebat. Gordon in Discours Historiques, Critiques etc.
sur Tacite I. 6. 9.
Man vergleiche auch damit die oben angeführte Rede des Cossutianus Capito, die ein Sammelplatz von Verleumdungen, und aus
dieser Ursache ein Meisterstück von dieser Art ist.

[10] Wem fallen bei dieser Schilderung nicht folgende Verse bei?
Ich bin wie du in der Niedrigkeit verfault; das ist das Loos von
drei Vierteln der Sterblichen; aber unser Schicksal steht immer
in unsern Händen. Ich bin Schriftsteller geworden, habe Messe
gelesen, und ward Verfolger, Angeber, Spion. Bei den Devoten
habe ich Ärgernisse erdichtet, um sie zu bestreiten und mir einen
Namen zu machen, und unter der Maske von Andacht habe ich
Verleumdung ausgestreut. Ahme mir nach, meine Kunst ist sehr
leicht. Schleiche, wie ich, den Verirrten auf dem Fuß nach;
schreie über Gottlosigkeit, Atheismus, Deismus, Geometrie; und
vor allem suche zu beweisen, dass ein schöner Geist kein Christ
sein kann. Stoffe in die Trompete des Rigorismus; sei ein Heuchler, und dein Glück ist gemacht. *Voltaire in seiner Sammlung pari-
ser Drolligkeiten*
Wer sich einmal vorgenommen hat, aus allen Blumen Gift zu sau-
gen, der findet sehr leicht in jeder Tugend ein Verbrechen, im Ge-
bet des Herrn Ketzereien, und dem soll es ein leichtes sein, dass
die Sittenlehre die gefährlichste aller Wissenschaften sei. So findet Helvetius, (ich wage neuerdings verleumdet zu werden, dass
ich einen Schriftsteller anführe, der seinem Vorgeben nach ein
Lieblingsautor der Illuminaten ist) in seinem Buch de l'homme,
um solche Konsequenzenmacher, wie sie es verdienen lächerlich
vorzustellen, in dem mathematischen Satz, dass ein Punkt keine
Ausdehnung habe, durch ähnliche Folgerungen, eine offenbare
Verleugnung der Offenbarung. Denn wenn der Punkt keine Ausdehnung hat, so gibt es auch keine Linien, keine Flächen, keine

Körper, keine Steine, keine Häuser, in solchen keine Bibliotheken, keine Bücher, keine göttliche Schrift. Mit dem Vorwurf, dass die Illuminaten Urkunden sammeln, tut er sich viel zu gut; er scheint ihm einer der unleugbarsten Beweise, dass sie Länder verraten, denn wie wäre es möglich, ohne diese Absicht Urkunden zu sammeln. Wie aber, wenn die Illuminaten eine Gesellschaft wären, die es sich zu einer eignen Angelegenheit macht, nebst andern Wissenschaften die Geschichte vorzüglich zu bearbeiten? Soll es sodann noch ein Verbrechen sein, die dazu nötigen Quellen und Hülfsmittel zu sammeln? Wer ist mehr im Stande, als eine stark verbreitete Gesellschaft, durch vereinigte Bemühung ihrer aller Orten verbreiteten Mitglieder, manche schätzbare, verkannte, in einem Winkel vergrabene Überbleibsel des Altertums auszuspähen, dem Untergang zu entreißen, und dereinst ein unschätzbares Ganzes von solchen geretteten Trümmern zum exoterischen Gebrauch herzustellen? Aber, das kann missbraucht werden. – Ja von Leuten Ihres gleichen. Oder was ist gegen allen Missbrauch gesichert? Was darf ferner unternommen werden, wenn dieser so zu scheuen ist? – Ich frage Sie, Herr Utschneider! ist die eben angegebene Absicht nicht möglich? Und warum vermuten Sie sodann die schlechtere von Männern, deren Stand Einsicht und Rechtschaffenheit allen widrigen Verdacht des Missbrauchs von selbsten entfernt? Oder beweisen Sie uns einen wirklichen Missbrauch durch unleugbare Tatsachen. Die Illuminaten in Bayern haben nicht bloß auf Urkunden, sie haben noch über das auf seltene Bücher, auf Anekdoten, auf Münzen, Altertümer, Provinzialwörter, Volkssagen und Traditionen, Naturalien, auf Sitten und Gebräuche ihres Vaterlandes gesammelt. Was schließen Sie nun weiter daraus? Wenn Sie wissen wollen, zu welchem Ende die Illuminaten dies sowohl als Urkunden gesammelt: so lesen Sie, zu Ihrer Beschämung, zum einleuchtenden Beweis, dass Sie ein Verleumder sind, am Ende meiner Schrift, die Ankündigung einer Schrift, eines bayerischen historischen Museums, die schon im Jahr 1784 erschienen, und dessen wirkliche Ausführung durch die ausgebrochene Verfolgung gehindert wurde. Dieses Journal war eine Arbeit der Bayerischen Illuminaten; in solcher wollten sie ihren gesammelten Vorrat zum Besten des Publikums benützen. Was sagen Sie nun dazu?

[11] Wer sich überzeugen will, aus welchen Gründen oft manche Unterscheidung, Ehre und Beifall beruhen, die uns widerfahren,

der lese folgende Schilderung beim **Terenz,** die aus der tiefsten Kenntnis der menschlichen Seele hergenommen ist, und sei stolz darauf, wenn er noch kann.

Est genus hominum, qui esse primos se omnium rerum volunt,
Nec sunt, hos consector: hisce ego non paro me, ut rideant,
Sed his ultro arrideo, & eorum ingenia admiror simul.
Quidquid dicunt, laudo: id rursum si negant, laudo id quoque:
Negat quis, nego: ait, aio: postremo imperavegomet mihi,
Omnia assentari, is quaestus nunc est multo uberimus.
Und nun darauf das so wahre Urteil des [SA[Parmeno.]]
P. Scitum hercle hominem! hic homines prorsum ex stultis insa-
nos facit. *Eunuchus Act. II. Scen. II.*

[12] Wenn Tacitus von der Unterdrückung der Bücher des **Cremutius Cordus** spricht, so bemerkt er: „Sie erhielten sich, verheim-
licht und herausgegeben. Umso mehr mag man des Stumpfsinnes
derer spotten, die da wähnen, durch der Gegenwart Gewalt ver-
möge man auch der Folgezeit Erinnerung zu vertilgen. Im Gegenteil, gerade durch Verfolgung der Geister wächst ihr Ansehen,
und nichts Anderes haben des Auslands Könige oder die, welche
gleiche Tyrannei geübt, erreicht, als ihre eigene Schande und dabei für jene Ruhm." *Tacitus in den Annalen IV. 35.*
Scilicet illo igne vocem populi Rom: libertatem senatus, & consci-
entiam generis humani, aboleri arbitrabantur. Tacit. in vita Ag-
ricolas.

[13] Wer von dem übrigen nähere Nachricht haben will, der lese
folgende bereits im Druck erschienene Schriften:
1) Gedanken über die Verfolgung der Illuminaten. 1786.
2) Schilderung der Illuminaten. 1786.
3) Anzeige eines aus dem Orden der Freymäurer oder der sogenannten Illuminaten getrettenen Mitglieds in Bayern etc. mit Anmerkungen. Sparta. 1786.
4) Nöthige Aufschlüsse der in Bayern ausgebrochenen Verfolgungen. Deutschland. 1786.
5) Schreiben an den Herrn Hofkammerrath Utschneider in München. 1786.
6) Meine Geschichte und Apologie: von Ferdinand Freiherr von
Meggenhofen.

[14] Aus dieser Behandlung mag sich der Leser einen Begriff machen, auf welche Art man in dem Illuminaten-Orden bei Bildung junger Leute zu Werk gegangen. Er mag nun selbst einsehen, ob dies Sittenverderbnis bei der Jugend sei, wie Herr Utschneider dem Orden zur Last legt. Er mag urteilen, welchen Zweck diese vom Herrn Utschneider so sehr verschriene Beobachtung junger Leute haben konnte, die er durchaus mit dem schändlichen Namen des Spionierens belegt. Er mag einsehen, warum Herr Utschneider diesem Beobachtungsgeist der Illuminaten so feind ist. Er wird finden, dass die Illuminaten bei diesem vorgeblichen Verbrechen sich im Grund von nichts weiter schuldig gemacht, als was jeder Vater, jeder Vormund, jeder Hofmeister über seine Zöglinge und Kinder tun muss, wenn er sie wohl und gut zu erziehen gedenkt. Nun wird es ihm begreiflich werden, was Utschneider in der **Bayreuther Zeitung im Anhang zu No. 33.** durch eine schändliche Verdrehung **von einer allgemeinen Vormundschaft über das ganze Menschengeschlecht** daher schwatzt; was Renner in seiner geheimen Anzeige, und er selbst in dem oben angeführten Blatt von einem **Fiskalat und allgemeinen sittenrichterlichem Amt** schwatzen. Wie er aber in seinen Gedanken auf eine **immer merklicher werdende Theokratie** bei den Illuminaten verfallen, kann ich mir nicht erklären. Ich vermute, es war bloß um seine Staatskenntnisse zu zeigen, die mit allen Regierungsformen der Welt bekannt und vertraut sind. – Solcher Verdrehungen und Konsequenzen sind diese Männer fähig – und finden Glauben!

[15] Rien ne rend encore, le crime de lese Majesté plus arbitraire, que quand des paroles indiscrettes en deviennent la matière. Les discours sont si sujets à l'interpretation, il y a tant de difference entre l'indiscretion & la malice, & il y en a si peu dans les expressions, qu'elles employent, que la loi ne peut guere soumettre les paroles à une peine capitale, à moins qu'elle ne declare expressement celle, qu'elle y soumet. Les paroles ne forment point un corps de delit; elles ne restent, que dans l'idée. La plus part du tems elles ne signifient par elles mêmes, mais par le ton, dont on les dit. Souvent en redisant les mêmes paroles on ne rend pas le même sens; ce sens depend de la liaison, qu'elles ont avec d'autres choses. Quelquefois le silence exprime plus, que tous les discours. Comment donc en faire un Crime de lese Majesté? Partout, où

cette loi est établie, non seulement la Liberté n'est plus, mais son ombre même. *Montesquieu in Vom Geist der Gesetze XII. 12.*

Ce n'êtoient pas seulement les actions, qui tomboient dans le cas de cette loi, mais des paroles, des signes, & des pensées même: car ce qui se dit dans les épanchemens de coeur, que la conversation produit entre deux amis, ne peut être regardé, que comme des pensées. Il n'y eut donc plus de liberté dans les festins, des confiances dans les parentés, de fidelité dans les esclaves. La Dissimulation & la tristesse du Prince se communiquant par tout, l'amitié sut regardée comme un ecueil, l'ingenuité comme une affectation, qui pouvoit rapeller dans l'esprit des peuples le bonheur des temps précedens. *Montesquieu in Über die Ursachen der Größe der Römer und ihres Niedergangs XIV.*

Nichts macht das Verbrechen der beleidigten Majestät willkürlicher, als wenn unüberlegte Worte der Stoff dazu werden. Reden sind so sehr einer verschiedenen Auslegung unterworfen, es ist ein so großer Unterschied zwischen Unbedachtsamkeit und Bosheit, und so ein geringer in den Ausdrücken, deren sich beide bedienen, dass das Gesetz die Worte schlechterdings nicht mit einer Lebensstrafe belegen kann, es sei denn, dass diejenigen Worte ausdrücklich bestimmt wären, die ihr unterworfen sein sollen. Worte machen kein *Corpus delicti* aus, sie bleiben nur in der Vorstellung übrig. Die meiste Zeit haben sie an und für sich keine Bedeutung, sondern erhalten sie erst durch den Ton, mit welchem sie ausgesprochen werden. Öfters haben die nämlichen Worte, wenn sie wiederholt werden, nicht mehr den nämlichen Sinn. Dieser Sinn hängt von der Verbindung ab, die sie mit andern Sachen haben. Zuweilen drückt das Stillschweigen mehr aus, als alle Worte. Wie kann man also ein Verbrechen der beleidigten Majestät daraus machen? Überall, wo dieses Gesetz eingeführt ist, ist nicht nur die Freiheit, sondern selbst ihr Schatten verschwunden.

Nicht bloß auf die Handlungen erstreckte sich dieses Gesetz, sondern sogar auf Worte, Zeichen und Gedanken. Denn diejenigen Äußerungen, welche in Ergießungen des Herzens im Gespräch zwischen zweien Freunden gemacht werden, kann man nur wie Gedanken betrachten. Alsdann gibt es keine Freiheit mehr bei Feierlichkeiten, kein Zutrauen bei Eltern, kein Vertrauen in Familien. Indem sich die Verstellung und Zurückhaltung des Fürsten allen mittheilt, wurde die Freundschaft für eine Klippe, Freimütigkeit für Unverschämtheit, und Tugend für ein Bestreben angesehen, welches im Stand wäre, in den Geist der Völker das Glück der vorigen Zeiten wieder zurückzurufen.

[16] Ses yeux tournés, plus menteurs que sa bouche,
Portent en bas un regard double & louche;
Ses sourcils roux, melangés & retords
Semblent loger la fraude & l'imposture.
Sur son fronr large est l'audace & l'Injure,
L'oubli des Loix & le mepris des remords,
Contes de Guillaume Vadé.
Seine herumirrenden Augen lügen mehr als sein Mund, und blicken falsch und schielend zur Erde. Auf seinen roten, gemischten und wilden Augenbrauen scheinen Betrug und Verleumdung zu wohnen. Auf seiner breiten Stirne thront Kühnheit, Schimpf, Verachtung der Gesetze und des Gewissens!

[17] Die ganze Apologie des Sokrates beim Plato hat so viel Zweckmäßiges und zu meiner Sache gehöriges, dass ich mich nicht enthalten kann, folgende Stelle anzufügen.
„Wenn ihr mich lossprechen würdet, Ihr Athenienser! indem Ihr dem Anytus nicht glaubtet, welcher behauptet, Ihr hättet mich entweder gar nicht zu Gericht rufen oder sodann verdammen sollen, weil sonst eure Söhne, die meine Lehre befolgen, durch mich verdorben würden; wenn Ihr, sage ich, mich lossprechen, und sagen würdet: Sokrates, wir glauben dem Anytus nicht, und wir lassen dich unter der Bedingung Frey, dass du dich künftighin mit dieser Philosophie und mit diesen Untersuchungen nicht weiter abgebest: oder in einem weitern Betrettungsfall erkennen wir dir den Tod zu; wenn Ihr, wie ich sage, mich unter diesen Bedingungen frei lassen wolltet: so würde ich Euch antworten, **dass ich Euch zwar sehr liebe und verehre, dass ich aber Gott mehr als Euch gehorchen, und so lange ich lebe und bei Kräften bin, nie aufhören werde, zu philosophieren, oder andere nach meiner Gewohnheit auf folgende Art zu belehren und zu ermuntern:** Wie? Du! ein Bürger von Athen, der größten, an Weisheit sowohl als Macht berühmtesten Stadt, hältst es nicht für Schande, so viel Geld, so viel Ansehen und Ehre, als nur immer möglich ist, zu gewinnen, und bist doch sogar unbekümmert um Weisheit und Wahrheit, und lässest dir gar den Gedanken nicht beikommen,

für deine Seele zu sorgen, damit sie so vollkommen als möglich werde? Und wenn dann einer von Euch mit mir streiten, mich versichern wollte, dass es ihm recht sehr darum zu tun sei, so würde ich ihm nicht so gleich glauben, ihn entlassen, oder von ihm weichen: ich würde ihn fragen, ihn noch näher ausforschen. Und wenn ich fände, dass er sich zur Tugend bekenne, ohne in der Tat tugendhaft zu sein: so würde ich ihm dieses sehr verweisen, dass er Dingen, die es so wenig verdienen, einen so hohen Wert beilege, dass er andere geringschätze und verachte, deren Wert ungleich höher ist. Diese Dienst werde ich jedem leisten, dem Alten, so wie dem Jungen, dem Fremden wie dem Bürger, und Euch vor allen, meine Mitbürger! weil Ihr mir näher seid. Denn Gott will es so. Ich glaube sogar, welches auch Euch selbst nicht verborgen sein kann, dass Eurer Stadt, außer diesem Dienst, den ich Euch auf diese Art leiste, um Gottes Befehl zu befolgen, noch keine größere Wohltat geschehen. Ich gehe daher allenthalben herum, den ältern sowohl als den jüngern zu raten: sich keiner Sache, sie betreffe Leib oder Güter oder was es wolle, so sehr zu befleißen, als seiner eigenen Seele, damit sie zur möglichsten Vollkommenheit gelange. Ich stelle ihm vor, dass Güter nicht Tugend, wohl aber Tugend Güter erzeuge, nebst allem, was zum öffentlichen oder Privatwohlstand gehört. Wären dies nun die Reden, wodurch ich die Jugend verderbe, so müsste ja das Gute selbst schädlich sein; sagt aber jemand, ich redete anders und nicht so, so redet er selbst ohne Grund. Darum, Ihr Athenienser! Ihr möcht dem Anytus glauben oder nicht, mich entlassen oder nicht, **ich werde allezeit so und nicht anders handeln, und hätte ich zehnmal zu sterben.** Entrüstet Euch nicht über dieses mein freies und offenes Geständnis: hört mich vielmehr an, wie ich Euch schon im Anfang darum gebeten habe; denn ich denke Ihr sollt Vorteil davon haben. Ich werde Euch noch mehr sagen, worüber vielleicht ein Lärm entstehen könnte: aber lasst das nicht geschehen. Denn wisset, wenn Ihr mich töten werdet, so wie ich mich Euch geschildert und dargestellt habe, so werdet Ihr sicherlich Euch ungleich mehr schaden als mir. **Mir werden weder Anytus noch Melitos jemals schaden, und wenn sie wollten, sie könnten es auch nicht: denn ich denke, es wäre unrecht, wenn ein schlechter Mensch im Stande wäre, einen bessern zu beleidigen. Töten kann er mich, vertreiben, beschimpfen. Dies ist alles was er kann. Und dies, deucht jenem oder diesem, wären**

sehr große Übel; Ich aber glaube es nicht. Mir scheint es ungleich schädlicher und schlechter, so zu handeln, wie diese tun, einen unschuldigen Mann unrechtmäßiger Weise anzugreifen und zu töten. Darum, o Athenienser! habe ich mehr auf Eure als auf meine Sicherheit zu denken. Ihr lauft Gefahr, gegen alle Gewalt die Euch Gott gegeben, an mir zu Verbrechern zu werden. Denn wenn Ihr mich heute töten werdet, so werdet Ihr nicht so leicht wieder einen andern finden, der (es mag Euch vielleicht lächerlich scheinen) Eurer Stadt, als einem starken, aber eben dadurch trägen Pferd, das des Sporns benötigt ist, von Gott gegeben, und der wie ich Euch beständig an der Seite wäre, und Euch ermahnte, aufmunterte und zurechtwiese. Einen solchen, meine Athenienser! werdet Ihr sicher so bald nicht erhalten. Darum werdet Ihr mich durch Eure Stimmen freisprechen, wenn Ihr mir glaubt. Aber wenn Ihr, gleich den Schlafenden, ungehalten werdet, dass ich Euern Schlummer störe; wenn Ihr mich so leicht und gerade hin, wie es Anytus wünscht, töten werdet: so werdet Ihr die ganze übrige Zeit hindurch schlaffen; es müsste denn sein, dass Gott noch weiter für Euch sorgte, und Euch statt meiner einen andern zuschicken würde." *Platon in der Apologie des Sokrates.*

Noch eine Stelle, die hieher gehört:

„Wenn ich aber vorhin sagte, dass ein großer Hass vieler Menschen mich drücke, so könnt Ihr das gerade zu glauben: denn eben dieser Hass und diese Verleumdung so vieler, wird meinen Untergang befördern, wenn ihn etwas befördert; aber weder Anytus noch Melitos. **Dadurch sind schon viele andere rechtschaffene Männer zu Grunde gerichtet worden, und werden es in Zukunft noch mehr werden. Denn man darf nicht besorgen, dass ich der letzte sein werde."** *Platon in der Apologie des Sokrates.*

[18] Überhaupt gehört es zu den Verdiensten eines jeden frommen und ehrlichen Mannes, ja vielleicht zu den größten, dass er seiner Familie, seiner Stadt, seinem Land, ja manchmal einem ganzen Weltteil sein Leben wie ein Vermächtnis hinterlässt. Im Geräusche der hohen Welt wird es bald vergessen und verachtet: aber in niedrigern und ruhigern Gegenden wird es häufiger genossen. Hier und da sitzen noch Jünglinge in der Stille der Nacht bei der Lebensbeschreibung eines solchen Mannes. Die moralischen und

gottseligen Lehren, die sich jetzt vor ihren Augen in Begebenheiten verwandeln und jeden Zweifel über die Möglichkeit der Ausführung benehmen, erwecken Überzeugung. Kostbare Zähren fallen: Schauer der Ehrerbietung durchwandeln die Glieder, Funken der Nacheiferung sprühen, Entschlüsse werden.

Abbt vom Verdienst.

[19] Den Illuminaten wurde dies vorzüglich vorgeworfen. Man leugnete schlechterdings, dass es möglich wäre, mit dieser Auswahl von Leuten so große und uneigennützige Zwecke zu erreichen. Ich will hier nicht behaupten, dass alle ohne Ausnahme Muster der Sittlichkeit, und die ersten der Menschen gewesen. Dies war aber auch nicht nötig, wenn nur einige darunter sind, welche den Ton angeben. Alles ist ein Kind der Zeit, und nichts gelangt auf einmal zur Vollkommenheit. Zu den Zeiten des Romulus hatte Rom noch keine Catonen und Scipionen. Lange Übung und Geschäfte bilden erst die Menschen, liefern die Muster, geben Interesse und die nötige Stärke, um für die Schwächern auch sinnliche Vorteile zu verbinden. Sie waren ungeachtet ihrer Mängel die besten unter denen, die zu solchen Geschäften Lust und Beruf fühlen, was die bisherige öffentliche Erziehung Staats- und Religionsunterricht geliefert; und man konnte sich mit gutem Grund von dem Nachwuchs, von unverdorbenen Jünglingen ungleich mehr versprechen, als von gebildeten Männern, die man samt ihren Fehlern gern übernommen, weil Mangel an bessern war, weil sie die einzigen waren, die unter den übrigen Guten sich einem so schweren und undankbaren Geschäft gern unterzogen, weil alle Hoffnung war, dass sich ihre rauen Seiten nach und nach abschleifen, und die Erfahrung, ohne welche kein Mensch in keinem Stand, besonders in einem ganz neuen Geschäft, von Fehlern frei bleibt, sie nach und nach diejenige Klugheit und Vorsicht lehren würde, die hiezu nötig ist. Man sah auch vorher, dass die Liebe zu einem solchen ihnen teuer gewordenen Zweck sie nötigen würde, Hand an sich selbst zu legen, sobald sie gewahr würden, dass sie außerdem nicht zum Zweck kämen; dass man ohne Mittel nicht dazu gelange, und dass untadelhaftes Betragen ein Grunderfordernis eines solchen Zwecks seihe. Von der Jugend selbst hatte man augenscheinliche Beweise, und viele der ältern sahen sich von den jüngern übertroffen.

[20] Um das Illegale der ganzen Anklage, selbst nach den Bayerischen Gesetzen, zu beweisen, so führe ich hier aus dem Cod. Crim. Bav. die dahin einschlagenden Stellen an.

Es stehet jedermann frei, gegen einen Übeltäter **vor dem behörigen Kriminalgericht,** um Sachen, welche an Leib und Leben gehen, die peinliche Anklage zu stellen. Cod. Crim. Bav. P. II. Cap. 2. §. 1.

Das Klaglibell soll nicht articulatim, sondern summarie, jedoch dergestalt geführt sein, dass das angeschuldigte Verbrechen mit allen Umständen, **sowohl was die Tat selbst, als des Täters Person,** *Complices* **betrifft, nebst dem Ort und der Zeit, wann und wo solches ausgeübt worden, klar daraus erscheinen.** Ibid. §. 4.

Im Fall keine Anklage, sondern eine Denunziation gemacht wird, soll der Denunziant in den behörigen Schranken einer rechtmäßigen Denunziation verbleiben, und den Denunzianten in seiner Schrift oder mündlichen Angabe, **nicht gleich selbst, z. E. einen Schelmen, Dieb, Mörder, Ehebrecher,** *Falsarium* **und dergleichen nennen,** sondern nur lediglich das reine Factum **und die** *Indicia* **des angeblichen Verbrechens an die Hand geben,** und wie weit sofort der Denunziant hierin falls schuldig sein möchte, der richterlichen Dijudikatur allein überlassen. Außer dessen **soll ein solch gefährlicher Denunziant,** sonderbar wenn er nicht *ex officio* dazu bestellt ist, **wie ein Ankläger zur Probe angehalten** und nach erfundener Unschuld des *Denuntiati,* **nicht nur mit unnachlässiger Strafe angesehen, sondern auch zu billigem Abtrag aller Schäden, Kosten und Schmach kondemniert werden.** Indem aus dergleichen Anzeigen klar erscheint, **dass sie mehr aus unchristlichem Hass und andern Absichten, als aus Lieb des gemeinen Wesens oder von Amts wegen geschehen seien.** Ibid. §. 10.

Damit aber aus einer rechtmäßigen Denunziation so leicht kein Injurienprozess oder andere Ungelegenheit entstehe, **sonderbar, da es Personen von besserer Kondition betrifft,** so soll dieselbe andersgestalt nicht, als *extractive* **und ohne Benennung des Denunzianten kommuniziert werden.** Ibid. §. 11.

In peinlichen, zumal schweren Verbrechen, soll vor Antrettung der Spezialinquisition gegen den *Constituendum* wenigst ein Indicium remotum vorhanden sein: und da derselbe *ztio* eine sonst ehrliche, unverschreite, oder sonst genugsam angesessene Person ist: **so soll man ihm die Indizia, nicht zwar** *in extenso,* **sondern** *extractive* **kommunizieren, auch auf Begehren, allenfalls die Gezeugen, ohne doch zu benennen, was dieser oder jener** *in specie* **ausgesagt, nur** *in genere* **eröffnen, und sofort seine schriftliche Antwort und Notdurft hierüber vernehmen.** Ibid. §. 22.

Alle obige zur Spezialinquisition erforderliche Praererequisita müssen umso fleißiger beobachtet werden, als im widrigen Fall, **nicht nur** *nullitas provessus* **daraus erwächset, sondern auch dem Inquisiten, der zugefügten Schäden, Kosten und Unbild halber, der gebührende Regress gegen die Obrigkeit bevorsteht.** Ibid. §. 24.

Was hingegen *v. g.* auf Aussagen besessener Leute, **öffentlicher Pasquillen und unter verdeckten Namen übergebene Denuntiationen sich gründet: kann von Rechtswegen nicht einmal ein** *adminiculum,* **geschweigens ein** *Indicium remotum vel proximum* **ausmachen, und soll hierauf mit keiner Inquisition, geschweigens weiter verfahren werden.** Cod. Crim. Bav. P. II. Cap. 4. §. 8. und unmittelbar darauf §. 9. Es ist aber nicht genug, dass die Indizia nur allegiert werden, sondern sie müssen auch auf Widersprechen hinlänglich, und zwar, wo die Probe per testes geführt wird, regulariter durch zwei Zeugen bewiesen sein.

Außer der Bekenntnis oder Überweisung ist zur vollständigen Prob der Missetat *in criminalibus* kein anderer Weg mehr übrig. Anerwogen 1.) **das** *Iuramentum decisorium vel suppletorium* **hierin falls nicht Platz greift.** Cap. 5. §. 18.

Von der Zeugenverhör *in criminalibus,* siehe Cap. 5. §. 20.

Wer jemand an seiner Ehre und guten Leumut durch öffentliche Schmähschriften, Gemälde, oder dergleichen Pasquillen, verdeckter weiß angreift, und solche entweder selbst zusammenschmiedet, oder an offenen Orten anschlägt, oder sonst unter die Leute aussprengt, wird mit dem Schwert an dem Leben gestraft, **wofern die ausgesprengte Übeltat an sich Kapital ist.** – Im Fall auch die beigemessene Lastertat, sich gleich in Wahrheit also befände, wie sie in dem Pasquill angegeben worden, hat nichts desto weniger die peinliche Strafe, jedoch nur nach richterlicher Ermäßigung gegen einen solchen Ausrufer statt.
Cod. Crim. Bav. P. 1. Cap. 8. §. 11.

[21] 1.) Sie beschuldigen uns, wir hätten Ihre Anzeige verfälscht. Ich versichere, diese Anzeige ist von Wort zu Wort, von einer Ihren Kopien abgedruckt, die Sie in geheim durch ganz Deutschland in Manuskript herumgehen ließen, die auch der Verfasser des Archidemides auf ähnliche Art erhielt, und seiner Schrift beidrucken ließ. Wir haben sie nicht, wie Sie glauben, aus Freisingen, sondern aus einer Gegend am Rhein auf die nämliche Art erhalten, wie Sie solche in unserm Abdruck gelesen. Was können wir dafür, dass Sie entweder verschiedene Exemplarien austeilen, oder die Kopisten solche verfälschen? Und dann bitte ich Sie, ich bitte auch das Publikum, vergleichen Sie beide Abdrücke gegeneinander, und sagen Sie sodann, ob denn die Varianten oder Abweichungen wirklich so erheblich sind, als sie von Ihnen beschrieben werden. Was könnte es uns nützen, wenn wir einmal Ihre Hauptbeschwerden gegen uns dem Publikum vorlegen, ob wir diesen oder jenen Ausdruck gemildert? Wer einmal so viel tut, entschließt sich auch sehr leicht zu dem mindern und geringern. Aber Ihnen, Herr Cosandey, kann das nicht vorträglich sein, dass Sie aus so unschuldigen, unerheblichen und zugleich unabsichtlichen Abweichungen eine solche Beschuldigung der absichtlichsten Verfälschung schöpfen. Es beweist Ihren Hang alles zu vergrößern, aus Nichts Etwas zu machen, und Verbrechen zu finden, wo keine sind. Es beweist einen grenzenlosen Hang zur Verleumdung, samt einem wirklichen Mangel an reellern Beweisen, wenn man sich an solche Kleinigkeiten hängt, und einen Lärm erhebt, der das größte Verbrechen vermuten ließ.

2.) Sie sagen, Sie seien von Ihrer Obrigkeit zu dieser Anzeige aufgefordert worden. Ich will das annehmen und glauben. Aber warum verschweigen Sie denn den Weg und Kanal, durch welchen man die Sache so eingeleitet, dass man just an Sie kam? Woher wusste man denn höchster Orten, dass Sie und Renner die Männer wären, von welchen ganz allein der Grund der Sache zu erholen wäre? Sie müssen sich also als Zeuge aufgedrungen, oder, welches natürlicher ist, Herr Utschneider und Grünberger müssen Sie dazu vorgeschlagen haben. Denn wer außer Ihnen wusste etwas von der geheimen Verfassung der Illuminaten? Wer außer Ihnen gab sich so viele Mühe die Illuminaten zu zernichten? Wer einmal im Stande ist, die offenbarsten Tatsachen, wie z. B. meinen Austritt aus Bayern, so zu verdrehen, hinter diesem so superfeine Anschläge und Absichten vermuten kann, wie Sie wirklich in dieser Schrift getan, der gibt sich bloß, dass sein Kopf voll von Ränken sei, dass er auch die Kunst gar wohl verstehe, die Sache so einzuleiten, das Spiel so zu karten, dass er zum Zeugen aufgerufen werde, dass er die Regierung zur Maschine brauche, um aufgerufen zu werden. – Ich glaube, diese Ungewissheit und dieses geheime Spiel hellen sich ungemein auf, wenn ich erweisen kann, dass Sie samt den Ihrigen (ob Sie es gleich in dieser Schrift p. 28. durchaus leugnen) die Warner genau kennen, mit ihnen unter einer Decke liegen, und ihnen die Materialien geliefert. Kann ich dieses, wie ich hoffe, auf eine einleuchtende Art beweisen: so folgt daraus,

1.) dass Sie Wege eingeschlagen, die gesetzwidrig sind, dass Sie Mittel ergriffen, deren sich nie ein ehrlicher Mann bedienen wird, z. B. die Erdichtung der Briefe in der ersten Warnung; die Versendung dieser Warnung an die Feinde des Ordens in anonymischen Briefen; die Art, sie durch den P. Guardian der P P. Kapuziner Seiner Durchlaucht in die Hände zu spielen; die Verbreitung und Verfälschung der Liste von den Mitgliedern der Loge, samt den Ordensnamen, die doch wahrlich kein anderer als einer von Ihnen kann entworfen haben, weil das Personale keinem so gut bekannt war, als dem Herrn Grünberger, und weil einige wenige Mitglieder, die erst kurz nach Ihrem Austritt aufgenommen wurden, oder zu dieser Zeit noch keinen Namen hatten, ausgelassen waren.

2.) Dass Sie eben dadurch Ihre Aussagen verdächtig gemacht, sich selbst den gerechten Vorwurf von Leidenschaft, von engern Absichten, von Verleumdungssucht, von der Absicht, dadurch dem gerichtlichen Beweis auszuweichen, mit allem Grund zugezogen. Es folgt daraus,

3.) dass Sie all dasjenige absichtlich bezweckt, was Folge von der Ausbreitung dieser Warnungen war; dass Sie wollten, dass die Sache mehr zur Rede kommen, Sie selbst darüber befragt werden sollten, um sodann, wie in der Apologie bewiesen ist, als Zeuge aufzutreten oder wohl gar aufgerufen zu werden; dass Sie also

4.) die Urheber von allen später erfolgten Auftritten sind, dass

5.) alle in der Mittelzeit unternommene Handlungen nach dieser Absicht müssen erklärt werden. Es folgt weiter daraus, dass,

6.) weil Sie diese Bekanntschaft mit den Warnern so ausdrücklich widersprechen, Sie sich einer offenbaren Unwahrheit schuldig machen.

7.) Eine Unwahrheit in einer so entscheidenden Sache, die so vieles aufklärt, zeigt, wie sehr Sie sich dieser Wahrheit zu scheuen haben. Sie würden sie nicht so feierlich verläugnet haben, wenn Sie nicht selbst einsähen, dass sie so zu sagen der Schlüssel zu Ihrem ganzen Betragen sei. Eine Unwahrheit dieser Art lässt vermuten, dass Wahrhaftigkeit Ihr Charakter nicht sei, und dass Sie sich solcher Kunstgriffe öfter bedient. Aus diesem Beweis würde also erscheinen,

8.) dass die ganze Verfolgung der Illuminaten ein unter Ihnen verabredetes schändliches Komplott sei.

Ich will zu diesem Ende diesen Beweis versuchen.

In der ersten Warnung stehen Materialien und Stellen, die niemand als ein Illuminat wissen konnte. Ein Illuminat muss also der Verräter sein; muss mit den Warnern gemeinschaftliche Sache gemacht haben. – Sie werden antworten: das hätte durch die Geschwätzigkeit einiger unsrer unvorsichtigen Mitglieder gar wohl an diese gelangen können. Ich antworte: In der ersten Warnung p. 58. steht eine Stelle von Charakterisierung der Mitglieder; diese Stelle ist aus dem Illuminatus major; auch in dem Utschneiderischen Bekenntnis steht diese Stelle, nicht mehr und nicht weniger. Die Schrift: **auch eine Beilage,** führt zum Motto: *Nosce te ipsum, nosce alios.* Dies war der Wahlspruch der größern Illuminaten. Es ist also offenbar, die Warner können diese Stelle von keinem andern als einem größern Illuminaten erhalten haben. Wer soll nun dieser gewesen sein. Größere Illuminaten in Bayern waren: Seine Exzellenz der Herr Graf von Seefeld, und Seinsheim, **Graf Costanza, Graf Savioli, Baron von Monjellaz,** Baron von Ecker, **Professor Baader, Kanonikus Hertel,** Major von Ow: die Revisionsräte, **von Wernher und Berger, der Hofrat und Fiskal von Zwack: die Schulräte, Socher, Fronhofer, und Bucher, Baron von Meggenhofen, der Herr Apotheker Wörz, und Schulinspektor Brexl,** Herr Professor Grünberger, und Ich. Die, deren Namen mit anderer Schrift gedruckt sind, haben alle in der Verfolgung gelitten; ich kann also unmöglich vermuten, dass einer von diesen diese Stellen an die Warner verraten habe. Von allen übrigen ist Grünberger der einzige Gegner der Illuminaten. Von einem Gegner lässt sich ein Verrat mit großem Recht vermuten, wenn noch mehrere bestättigende Gründe hinzukommen. Und dieser Gegner ist Ihr engster Freund, ist einer von denen, die mit Ihnen die Utschneiderische Anzeige beschworen. – Nun sagen

Sie, was halten Sie von diesem Beweis? was sagen Sie zu Ihrer Behauptung, dass Sie die Warner nicht kennen? Und nun lesen Sie noch einmal die Folgen, die ich oben aus dieser Voraussetzung geschlossen.

3.) Sie waren in Ihrer Anzeige an Ihren Hochwürdigsten Bischoff in Sorgen wegen der Gefahr, die der Religion durch die Illuminaten bevorstehe. Es scheint also, Sie seien ein sehr eifriger Anhänger unsrer Kirche. Von einem Geistlichen und Priester lässt sich dies gar wohl vermuten. –
– – – – – – – – – –

Es hängt vom Herrn Cosandey ab, ob diese Lücke ausgefüllt werden soll.

4.) Der Vorwurf, dass Sie selbst Oberer der Illuminaten waren, dass Sie selbst Kolonien angelegt, dass Sie also selbst zu den Verbrechen der Illuminaten mitgewirkt, scheint Sie gewaltig zu quälen. Ich schließe dies aus der Verlegenheit, in welcher Sie sich befinden; aus den Wendungen, die Sie auf der 38. und 92. Seite nehmen, um den Schlingen zu entgehen, in welche Sie sich verflochten. Aber es war auch eine hässliche Instanz. Um nur in etwas zu entgehen, gestehen Sie lieber von sich (welches wahrlich nicht zu Ihrer Ehre gereicht) eine vier bis fünfjährige Verblendung, aus welcher Sie erst auf einer Reise, (vermutlich nach dem Mond, wo Orlando seinen verlornen Verstand wieder gefunden) durch einen glücklichen Zufall (den Sie aber nicht bekannt machen, wo er doch eben am nötigsten zu Ihrem Beweis wäre) auf einmal erwacht, und von dieser Zeit an, aus einem ebenso großen Fehler, aus überspannter Feinheit und Argwohn, alles auf der entgegengesetzten Seite geschen und betrachtet. Aber Sie hatten ja schon den Grad des kleinern Illuminaten erhalten. In diesem fängt man, nach Ihrer eigenen Anzeige, an, tiefer in das System der Illuminaten zu schauen. Utschneider hat ja diesen Grad mit einem herrlichen Commentarius versehen. Sie selbst sind einer von den Mitunterzeichneten; Sie beweisen dort auf eine unnachahmliche Art, dass der Illuminatismus eine abgefeimte Spitzbüberei sei. Fiel Ihnen denn dieser Grad nicht auf, sobald Sie ihn erhalten? nicht in den zwei Jahren, die Sie dabei zugebracht? Das heiße ich doch eine Verblendung! Dies alles sehen Sie erst seit Anno 1783. seit Utschneiders Rückkehr von der Universität! **(Siehe meine Apologie der Illuminaten.)** Können Sie sagen, dass während dieser ganzen Verblendung, bis gegen das Ende des Jahres 1783 ein pflichtwidriger Auftrag an Sie ergangen sei? Ist das geschehen, warum haben Sie ihn befolgt? Waren Sie damals noch nicht im Stande, Recht von Unrecht zu unterscheiden? Warum machen Sie diese Aufträge nicht namhaft? Warum kamen Sie nicht dadurch aus Ihrer Verblendung? – Hat man aber niemals einen solchen Auftrag an Sie gelangen lassen, wie Sie selbst p. 42. eingestehen: mit welchem Grund können Sie sodann aus eigner Erfahrung sagen, dass die Illuminaten von ihren Obern zu schändlichen Absichten gemissbraucht werden? Nach Ihrer Anzeige sind die Untern die Betrogenen; die Obern der untern Klassen sind höchstens Korporale; die höhern Obern sind verborgen, sie lassen ihre Befehle an die Mitglieder durch diese Korporale gelangen, ohne diese können sie auf die untern Klassen gar nicht wirken; diese Korporale sind selbst noch Betrogene: nun sagen Sie mir, wie geht denn das zu, dass die Untergebenen verdorben und zu schändlichen Absichten gemissbraucht werden? und wer waren denn in Bayern diejenigen, welche Sie eigentlich Obere und die Urheber alles Verderbens, Quelle aller Schurkerei, **schwere, systematische Bösewichter** nennen? Ich habe Ihnen oben alle Mitglieder der höhern Grade in Bayern, folglich auch Ihre Obern namhaft gemacht. Sagen Sie mir, auf welchen von diesen passt nun das Bild, das Sie sowohl in gegenwärtiger Schrift, als in Ihren geheimen Anzeigen und großen Absichten, von den Obern der Illuminaten entworfen? **Sind diese die im Busen gefütterte Schlangen, die in den Ehrenkleidern der Bayerischen Magistraten warm gewordene Schurken, die Hochadeliche, Einflusshabende, stehlende und schmierige Auswürflinge? Siehe auch eine Beilage Seite 27.** Ich fordre die öffentliche Stimme auf: wer von diesen allen ist als ein solcher bekannt? durch welche ihrer Handlungen verdienen sie diesen Verdacht? Ist es glaublich, dass diese Männer, von diesem Charakter, Mitschuldige der grässlichsten Verbrechen und der schwärzesten Plane seien? – Ich breche ab, um meine Mäßigung zu erhalten, und berufe mich in allem übrigen auf **meine Apologie der Illuminaten.** – Sonst habe ich aus Ihrer Schrift nichts für mich befriedigendes ersehen, als dass Sie im Sinn- und Wortverdrehen ein Meister sind, dass Sie englisch verstehen, dass Sie den Tartüffe des Moliere sehr fleißig gelesen, und noch fleißiger in Ihren Handlungen befolgt haben.

[22] Sollten nicht einige geistvolle Köpfe unter uns, deren es zuverlässig mehrere gibt, aufzumuntern sein, dass sie uns **einzelne**

Partien aus der Vaterlandsgeschichte, aus der Privatgeschichte unserer Fürsten, Edeln, Bürger, aus der Ritter- und Familiengeschichte unserer Voreltern mit Geschmack **dramatisiert** lieferten? **Scenen deutscher Art** und Kunst, wie die meisten im Götz von Berlichingen, wie die aus Doktor Fausts Leben von Lessing oder Müller, wie so manche in den vaterländischen Trauerspielen. Es ist sehr zu bedauern, dass Götz mit der eisernen Hand nicht mehr Versuche ähnlichen Geistes geweckt, oder dass sie der durch Unartigkeit einiger Nachahmer beleidigte Geschmack des Publikums allzu früh für deutsche Originalität zurückgeschreckt hat. Dramatische Behandlung erteilte der Geschichte so viel Leben und Interesse. Was für Gemälde eines Zeitraumes, des häuslichen und öffentlichen Lebens unserer Vorfahren ließen sich auf diese Weise aufstellen? Selten leidet eine Begebenheit eine vollständige dramatische Ausführung, aber einzelne Theile wären fast überall deren würdig. Man lasse also Dialog mit Erzählung abwechseln. Meisner hat diese Darstellungsart in seiner **Bianca Capello,** seinem **Alcibiades** mit sehr viel Glück, und dem besten Erfolge versucht.

[23] Die Rechtsgelehrsamkeit wird bei uns wenigst, gewöhnlich als Handwerk getrieben, als bloße Brotwissenschaft gelernt und ausgeübt. Einem verständigen Mann muss das Herz beim Anblick davon bluten. Man sollte denken, Rechtswissenschaft ließe sich gar nicht mit Philosophie verbinden, sie dürfte und könnte nicht anders aussehen, als sie im Coder und der sogenannten Gerichtspraxis einregistriert und Herkommens ist. Fast Niemand denkt daran, welchen mächtigen Einfluss Justizpflege auf den Geist und die Sitten der Nationen, auf Erziehung habe. Wie wäre also zu wünschen, dass denkende, Erfahrung mit Einsicht verbindende Rechtsgelehrte der Justizwissenschaft sich erbarmen möchten!

[24] Noch einen Wunsch, oder vielmehr eine Auffoderung an diejenigen unter uns, welche die Natur mit Geschmack und feinem historischem Geiste beschenket hat. Möchten sie doch einen einzelnen Zeitraum, eine einzelne Begebenheit, eines berühmten Mannes Leben aus unsrer Geschichte herausheben, und nach salustianischer, oder tacitusischer Kunst zu bearbeiten und darzustellen versuchen.

[25] Noch die vorige Woche hatte man hier ein nämliches Beispiel. Baron von Montjellas, kurfürstlichen Kämmerer und Hofrat, hatte Seiner kurfürstlichen Durchlaucht eigenen höchsten Händen seinen Revers übergeben, dabei auch bei Höchstdenenselben über Verleumdungen und niedrige Schwätzereien sich beschwert: Der gütige Fürst versicherte ihn in den schmeichelhaftesten Ausdrücken, dass Höchstdieselbe nichts gegen ihn hätten, mit ihm höchst zufrieden wären, und dass er es aller Orten ungescheuet sagen dürfte, nicht minder, dass er versichert sein sollte, dass ihm nichts geschehen werde, und vollkommen ruhig darüber sein könnte. Kaum waren etliche Tage vorüber, so kam an den kurfürstlichen Hofrat das gnädigste Reskript, ohngefehr des Inhalts: **dass, nachdem dem gewissen Vernehmen nach der Baron von Montjellas das Signet der Illuminaten, mit der Aufschrift,** *tempestatibus obsta* **in Händen haben soll, so hätte der kurfürstliche Hofrat es von ihm in einem Termin von 24 Stunden abzufodern.** Baron von Montjellas hatte das Signet der Illuminaten nie in Handen gehabt, hatte es nie gesehen, ausgenommen im Abdruck. Man merke hier die sonderbare Bosheit unserer Ankläger und Feinde. *Tempestati parendum,* und nicht *tempestatibus obsta* ist auf dem Illuminaten-Signet geschrieben.

[26] Der Marquis von Costanza ermangelte nicht, noch den nämlichen Nachmittag der Kommission jenen Befehl der Obern, den er in Abschrift zu Haus hatte, die Einsammlung aller *Cahiers,* und Einstellung aller Arbeiten betreffend, von welchem er in seiner Aussage Erwähnung gemacht hatte, zu behändigen, wie auch das große Signet der Loge, welches seit einiger Zeit bei ihm sich befand.

[27] Debilem facito manu,
Debilem pede, coxa:
Tuber adstrue gibberum,
Lubricos quate dentes.
Vita, dum superest, bene est.
Hanc mihi, vel acuta
Si sedeam cruce, sustine.

[28] Dass es kein neuer, sondern ein schon in öffentlichen Schriften gemachter Vorschlag sei, wollen wir nur für die Gegenden, wo diese Werke nicht allgemein bekannt sein möchten, mit ein paar

Beispielen beweisen. Das eine führt den Titel: *„P. Raurici positiones philosophico-practicae ad rem criminalem,"* und kam zu Berlin bei Decker im Jahr 1777 heraus. Dieser tiefdenkende Schriftsteller, wer er auch sein mag, weiset Sünden und Irrtümer aus dem Gebiete der strafenden Gerechtigkeit. Weil aber doch aus Sünden und Irrtümern Verbrechen entstehen können, so unterwirft er sie einem andern Gerichtshof, einem anzustellenden Kollegium von Sittenrichtern. Die Besserung, die Warnung, und die Belehrung der Fehlbaren, der Irrenden, und Unwissenden, sollte die Pflicht und Bestimmung dieser Sittenrichter – die sittlichen Fehler der Bürger, als Geiz, Verschwendung, Trunkenheit, Üppigkeit, Trägheit, Lügenhaftigkeit, Hartherzigkeit, Zanksucht, Verleumdung und dergleichen sollten die Gegenstände ihrer unermüdeten Sorgfalt sein, um die mit diesen Übeln behafteten von denselben zu befreien, und sie auf den Pfad der Tugend zu leiten.

Das andere sind die beliebten **Ephemeriden der Menschheit.** Die Verfasser derselben erkennen das Schwere an diesem Vorschlag, sie glauben aber doch, dass in jedem Staate, **unter dem Vorsitz eines weisen und tugendhaften Ministers,** ein Kollegium von einsichtsvollen und rechtschaffenen Männern sein sollte, dessen einzige Obliegenheit es wäre, die sittliche Bedürfnis der Nation auszuforschen; ihre Mängel und Fehler zu erkundigen; Tugend aufzumuntern; Einsichten zu verbreiten; Laster zu vertilgen; Verbrechen zu verhüten. Die Schauspiele, die öffentliche Lustbarkeiten, die Bücherpolizei, (worunter aber keine Zensur verstanden wird) die schönen Künste würden unter die Gerichtsbarkeit dieses Kollegiums gehören. Es würde zugleich auch das Educationsconzeil des Staats sein. Es müsste in allen Provinzien, und in allen Städten des Staats ähnliche Anstalten unter sich haben, welche ihm Nachrichten und Ratschläge zu Ausführung seiner Absichten mitteilten, und ihm die besten und brauchbarsten Männer ihrer Provinz bekannt machten. Wenn die Kollegien von Sittenrichtern eingeführt wären, müssten sie alle, sowohl höhere als niedere, unter der Aufsicht dieses Departements der Sitten, stehen, und in wichtigen Angelegenheiten, Anleitung und Belehrung von ihm begehren. Auch derjenige Theil der Nation, dem die Gesetzgebung anvertraut wäre, müsste über dasjenige, was bei der Gesetzgebung einen Einfluss in die Sitten hat, sein Gutachten begehren. Es müsste ihm jährlich eine gewisse Summe Geldes anvertraut werden, um sie zur Belohnung nützlicher Taten, zur Austeilung

von lehrreichen Büchern, und zu andern gemeinnützigen Best-
immungen zu verwenden.

Soweit dieses lehrreiche Journal! Man könnte auch von diesem
Projekt sagen, was eine französische Dame von **Heinrichs IV. Projekt des ewigen Friedens** sagt: „*Quand cette Idée aura pris racine
dans le coeur des Rois, & de leurs Conseils, les principes d'un
homme de bien ne seront plus traités de songes,*"